MANDADO DE SEGURANÇA

LÚCIA VALLE FIGUEIREDO

MANDADO DE SEGURANÇA

6ª edição, revista e atualizada

MALHEIROS EDITORES

MANDADO DE SEGURANÇA

1ª edição: 1996; 2ª edição: 1997;
3ª edição: 2000; 4ª edição: 2002; 5ª edição: 08.2004.

ISBN: 978-85-7420-924-1

MALHEIROS EDITORES LTDA.
Rua Paes de Araújo, 29, conjunto 171,
CEP: 04531-940 – São Paulo – SP
Tel.: (11) 3078-7205 – Fax: (11) 3168-5495
URL: www.malheiroseditores.com.br
e-mail: malheiroseditores@terra.com.br

Composição
Scripta

Capa
Vânia Lúcia Amato

Impresso no Brasil
Printed in Brazil
01. 2009

A meus filhos,
CARLOS, MARCELO, LUÍS EDUARDO e ADRIANA,
a meus sobrinhos, também filhos,
SÍLVIA e MÁRCIO,
à VÂNIA, filha do coração,
com o desejo que,
como cidadãos conscientes, não esmoreçam
na luta pelas liberdades democráticas,
pela dignidade da pessoa humana
e pela afirmação, constante e diuturna,
do Estado Democrático de Direito.

A meus netos,
BRUNO, DANIELLA, LUCCA, PIETRO e BIANCA,
meu renascer, com imenso amor.

Com meu agradecimento especial à advogada
Luana Miguez Abreu,
que tanto auxiliou na revisão deste livro.

Lúcia Valle Figueiredo

Dever dos juristas

No mundo inquieto de nossos dias, principalmente, em que as turbulências se estendem com a velocidade do raio, cabe a cada povo defender a autoridade de sua Constituição para que não atinja facilmente a eletricidade das tormentas.

O processo de *erosão*, de que as reformas sucessivas são parte, é tanto mais perigoso porque, não abalando o sentimento popular, atinge gradativamente as raízes da Constituição e sua autoridade.

É dever dos juristas o ato de reflexão e esclarecimento, no propósito de nutrir de ânimo a confiança popular na Constituição.

É o que nos impõe a consciência jurídica antes que a Lei Maior, destroçada, não seja senão um instrumento frágil, a serviço do interesse político e o econômico de parcialidades dominantes.

JOSAPHAT MARINHO,
Professor Catedrático Aposentado
das Universidades da Bahia e de Brasília — Senador
In memoriam

("Limites do poder de revisão constitucional",
Revista Trimestral de Direito Público 24/12-13)

Sumário

5. A Liminar no Mandado de Segurança

6. A Suspensão da Liminar e/ou da Sentença Proferida em Mandado de Segurança (Artigo 4º da Lei 4.348/64)

7. Possibilidade de Impetração do Mandado de Segurança por Pessoa de Direito Público (a União)

8. Efeitos da Sentença Proferida em Mandado de Segurança

Nota Introdutória à 6ª Edição

Nesta reedição limitamo-nos a fazer as atualizações e revisão normal.

A jurisprudência foi revista e atualizada.

O mandado de segurança, como prevíramos, foi bastante diminuído com a utilização do agravo com a possibilidade da suspensão de seus efeitos.

Todavia, quando se atribuiu ao juiz a negação do efeito suspensivo, voltou a ressurgir com força total.

Portanto, o tema é sempre atual e útil.

Mais uma vez agradecemos aos leitores que nos têm prestigiado pelo interesse e atenção.

LÚCIA VALLE FIGUEIREDO

Novembro de 2008

Nota Introdutória à 1ª Edição

Este livro não pretende ser um curso de mandado de segurança. Se fora, deveria ter outra estrutura e não prescindiria do exame de outros tópicos que, infelizmente, à míngua de um espaço maior de tempo, ficaram para a próxima edição, caso tenha ele aceitação.

Na verdade, constitui-se de estudos elaborados ao longo desses quase quinze anos de magistratura, na luta diuturna das questões submetidas à Justiça Federal.

Praticamente todos consubstanciaram-se em votos. É claro que não em sua inteireza, pois necessário se fez revisão total, e novas reflexões.

Alguns deles derivam diretamente de palestras realizadas. Todos, entretanto, embora breves, representam intensa meditação, constante estudo e contínuo repensar nos problemas que o instituto enseja.

Alegremente, recordamo-nos não ter sido em vão toda a luta daqueles que, como nós, tanto se empenharam no reafirmar, em nosso renascer democrático, o mandado de segurança.

Lembramo-nos que, nos idos de 1984, por ocasião das diversas comemorações do Cinqüentenário do Mandado de Segurança, realizou-se curso na Justiça Federal de Primeira Instância, sob coordenação do professor Celso Antônio Bandeira de Mello e com nossa subcoordenação. Alguns desses tópicos foram intensamente debatidos e contaram com a participação de muitos dos juizes e, também, de membros do Ministério Público. Ao rememorarmos a evolução por que passou a jurisprudência, podemos afirmar ser altamente satisfatório o resultado já obtido.

Deveras, o mandado de segurança é, ao lado do *habeas corpus*, a garantia das garantias. Não pode haver Estado Democrático de Direito sem garantias efetivas, aprestadas a impedir lesão de direitos ou, até, a mera ameaça.

Assim, se este livro, ainda que não exaustivo sobre o tema, apenas procurando se alinhar ao lado dos superiormente produzidos pelos grandes autores pátrios, puder ser útil aos operadores do Direito, teremos por cumprido nosso objetivo.

LÚCIA VALLE FIGUEIREDO

Nota Introdutória à 2ª Edição

Embora tenha passado tão pouco tempo da 1ª edição deste livro, houvemos por bem fazer nova edição, e não, apenas, a 2ª tiragem.

Isso porque, quando da 1ª edição, não havia, ainda, se colocado *sub judice* (pelo menos não para nós), a ocorrência de interposição de agravo de instrumento e, concomitantemente, pedido de suspensão da liminar.

O mesmo tratamento, certamente, poderia se dar se interposta a cautelar diretamente ao Tribunal em face de sentença da primeira instância e, negada essa, como também o agravo regimental, fosse pedida a suspensão da sentença.

Incluímos, pois, pequeno tópico acerca do tema. Inclusive, também encartamos no texto, no capítulo da liminar, solução por nós tão conhecida e que, lamentavelmente, não incluíramos na 1ª edição, tal seja, os efeitos da cassação da liminar em face de sentença denegatória.

Afora isso, apenas procedemos a pequenos acertos conceituais para aclararmos nosso pensamento, bem como incluímos alguns acórdãos a mais.

LÚCIA VALLE FIGUEIREDO

Nota Introdutória à 3ª Edição

O mandado de segurança continua sempre atual e absolutamente necessário, elemento indispensável à *cidadania*.

Lástima — lástima, mesmo! — que certo institutos jurídicos, que se deveriam constituir em verdadeira exceção, como, por exemplo, a *suspensão da liminar ou da sentença*, pelas surradas alegações de *grave dano à economia*, ou, então, à *ordem administrativa, pela reiteração de liminares* (criação jurisprudencial), cheguem, ainda, lamentavelmente, a sensibilizar alguns Tribunais.

Com as medidas provisórias em ritmo alucinante e, evidentemente, quase todas com farto material impugnável, não fora a possibilidade de impetração de mandado de segurança, a *cidadania*, já tão combalida, tão amesquinhada, converter-se-ia em mero *texto programático*.

A freqüência com que se pretende amesquinhar esse instituto, o *mandado de segurança*, tão necessário para resguardar a democracia e as liberdades democráticas, é absolutamente assustadora.

Lembremo-nos que, depois de implantado, o mandado de segurança esteve ausente somente da Constituição de 1937, e por razões óbvias (em governos autoritários descabe o remédio constitucional contra as arbitrariedades do Poder).

Recentemente, no Projeto de Lei Complementar 77, de 1999, de iniciativa do Presidente de República, visando alterar dispositivos do Código Tributário Nacional, pretendeu-se, e não sei se ainda está a se pretender, cometer mais um ataque absolutamente sério às garantias do contribuinte, eliminando-se do art. 151, IV, do Código Tributário, a possibilidade de a liminar, proferida em mandado de segurança, suspender a exigibilidade do crédito tributário.

O ilustre autor e professor Alberto Xavier elaborou trabalho primoroso e indignado com as modificações pretendidas nesse funesto Projeto, trabalho esse intitulado "A questão das liminares no Projeto de Lei de Alteração do Código Tributário Nacional: uma agressão inconstitucional à independência do Poder Judiciário e a direitos e garantias fundamentais" (novembro de 1999).

São suas palavras: "Desafia a imaginação de qualquer um a possibilidade de se admitir que no Brasil, depois de décadas de luta contra arbítrio e prepotência, depois de, pela Constituição de 1988, se ter atingido um dos mais perfeitos sistemas de proteção dos cidadãos e dos contribuintes, pela garantia constitucional da tutela efetiva contra ameaças de direitos, seja possível retrocesso tamanho, qual viagem retroativa no tempo para as trevas de antanho, em que os Fiscos policialescos e vorazes ordenavam, de modo inclemente: *solve et repete*. O *solve et repete* — tenha-se em mente — é para os direitos patrimoniais o equivalente ao seqüestro, à prisão arbitrária ou ao cárcere privado para os direitos humanos".

Por isso, vemos a importância de esta nossa monografia não permanecer esgotada, ainda que quiséssemos poder contar com um pouco mais de tempo para proceder a melhor atualização.

Porém, a opção foi pelo auxílio à defesa desse Instituto, ainda que modestamente, porque, já não mais judicando, cabe-nos, entretanto, continuar a trilhar os mesmos caminhos dantes percorridos, ainda que em outro setor, pela não volta às trevas.

Portanto, desde já, peço penhoradas desculpas aos leitores se algumas falhas já havidas não foram devidamente corrigidas, e se esperavam mais (e teriam direito a isso) de uma nova edição.

Fevereiro de 2000

LÚCIA VALLE FIGUEIREDO

Nota Introdutória à 4ª Edição

Na "Nota Introdutória" à 3ª edição fizemos críticas contundentes à nossa ordem jurídica, em face da profusão de medidas provisórias com as quais tínhamos de conviver.

Nesta "Introdução", além de endossarmos todas as críticas já feitas e continuarmos aplaudindo a luta denodada de alguns autores, como já fizemos, damos, ainda, especial atenção a Cássio Scarpinella Bueno, que escreveu, em seu livro *O Poder Público em Juízo*, contundente crítica sobre a Medida Provisória 1.984, que depois tomou o n. 2.102 e, na sua última edição, o n. 2.180 — medida provisória, essa, limitadora da eficácia do mandado de segurança.

Deveras, em boa hora o Congresso Nacional pretende dar um "basta" à atividade "legiferante" do Executivo, restringindo a edição de medidas provisórias, por meio de sua Emenda 32, recentemente promulgada. Embora não esteja ainda a contento, pois continua a haver, talvez, liberdade excessiva, sem dúvida, vem amenizar a situação de insegurança jurídica em que temos vivido, com o ordenamento jurídico sempre instável.

Certamente não é o suficiente, porque, com certeza, ainda ficaremos com uma bela coleção espúria, sem qualquer técnica legislativa, e, sobretudo, autoritária.

Nesta edição atualizamos a legislação (incluindo as "nefastas" medidas provisórias) — melhor dizendo, procuramos atualizar, pois, não temos dúvidas, falhas deverão ter acontecido.

No Capítulo 5 introduzimos acréscimo em face de novas meditações acerca da situação do contribuinte beneficiado com liminar de suspensão de exigibilidade do crédito tributário caso haja, a final, denegação da segurança, ou a reforma de sentença concessiva em grau de apelação, ou, até mesmo, reforma apenas em grau de recurso extraordinário ou especial.

Se nossa experiência do instituto foi deveras instrumentada pela visão do juiz — atividade por nós desenvolvida durante quase 17 anos (durante 10 anos na Justiça Federal de primeira instância e quase 7 anos no Tribunal Regional Federal da 3ª Região) —, a atividade de consultoria, desenvolvida depois de nossa aposentadoria — portanto, a visão do outro lado —, vem sendo de muita importância.

Tememos — e muito — pelo que venha a acontecer ao mandado de segurança, tal seja, a conspurcação de sua grandeza constitucional, como uma das mais belas garantias de um Estado Democrático de Direito.

Ameaças sempre pairam! Por isso mesmo, sempre concitamos a todos os estudiosos do Direito e seus atores a continuarem a defender tão grandiosa liberdade e garantia.

A todos os leitores que nos têm prestigiado, nossos sinceros agradecimentos e nossas escusas por jamais alcançarmos melhor atualização.

Setembro de 2001

LÚCIA VALLE FIGUEIREDO

Nota Introdutória à 5ª Edição

Mais uma vez, para reedição desta monografia, tivemos que empreender cuidadosa revisão — pelo menos esperamos que assim tenha sido — na nossa copiosa legislação citada e na jurisprudência produzida.

A atualização principal deu-se no capítulo pertinente à *suspensão de segurança* (inúmeras "facilidades" criadas para sua obtenção), depois que, mercê da doutrina e da jurisprudência, tornou-se mais dificultosa para o Poder Público.

Ainda, alargamos um pouco — até mesmo pela amplitude jurisprudencial que vem sendo dada — o tratamento dos *atos* ***interna corporis***, que vêm provocando tanta celeuma.

Vemos — com especial tristeza — que "remédio" constitucional de tal grandeza vem-se amesquinhando por força das medidas provisórias, atualmente "congeladas" ou convertidas em lei por um Congresso nem sempre tão altaneiro e sempre suscetível às pressões bastante intensas dos Presidentes da República.

Enfim, todos nós, cultores das liberdades democráticas, não poderemos esmorecer e nem nos intimidar. Temos que continuar nossa peregrinação democrática, a ecoar fortemente, como vem acontecendo, nos ouvidos de nossa Suprema Corte.

LÚCIA VALLE FIGUEIREDO

Agosto de 2004

1
Mandado de Segurança Individual: Visão Panorâmica

1.1 Breves considerações. 1.2 Liquidez e certeza do direito. 1.3 Existência de recurso com efeito suspensivo. 1.4 A autoridade coatora: 1.4.1 A autoridade coatora diante de competência vinculada. 1.5 Custas, honorários advocatícios e prazo de interposição.

1.1 Breves considerações

O mandado de segurança é remédio constitucional — repetindo o já afirmado pelo ilustre Min. Carlos Mário Velloso —, e, destarte, precisamos, diante de sua presença, estar absolutamente atentos à sua natureza.

Desde longa data foi assegurado nos direitos e garantias individuais[1] como remédio constitucional. De conseguinte, para que não se lhe inflijam maus-tratos, como diz o ilustre Ministro precitado, a cada passo temos de relembrar seu berço constitucional, para lhe dar tratamento adequado.

O mandado de segurança aparece, vez primeira, na Constituição de 1934. Em 1984, nas comemorações de seu Cinqüentenário, inúmeros cursos foram realizados, trazendo grande evolução ao instituto.[2]

Interessa, pois, assinalar que o mandado de segurança, garantia constitucional desde seu nascimento, apenas esteve ausente na Carta Constitucional de 1937. Na atual Constituição está

---

1. O tema está, atualmente, na declaração de direitos individuais e coletivos (art. 5º, LXIX e LXX) do texto constitucional.

2. Ressalte-se que desses cursos surgiram, inclusive, as monografias *Curso de Mandado de Segurança*, Ed. RT, que resultou de curso feito na Justiça Federal, como também a do Instituto dos Advogados do Brasil, coordenado pelo ilustre Professor Sérgio Ferraz.

ampliado. Deveras, alcançou o que os estudiosos do tema propugnavam, tal seja, não se restringir apenas a direito individual, mas passou a abrigar também o direito coletivo.

O art. 5º, em seus incisos LXIX e LXX, dilatou a garantia insculpida na Constituição anterior. Nos termos da Constituição de 1967, apenas poderia ser postulado para direito líquido e certo *individual*. Na Constituição atual, ao contrário, tem-se a figura do mandado de segurança para proteger direito *individual ou coletivo*. Em conseqüência, uma das aberturas pretendidas pelos estudiosos do tema foi consagrada expressamente no texto.

Ademais disso, vê-se claramente que a proteção é estendida também à conduta de particulares, no exercício de atribuições do Poder Público.[3] Quanto a esse tópico específico, a jurisprudência já tinha, felizmente, evoluído e já era tranqüila e pacífica. A atividade delegada enseja mandado de segurança. É dizer: considera-se também autoridade, para efeito de mandado de segurança, aquele que praticar atividade delegada do Poder Público.

1.2 Liquidez e certeza do direito

O primeiro problema a enfrentar diz respeito a extrair da Constituição o conceito de direito líquido e certo. Muita vez pode-se entender como direito líquido e certo o que aparece muito claro, muito palmar, ao entendimento do juiz.

Bem acentuou o Min. Carlos Mário Velloso, ao discorrer sobre o tema "Direito líquido e certo",[4] que o conceito deve ser extraído do problema factual. Quer dizer, *os fatos têm de ser incontroversos*. Se os fatos forem incontroversos, o direito será sempre certo. Haverá, apenas, problema de subsunção dos fatos incontroversos ao Direito. Porém, por mais difícil que se apresente ao juiz a subsunção dos fatos ao Direito, isso não importa.

Pode ocorrer de o juiz ter dúvidas de qual seja o Direito realmente aplicável para o caso concreto. Porém, isso não é relevante.

---

3. Entendemos nós que as concessionárias de serviço público, decorrentes das privatizações (mesmo totalmente privatizadas), sujeitam-se ao mandado de segurança, porque prestadoras de serviço público.

4. In Celso Antônio Bandeira de Mello (coord.), *Curso de Mandado de Segurança*, pp. 69-100. Também in *Temas de Direito Público*, p. 148.

Não tira a liquidez e certeza do direito. A propósito, se o ordenamento jurídico assegurar direitos, há de haver correspondente proteção no mesmo ordenamento. Destarte, diante de *ato* ou *fato* constritivo, incontroverso, praticado por autoridade, caberá mandado de segurança.

É importante assinalar: o direito líquido e certo aparece em duas fases distintas no mandado de segurança. Aparece, inicialmente, como condição da ação. É o direito líquido e certo, ao lado das demais condições de ação, requisito de admissibilidade do mandado de segurança.

Em conseqüência, o próprio conceito de direito líquido e certo incide duas vezes. Incide de início no controle do juiz. Quando se apresenta a inicial, impende ao juiz verificar se há — como diz o Professor Sérgio Ferraz — a *plausibilidade da existência do direito líquido e certo.*

O problema que se coloca, a seguir, é de como aparece o direito líquido e certo no final do mandado de segurança. É dizer, instruído o mandado de segurança, se ao juiz se apresentou o direito como líquido e certo inicialmente, mesmo assim poderá, a final, o juiz dizer que inexiste tal direito.

Nessa oportunidade, abrem-se duas opções: é possível, com a vinda das informações, a verificação, pelo juiz, de que o direito, apresentado inicialmente como indene de controvérsias, não o é, por não ter o impetrante exposto todo o contexto factual.

Em outro falar: não foram apresentados os fatos como efetivamente acontecidos. De conseguinte, o que parecera ao juiz extremamente plausível de existir, a lume da prova carreada aos autos, pode-se aferir que inexiste.

É necessário deixar clara a existência de *dois momentos processuais diferentes*. No *primeiro momento*, há plausibilidade da existência do direito líquido e certo; no *segundo momento*, de cognição completa do mandado de segurança — portanto, na hora da sentença —, é possível a ocorrência de duas hipóteses. Primeiro, a inexistência daquela plausibilidade que parecera presente ao juiz. Neste caso, teremos extinção sem julgamento de mérito; ou é possível, ainda, que a hipótese descrita na inicial não leve necessariamente àquela conclusão. Portanto, não há, pelo mérito, possibilidade de aquele impetrante vir a ser beneficiado pela concessão da ordem.

Inexistindo direito líquido e certo, tal seja, havendo controvérsia factual, teremos, como conseqüência imediata, a inépcia da inicial, a extinção do mandado de segurança, baseada no art. 8º da própria lei de regência (Lei 1.533/51), cujo texto determina ao juiz, desde logo, a extinção da ação quando ausentes seus pressupostos ensejadores.

É mister, pois, examinar se há direito líquido e certo, a existência de ato coator e da autoridade coatora. Claro que, ademais, há, ainda, pressupostos processuais que devem ser verificados no mandado de segurança, como, também, as demais condições da ação.

1.3 Existência de recurso com efeito suspensivo

Na pendência de recursos administrativos com efeito suspensivo sem que se exija caução — aliás, a caução não pode ser exigida, a lume da Constituição de 1988, por força do texto constitucional (art. 5º, LV) do devido processo legal — não há possibilidade da impetração de mandado de segurança. Não porque a lei proíba, mas pelo estado do ato. É só examinarmos o ato para verificar que, submetido a recurso administrativo com efeito suspensivo, não haveria condições de o ato constranger alguém.

Não constrange, não pode constranger, porque o efeito é suspensivo. Vale dizer, a eficácia do ato deixa de existir. Deveras, se o ato tem efeito suspensivo, a parte não pode buscar a proteção do Judiciário, a não ser que desista do recurso, pois não existe qualquer ato a constrangê-la indevidamente. Destarte, não haveria interesse processual.

O Plenário do Supremo Tribunal Federal, no julgamento do MS 24.511-DF, proferiu decisão unânime no sentido de que, uma vez pendente recurso administrativo dotado de efeito suspensivo, mostra-se inadequada a impetração do *mandamus*.[5] Vale a pena ver, neste mesmo sentido, o MS 24.280, também do Órgão Pleno

---

5. Tratou-se de caso em que se impetrou ação mandamental em face de decisão do Tribunal de Contas da União ao tempo em que pendiam de julgamento embargos declaratórios que lhe foram opostos, considerando-se que a Lei

do Supremo Tribunal Federal, e o MS 3.824-9, da 1ª Seção do Superior Tribunal de Justiça.

1.4 *A autoridade coatora*

Vamos, já agora, dar breve pincelada no tópico da *autoridade coatora*, que em outro capítulo será tratado minuciosamente. A distinção que todos conhecem, a que os monografistas do mandado de segurança se referem, é a diferença entre a autoridade coatora e o sujeito passivo do mandado de segurança.

Autoridade coatora é o agente administrativo que pratica ato passível de constrição.

Na verdade, é aquela que efetivamente pratica o ato, ou que tem poder legal de praticá-lo, nos casos de omissão. Portanto, autoridade coatora será aquela designada pelo ordenamento jurídico, aquela a quem a regra de competência obriga à prática do ato.

O sujeito passivo do mandado de segurança será, sempre, a pessoa jurídica que deverá suportar os encargos da decisão do mandado de segurança. Destarte, sujeitos passivos serão sempre União, Estados, Municípios ou delegados de serviço público, sejam dirigentes de estatais ou concessionárias de serviço.[6]

As informações devem ser prestadas pessoalmente pelo coator, não por advogado. Isso porque o agente administrativo coator, na verdade, quando presta as informações solicitadas pelo juiz, está a fundamentar o ato administrativo praticado, o ato em vias de ser praticado ou, ainda, a omissão praticada. De conseguinte, está fundamentando, motivando ação praticada, em vias de praticar, ou, mesmo, sua abstenção de praticá-la quando deveria fazê-lo.

Exemplo típico de omissão, comum em mandado de segurança, é o de denegação de certidão. Abro parênteses para dizer

---

federal 8.443/92 confere efeito suspensivo a esta espécie de recurso administrativo.

6. Em 19.8.2003, a Min. Ellen Gracie — no que foi seguida por todos os seus pares da 2ª Turma do Supremo Tribunal Federal — confirmou a jurisprudência da Suprema Corte no sentido de determinar que "a pessoa jurídica de direito público a que pertence a autoridade ou o órgão tido como coator é o sujeito passivo do mandado de segurança, (...)" (AgRg no RE 233.319-0).

que, nesses casos, embora possa exaurir o objeto do mandado de segurança, a liminar não pode ser negada. A aparente "satisfatividade" da liminar nada tem de definitiva juridicamente; a satisfatividade somente é atingida pela sentença de mérito. Pode, sim, haver coincidência fática entre a prestação pretendida e o obtido por meio da liminar. Todavia, saliente-se: a composição da lide somente é atingida pela sentença de mérito.[7] Entretanto, a liminar é dada *si et in quantum*. Como corolário lógico, cassada a liminar, supondo que o juiz denegue a ordem, retroage a situação ao *statu quo ante*. Mais adiante veremos isso um pouco melhor, quando tratarmos da liminar.

Outro problema concernente à autoridade coatora, que normalmente acontece, sobretudo nas questões tributárias, é a inexistência aparente de quem esteja a constranger. Ora, coator é quem tem possibilidade de constranger. É aquele a quem a regra de competência obriga. Agora, descobrir qual é a regra de competência, às vezes, não é fácil.

Muita vez não é fácil descobrir a autoridade coatora, sobretudo para o administrado. Aliás, até para juízes não é, pois necessário será examinar o emaranhado de normas legais, para ser realmente possível identificar determinada autoridade como coatora.

Assim, "descobrir" a autoridade coatora, para que o mandado de segurança não seja extinto desde logo, torna-se, por vezes, difícil.

A autoridade deve ser apontada corretamente, até mesmo porque o juiz não poderá prestar tutela caso a *autoridade designada não esteja sob sua jurisdição*. Destarte, é importante que seja indicada devidamente a autoridade coatora, embora possam ocorrer pequenas falhas, como, por exemplo, chamar-se a autoridade indistintamente de gerente, de superintendente, de diretor-geral etc.

Todavia, desde que possível identificar-se a autoridade coatora, afigura-se-nos preciosismo ater-se o magistrado a isso e extinguir o mandado de segurança.

Deveras, como já afirmado, às vezes, até o juiz tem dificuldade para identificar o cargo, se presidente, superintendente, ge-

---

7. Arruda Alvim, *Liminares*, obra coletiva sob coordenação de Teresa Celina Arruda Alvim, Ed. RT, 1995.

rente-geral, diretor-geral etc., em determinada empresa ou autarquia.

Desde que seja possível identificar quem é a autoridade competente, como já acentuado, para promover a constrição, para desconstituir o ato, pouco importa que esteja a praticá-lo em decorrência de ordem hierárquica. Se está a praticar o ato, é autoridade coatora, e, sem sombra de dúvida, deve ser notificada.

1.4.1 A autoridade coatora diante de competência vinculada

A alegação comum é esta: a prática do ato deveu-se a ordem hierárquica. Também é muito comum a alegação de estar a autoridade diante de competência vinculada e, por assim ser, somente poderia realizar aquela conduta.

Se a lei não foi considerada inconstitucional, a autoridade terá de cumprir a lei, é verdade. Portanto, teria de praticar o ato. De conseguinte, não haveria autoridade coatora, e, com isso, não teríamos, por hipótese, alguém para alcançar.

Esse tipo de argumento, todavia, não serve. Competência vinculada ou não, se está alguém a praticar qualquer ato em decorrência de lei, por hipótese inconstitucional, é *autoridade coatora*, ainda que o pratique, como já assinalado, em virtude de lei inconstitucional, de lei que, mais tarde, pode ser declarada inconstitucional pelo Judiciário.

É claro que a autoridade não pode se negar ao cumprimento de leis inconstitucionais. Quem pode dizer se a lei é inconstitucional ou não é a autoridade judiciária. A autoridade administrativa não pode descumprir a lei por entendê-la inconstitucional. Portanto, estar diante de competência vinculada ou não é irrelevante, pois, de qualquer forma, poderá e deverá, depois, desconstituir o ato se houver ordem judicial e se a competência para a prática do ato é sua.[8]

Os atos de autoridade de órgãos colegiados também são passíveis de se submeterem ao mandado de segurança. Todavia, deve

---

8. Já averbamos alhures que o descumprimento de lei tida por inconstitucional somente poderá ser levado a cabo pelos chefes do Executivo, que, necessariamente, deverão argüir a inconstitucionalidade.

ser apontado o Presidente do órgão colegiado como autoridade que o representa; portanto, *coator é o órgão, representado por seu Presidente.*

Doutra parte, os atos de autoridades judiciais também se sujeitam ao mandado de segurança. Estão sujeitos ao mandado de segurança da mesma forma que outros atos agressivos, constritivos, abusivos, descompassados do ordenamento jurídico. Sempre que haja ato de autoridade haverá possibilidade de impetração de mandado de segurança, e o juiz também sujeita-se a figurar como autoridade coatora.

O juiz, sem sombra de dúvida, é autoridade, e se, no exercício de sua jurisdição, praticar atos que importem constrições indevidas ao jurisdicionado, será suscetível de figurar no pólo passivo do mandado de segurança como autoridade coatora.[9]

Dizemos "no pólo passivo" pois atipicamente aí estará, embora *parte* seja a pessoa jurídica, como já averbado anteriormente.[10]

Sempre que o ato for desbordante, isto é, se o juiz praticar ato ilegal, caberá mandado de segurança contra o ato da autoridade judiciária a exorbitar de sua competência ou, então, a exercê-la mal.[11]

---

9. Caio Tácito, em trabalho intitulado "O desvio de poder no controle dos atos administrativos, legislativos e jurisdicionais", *RF* 320, averba:

"Concluindo, temos que o *détournement de pouvoir*, assim como se universalizou no Direito Administrativo Comparado, com a exportação do modelo francês ao Direito dos demais países, também merece ser estendido ao controle de atos típicos do Legislativo ou Judiciário, a título de modalidade de excesso de poder pela violação da finalidade prevista ou implícita da norma de Direito.

"A matéria de fato, em tais casos, será de aferição mais difícil. A questão de direito está, porém, presente pelo princípio da necessária razoabilidade no exercício da competência constitucional ou legal, por mais discricionária que se possa entender sua latitude. A finalidade é elemento permanente e de vinculação da conduta do agente administrativo, como do legislador ou do juiz."

10. Sérgio Ferraz em seu *Mandado de Segurança*, São Paulo, Malheiros Editores, 2006, afirma: "Em suma, na nossa visão, sujeito passivo, no mandado de segurança, é a pessoa jurídica de direito público que vai suportar os efeitos defluentes da ação". E, mais adiante: "1) Parte passiva é a pessoa de direito público (que, como tal, deve ser citada). 2) O coator é mero informante; por não ser parte, e por ser agente administrativo, está jungido ao dever da veracidade" (pp. 89 e 93).

11. Enfatizamos: entendemos possível suspender a eficácia da decisão para que o direito do administrado não pereça se a decisão é capaz de lesar de ime-

1.5 Custas, honorários advocatícios e prazo de interposição

Passamos a abordar o problema das custas no mandado de segurança, dos honorários advocatícios e da decadência do direito da ação, por entender que se ligam diretamente à própria garantia.

Já houve tempo em que considerávamos serem os honorários advocatícios devidos no mandado de segurança. Depois, por ocasião das comemorações do cinqüentenário do mandado de segurança, o Ministro Seabra Fagundes demonstrou-nos que, se honorários advocatícios fossem devidos, estar-se-ia a amesquinhar a garantia constitucional. Se houvesse sucumbência no mandado de segurança, seria possível que o impetrante não pudesse arcar com os ônus e, portanto, desde logo, desistisse da garantia.

Entendemos que a contrapartida, para quem considere indevidos os honorários advocatícios no mandado de segurança, deverá ser, pelo mesmo fundamento, que as custas não podem acompanhar o mandamento do Código de Processo Civil. A argumentação é semelhante: não obstaculizar a tutela jurisdicional em ação, que é remédio constitucional, portanto, para não infligir maus-tratos à proteção constitucional.

Voltamos a enfatizar: se o remédio é usado porque existe ato de constrição indevido, é dizer, ato de autoridade, que teria o dever da legalidade, que teria o dever da boa-fé, que teria o dever de preservar o Estado de Direito, se o administrado insurgir-se, não deverá pagar as custas pelo somatório do pedido ao requerer a prestação jurisdicional.

Não conseguimos, pela natureza do próprio remédio, que se põe em jogo, pela natureza da garantia constitucional, pela natureza da agressão infligida ao indivíduo, entender que a ação de mandado de segurança tenha valor certo e determinado. O valor das custas, consoante nosso entendimento, será simbólico, inestimável.

---

diato. Porém, não propriamente dar efeito suspensivo ao recurso, como a jurisprudência largamente admitiu. Todavia, nossa insurgência é de índole apenas doutrinária. Cremos caber à jurisprudência solucionar o caso concreto, dando a prestação jurídica adequada.

De outra parte, também nos insurgimos com o posicionamento doutrinário dos que afirmam que os 120 dias, fixados pela Lei 1.533/51, seria prazo inconstitucional. Não entendemos assim. Na verdade, 120 dias afigura-se-nos prazo suficiente para quem se sentir injustamente agredido, até porque basta o justo receio para a impetração.[12]

Se não houvesse o socorro dessa via, teria o atingido outro meio, mas não mais mandado de segurança, via excepcional, remédio heróico, e como remédio heróico, como via excepcional, deve ser entendido.

Se o prazo fosse *comprovadamente insatisfatório*, entendê-lo-íamos inconstitucional; porém, o prazo de 120 dias parece-nos razoável para remédio excepcional, ágil, que assim deve ser encarado.

Portanto, não vemos, enfatizando, agressão à Constituição, ao mandamento constitucional que possibilita o mandado de segurança.

A propósito, cumpre-nos informar que, na sessão plenária de 24.9.2003, o Supremo Tribunal Federal editou a Súmula 632, com o seguinte teor: "É constitucional lei que fixa o prazo de decadência para a impetração de mandado de segurança".

Outras questões fascinantes poderiam ser abordadas, porém refugiriam à finalidade deste livro, que consiste em coligir estudos sobre tão significativo tema.

---

12. Ainda parece-nos que, se a lei fixasse prazo exíguo de 10, 15 dias, haveria de ser reputado inconstitucional, porque, normalmente, neste prazo ínfimo dificilmente conseguir-se-ia tomar as providências necessárias à impetração. Em outro falar, entendemos que o prazo de 120 dias é razoável, não impede a impetração do *writ*, portanto, nada tem de inconstitucional.

2
Mandado de Segurança Coletivo: Visão Geral

2.1 Considerações gerais

A Constituição de 1988 criou a figura do mandado de segurança coletivo de maneira completamente inovadora.

Bem por isso, está o tema inçado de dificuldades, e ainda há o que construir, doutrinária e jurisprudencialmente, embora já passados tantos anos da promulgação da Constituição.

Vejamos seu perfil constitucional. Chame-se a contexto o inciso LXX do art. 5º da nossa Constituição: "LXX — o mandado de segurança coletivo pode ser impetrado por: a) partido político com representação no Congresso Nacional; b) organização sindical, entidade de classe ou associação legalmente constituída e em funcionamento há pelo menos um ano, em defesa dos interesses dos seus membros ou associados".

Doutra parte, o inciso XXI do art. 5º dispõe: "XXI — as entidades associativas, quando expressamente autorizadas, têm legitimidade para representar seus filiados judicial ou extrajudicialmente".

Ainda, de seu turno, o art. 8º da nossa Constituição afirma: "Art. 8º. É livre a associação profissional ou sindical, observado o seguinte: (...) III — ao sindicato cabe a defesa dos direitos e interesses coletivos ou individuais da categoria, inclusive em questões judiciais ou administrativas: (...)".

Pinçados os dispositivos constitucionais que respeitam ao mandado de segurança coletivo, passemos a enfrentá-los.

A primeira indagação, que se há de colocar, refere-se às condições peculiares ao mandado de segurança individual. Devem estas também estar presentes nos coletivos?

Veja-se que o mandado de segurança individual é tratado no inciso LXIX, enquanto que o coletivo no inciso LXX. Ressalta-se, pois, que o mandado de segurança coletivo não é alínea do dispositivo gizador do individual.

De conseguinte, há de se indagar: no mandado de segurança coletivo deve haver direito líquido e certo, como condição da sua própria admissibilidade?

Afigura-se-nos ser a resposta afirmativa. Se o mandado de segurança é garantia especial, de rito sumário, não há como fugir da incontrovertibilidade factual do direito.

Note-se que, além da possibilidade de se submeterem ao Judiciário quaisquer ameaças ou lesões de direito (art. 5º, XXXV), outorgou, ainda, a Constituição garantias especiais, a fim de que possa o administrado arrostar atos ilegais ou abusivos ou, ainda, omissão das autoridades.

Não é aqui o lugar e a hora para se dissertar sobre a figura da ilegalidade, do desvio ou do abuso do poder. Adiante-se, apenas, a título até de premissa, que o abuso de poder também se encarta na ilegalidade. No abuso de poder, o agente administrativo age sob pressuposto de sua competência, porém a transcende. Ou, então, a distorce.[1]

No desvio de poder há competência, porém o agente não age dentro dos balizamentos legais. Desvia-se do fim. Pratica, por hipótese, determinado ato buscando fim diverso do que pode ser perseguido dentro daquela tipologia.

De conseguinte, ilegal é tudo o que não se submete à lei (em sentido amplo) e aos princípios cardeais do ordenamento jurídico

1. Consulte-se , também, o Cap. 4 deste livro, referente ao *Ato Coator*.

vigente. Nas palavras de Otto Bachoff: "Ademais, a Lei Fundamental submeteu também o Legislativo ao controle jurídico dos tribunais — e isto é, sem dúvida, ainda mais transcendental. Encomendou a estes a função de vigiar a constitucionalidade da lei. Somente devem admitir uma lei como válida e vinculante, quando esta não só tenha sido formalmente promulgada de acordo com o ordenamento jurídico, senão também quando, por seu conteúdo, esteja de acordo com os preceitos da Constituição"[2] (traduzimos).

Em apertada síntese: todos os atos administrativos ou condutas administrativas,[3] legislativas ou judiciárias, integram o conceito de atos de autoridade, pressuposto essencial à interposição de mandado de segurança, quer individual, quer coletivo.

2.1.1 Direito líquido e certo

Direito líquido e certo, suficiente para possibilitar o *writ*, é o que não se submete a controvérsias factuais. Da mesma forma no que diz respeito ao mandado de segurança individual.[4]

Em outro falar: o direito deve ser certo quanto aos fatos, muito embora possa haver — e efetivamente haja — controvérsia de direito.

Portanto, se incertos os fatos, não se ensejará a via angusta do mandado de segurança, neste particular. Por isso mesmo, parece-nos que, não obstante não tenha o inciso LXX do prefalado art. 5º tornado a se referir a direito líquido e certo, é incontroversa sua necessidade.

Deveras, a via sumariíssima, como já o afirmamos, não se compadece com o direito controvertível, não deduzido de plano com a inicial, a ensejar ao magistrado, *ab initio*, a convicção da extrema plausibilidade de existir o direito pretendido.[5]

---

2. *Jueces y Constitución*, p. 32.

3. Celso Antônio Bandeira de Mello, "O ato coator", in *Curso de Mandado de Segurança*, pp. 7-37.

4. Carlos Mário Velloso, "Conceito de direito líquido e certo", in *Curso de Mandado de Segurança*, cit., pp. 69-100.

5. Sérgio Ferraz, "Aspectos processuais do mandado de segurança", in *Curso de Mandado de Segurança*, cit., p. 129.

2.1.2 Atos ilegais ou abusivos de autoridade

A autoridade há de ser agente público ou, por expressa definição constitucional, "agente de pessoa jurídica", no exercício de atribuições do Poder Público.[6]

Doutrina, jurisprudência e legislação infraconstitucional já haviam consagrado: todos os que exerçam função pública são suscetíveis de encarnar a figura da autoridade coatora.

2.2 Direito coletivo e difuso

Enfrentadas as condições gerais do mandado de segurança, devemos passar à verificação dos direitos tutelados por meio do mandado de segurança coletivo.

Tecnicamente, distinguem-se direito coletivo e difuso. Ambos, sem dúvida, transcendem o direito individual. São meta-individuais. Concernem aos indivíduos, mas também à coletividade à qual se integram. O direito coletivo é o que tem como suporte relação-base de determinada categoria.

Já averbamos em trabalho anterior[7] que o direito coletivo, como o próprio nome está a indicar, concerne à série de "interesses" ou direitos de determinada classe. Demos como exemplo os interesses dos advogados, defendidos, tutelados, pelas associações de classe. Ainda, em linha de exemplo, os direitos de determinadas categorias profissionais, reunidas em associações ou sindicatos.

Estes são os direitos coletivos pertencentes a determinadas classes sociais, em seu conjunto. Doutra parte, difusos, como também já o dissemos, são aqueles direitos mais esmaecidos, mais diluídos, cujos titulares não se podem identificar desde logo.

É o direito difuso o de cada um e de todos. De todos e de cada um. A indeterminação, como diz Rodolfo de Camargo Mancuso,[8] a indivisibilidade, a conflituosidade, são suas características.

---

6. Portanto, mesmo as empresas totalmente privatizadas são passíveis de se sujeitarem ao mandado de segurança, se estiverem prestando serviço público, como já dissemos no Cap. 1.

7. Lúcia Valle Figueiredo, *Direitos Difusos e Coletivos na Constituição de 1988*.

8. *Interesses Difusos — Conceito e Legitimação para Agir*, pp. 58-61.

2.3 *Objeto do mandado de segurança coletivo*

Dúvida alguma pode existir de que o mandado de segurança coletivo, como o próprio nome sugere, tutele direitos coletivos. Entretanto, impende indagar: teria o mandado de segurança coletivo visado, apenas e tão-somente, à tutela dos direitos coletivos, como já conceituados? Ou, na verdade, no texto constitucional foi o vocábulo utilizado de maneira atécnica, tal seja, o gênero para as duas espécies: coletivo e difuso?

Ao palmilharmos o texto constitucional, é possível afirmar que, pelo menos, o Diploma Básico não proíbe a proteção dos direitos difusos por meio do mandado de segurança coletivo.

Tragam-se, pois, à colação alguns artigos do Diploma Constitucional para verificar se a garantia insculpida no inciso LXX do art. 5º seria aplicável a tais direitos.

Os dispositivos concernentes ao meio ambiente dão lugar a direitos difusos. E, consoante entendemos, se passíveis de serem provados de plano, podem ser garantidos pelo mandado de segurança coletivo.

De outro lado, os direitos difusos referentes à preservação do patrimônio histórico, cultural etc., também podem receber tutela por meio do mandado de segurança coletivo.

Imagine-se determinada área tombada, ou mesmo toda uma cidade, como no caso de Olinda ou Ouro Preto. Figure-se que alguém tenha obtido ilegalmente licença para demolir. Nesta hipótese, poderão ser interpostos vários remédios jurídicos, tais como ação popular, ação civil pública com pedido de liminar, também mandado de segurança individual se, no pólo ativo, como impetrante, estiver fundação ou entidade com competência para o tombamento. Ou, ainda, mandado de segurança coletivo.

Todavia, os direitos difusos são muito menos confortados por esta figura constitucional. Importa, entretanto, enfatizar que a Constituição não os alijou da nova garantia. Não obstante, a tutela desses direitos, no mais das vezes, far-se-á de maneira muito mais tranqüila por meio da ação civil pública.

2.3.1 *Legitimidade dos sindicatos*[9]

No tocante aos sindicatos, podemos verificar o § 1º do art. 511 da Consolidação das Leis do Trabalho: "§ 1º. A *solidariedade de interesses* econômicos dos que empreendem atividades idênticas, similares ou conexas constitui o vínculo *social básico* (...)" (grifamos).

---

9. Vejam-se os seguintes acórdãos:

• *"Mandado de segurança coletivo — Legitimação — Natureza do interesse.*

"O interesse exigido para a impetração de mandado de segurança coletivo há de ter ligação com o objeto da entidade sindical e, portanto, com o interesse jurídico desta, o que se configura quando em jogo a contribuição social sobre o lucro das pessoas jurídicas prevista na Lei 7.689/88. Na espécie, a controvérsia está relacionada com a própria atividade desenvolvida pelas empresas, o lucro obtido e a incidência linear, considerada toda a categoria, da contribuição social. Portanto, se as atribuições do sindicato se fazem em prol daqueles que congrega, forçoso é concluir pela existência do indispensável nexo" (STF, 2ª T., RE 95.0157234-DF, rel. Min. Marco Aurélio, j. 12.6.95, v.u., *DJU* 22. 9.95, p. 30.608, *Ement.* 01801-07, p. 1.345).

• *"Mandado de segurança coletivo — Impetração por entidade sindical revestida de legitimidade (SINDIRETA) — Representação de categoria funcional vinculada à Administração direta do Distrito Federal — Princípio da unicidade sindical — Observância — Reposição salarial (84,32%) — Direito adquirido dos servidores públicos do Distrito Federal — Inaplicabilidade da Lei federal 8.030/90 ao plano local — Autonomia constitucional do Distrito Federal — Recurso extraordinário não conhecido.*

"A existência, na mesma base territorial, de entidades sindicais que representem estratos diversos da vasta categoria dos servidores públicos — funcionários públicos pertencentes à Administração direta, de um lado, e empregados públicos vinculados a entidades paraestatais, de outro, cada qual com regime jurídico próprio — não ofende o princípio da unicidade sindical. Legitimidade do Sindicato dos Servidores Públicos Civis da Administração Direta, Autarquias e Tribunal de Contas do Distrito Federal (SINDIRETA) para agir na defesa dos direito e interesses de seus filiados.

"A autonomia constitucional reconhecida ao Distrito Federal, que lhe confere a prerrogativa de dispor, em sede normativa própria, sobre o regime jurídico de seus servidores civis, impede que se estendam, automaticamente, ao plano local os efeitos pertinentes à política de remuneração estabelecida pela União Federal em favor dos seus agentes públicos.

"Os efeitos revocatórios gerados pela Lei 8.030/90 restringiram-se, no plano da organização federativa brasileira, na dimensão político-institucional da União Federal, que foi a única destinatária do comando normativo emergente desse diploma legal. O reajuste de vencimentos de servidores do Distrito Federal, assegurado pela Lei distrital 38/89, só veio a ser revogado pela Lei distrital 117, de 23.7.90, época em que o percentual de 84,32%, correspondente à inflação apurada no período de 16.2 a 15.3.90, já se integrara ao patrimônio jurídico dos

Deveras, os sindicatos são órgãos de classe. Defendem os interesses da classe enquanto tal. É verdade que também podem defender interesses individuais dos associados. Assim procedem já não — consoante se nos afigura — com competência própria. Agem, nesse caso, como substitutos processuais.

---

agentes públicos locais" (STF, 1ª T., RE 94.0159228-DF, rel. Min. Celso de Mello, j. 23.8.94, v.u., *DJU* 27.10.94, p. 29.168, *Ement.* 1.764-02, p. 420).

• *"Mandado de segurança coletivo: histórico e caracteres do instituto no contexto das diferentes aberturas da Constituição de 1988; a legitimação das associações e outras formações sociais intermediárias para a defesa de interesses coletivos ou difusos: questão da legitimação ativa dos sindicatos, negada, no caso, por fundamentos diversos, mas confluentes, da unanimidade do Tribunal.*

"1. Divergência, não resolvida, sobre a legitimidade do sindicato para, mediante mandado de segurança coletivo, postular em juízo, como substituto processual e, pois, independentemente de autorização específica dos interessados, pretensões de uma parcela e não da totalidade da categoria.

"2. Inexistência, no caso, de qualquer sorte, ainda que em tese, de direito subjetivo dos trabalhadores — em favor de cujos interesses pleiteia o sindicato impetrante — à continuidade do controle estatal ou da existência mesma da entidade empresarial que os emprega, do que decorre carência do mandado de segurança coletivo" (STF, TP, MS 89.0020936-DF, rel. Min. Carlos Madeira, rel. p/ o acórdão Min. Sepúlveda Pertence, j. 8.11.89, v.u., *DJU* 10.9.92, p. 14.714, *RTJ* 142-02/446, *Ement.* 1.675-02, p. 263).

• *"Processual civil — Mandado de segurança coletivo — Legitimidade — Extinção.*

"I — Mandado de segurança coletivo não se presta à defesa de direito individual de membro ou membros de organização sindical, entidade de classe ou associação legalmente constituído.

"II — Recurso improvido" (TRF-2ª R., 4ª T., AMS 92.0205790-RJ, rela. Juíza Tanyra Vargas, rel. p/ o acórdão Juiz Carreira Alvim, j. 24.5.95, v.u., *DJU* 5.12.95, p. 84).

• *"Processo civil — Mandado de segurança coletivo — Organização sindical — Interesse.*

"Para impetrar mandado de segurança coletivo, a organização sindical deve defender interesse próprio da categoria que representa, sob pena de faltar interesse processual para a ação" (TRF-4ª R., 1ª T., AMS 89.0404355-SC, rel. Juiz Vladimir Passos de Freitas, j. 22.8.95, v.u., *DJU* 27.9.95, p. 65.517).

• *"Processo civil — Mandado de segurança coletivo — Legitimidade.*

"1. O sindicato não tem legitimidade *ad causam* para questionar a cobrança do IPMF, porquanto não se trata de interesse somente restrito a classe sindical, mas somente a cada associado, de forma individual e particular.

"2. Ressalte-se, ainda, que a constitucionalidade ou não do IPMF já foi decidida pelo Supremo Tribunal Federal, de sorte que o presente feito ficou prejudicado.

"3. Apelação improvida" (TRF-5ª R., 2ª T., AMS 94.0542899-CE, rel. Juiz Barros Dias (substituto), j. 21.2.95, v. u., *DJU* 31.3.95).

O mandado de segurança coletivo, como gizado no art. 5º, LXX, não acobertaria, consoante entendemos, a pretensão de defesa de interesses individuais não ligados à classe ou categoria.[10]

Mozart Víctor Russomano diz:

"O Brasil partiu do princípio de que a associação para *estudo, defesa e coordenação* dos interesses de classe é legítima. Constitui direito dos empregados e dos empregadores. De modo que a todos é garantida a associação sindical (art. 511), exceção feita, segundo o texto originário da Consolidação, aos trabalhadores das entidades paraestatais, aos servidores públicos e aos empregados admitidos pelos sindicatos existentes, o que significa que não pode existir o Sindicato de empregados dos sindicatos (arts. 526, parágrafo único,[11] e 566). (...).

"Adotou-se, no Brasil, o regime da sindicalização pelas *categorias profissionais* (empregados) e *econômicas* (empregadores). Seguimos os passos do legislador italiano, de onde retiramos nossas lições e em relação ao qual, não poucas vezes, caímos nos perigos do decalque. No ponto crucial da organização das classes em sindicatos, a adaptação foi feita com certo realismo. (...).

"Vê-se que a idéia de *categoria econômica* sugere a idéia de *categoria profissional.*

"O vínculo social básico da categoria econômica, que aproxima os empregadores é a *identidade, semelhança ou conexidade* das atividades desenvolvidas por suas empresas, o que os conduz a uma necessária solidariedade de interesses (§ 1º). Aqueles que trabalham na mesma atividade econômica, isto é, na mesma categoria econômica e em categorias econômicas *similares* ou *conexas*, compõem a categoria profissional, cuja base humana é a semelhança de condições de vida resultantes da profissão ou do trabalho comum (§ 2º)"[12] (grifos do autor).

De conseguinte, verifica-se que a idéia-matriz de constituição do próprio sindicato é a defesa de categoria profissional, certa e determinada.

---

10. Esta, contudo, não foi a posição assumida pelo Pleno do Supremo Tribunal Federal no RE 193.382-8, da relatoria do eminente Carlos Velloso, julgado em 28.6.96, ementa de acórdão publicado no *DJU* de 20.9.96, Seção 1, p. 34.547.

11. Atualmente o dispositivo foi alterado para incluir expressamente a possibilidade de os empregados de entidade sindical se associarem em sindicato (art. 526, § 2º, da CLT).

12. *Comentários à CLT*, v. II, pp. 621-622.

Insistimos em nosso ponto de vista, embora, como assinalado, haja posição contrária da Suprema Corte. A tutela de interesses alheios à finalidade básica do sindicato não se pode pretender pela via do mandado de segurança coletivo.

Se assim fosse, não teríamos a "despersonalização" dos interesses individuais que se transformaram nos interesses do grupo.

Os interesses típicos do grupo cabe ao sindicato defender pela via estreita do mandado de segurança, desde que colocadas as demais condições peculiares a esta ação. Porém, não o somatório de interesses individuais a transcender a categoria.[13]

2.3.2 Associações

Doutra parte, às entidades de classe legalmente autorizadas e constituídas há mais de um ano (art. 5º, XXI, e LXX, "b") cabe a defesa de seus associados.[14]

Examinemos quais os requisitos constitucionais necessários a que tais entidades procedam à defesa de seus associados pela via mandamental, e, especificamente, pela coletiva.

A associação deve estar legalmente constituída há mais de um ano. Quanto a este ponto não há qualquer controvérsia. Deveras, constituída legalmente a associação, sua finalidade é a defesa

---

13. No dizer de Amauri Mascaro Nascimento, ao se referir aos fundamentos do sindicalismo:

"O quinto fundamento do sindicalismo é a necessidade de defesa do *interesse coletivo*, sobre o qual convém mostrar, em resumo, a causa e o fim (...).

"O interesse coletivo colocou-se acima do interesse individual, mas sem se confundir com o interesse público, uma vez que nem sempre as pretensões dos trabalhadores se ajustam às da comunidade (...).

"O *interesse coletivo* tem sua dimensão própria e o seu fim específico, *que é a realização das pretensões do grupo* reivindicante" (grifamos).

14. O Código do Consumidor no art. 82, § 1º, excepciona em certas situações:

"Art. 82. Para os fins do art. 81, parágrafo único, são legitimados concorrentemente:

"(...).

"§ 1º. O requisito da pré-constituiçao pode ser dispensado pelo juiz, nas ações previstas no art. 91 e seguintes, quando haja manifesto interesse social evidenciado pela dimensão ou característica do dano, ou pela relevância do bem jurídico a ser protegido."

dos interesses primários do grupo. A defesa permanente. Não a ocasional, ou a de "grupinhos", que a eventualidade houvesse motivado à agremiação.

A obrigatoriedade de constituição há mais de um ano elide situações que tais. A associação há de estar constituída para seus *objetivos normais e não acidentais, temporários*, como já dissemos.

Quanto ao "estar devidamente autorizada", impende indagar o desiderato constitucional. Parece-nos — até por questão de coerência lógica — não tenha pretendido o texto constitucional que a autorização se desse em cada caso, para cada uma das postulações.

Entretanto, necessário é distinguir. Se nos estatutos da associação já se contiver permissão dos associados para que esta os represente judicialmente, para que a sociedade busque a defesa de seus direitos (entendidos estes direitos não como os individuais dos associados, mas os coletivos), e desde que não prevista a necessidade de convocação de assembléia, afigura-se-nos despicienda a autorização. Esta já teria sido dada.

Doutra parte, se qualquer previsão houver nos estatutos, deverá a associação realizar assembléia para aprovação preliminar dos associados. Este deve ser o correto entendimento da expressão "estar devidamente autorizada". A jurisprudência é forte nesse sentido, como se poderá inferir:

• *"Constitucional — Processual civil — Mandado de segurança coletivo — Substituição processual — Autorização expressa — Objeto a ser protegido pela segurança coletiva — Constituição Federal, art. 5º, LXX, 'b'.*

"I — A legitimação das organizações sindicais, entidades de classe ou associações, para a segurança coletiva, é extraordinária, ocorrendo, em tal caso, substituição processual (CF, art. 5º, LXX).

"II — Não se exige, tratando-se de segurança coletiva, a autorização expressa aludida no inciso XXI do art. 5º da Constituição, que contempla hipótese de representação.

"III — O objeto do mandado de segurança coletivo será um direito dos associados, independentemente de guardar vínculo com os fins próprios da entidade impetrante do *writ*, exigindo-se, entretanto, que o direito esteja compreendido na titularidade dos associados e que exista ele em razão das atividades exercidas pelos associados, mas não se exigindo que o direito seja peculiar, próprio, da classe.

"IV — Recurso extraordinário conhecido e provido" (STF, TP, RE 181.438-1, rel. Min. Carlos Velloso, j. 28.6.96, v.u.).

• *"Mandado de segurança coletivo — Impetração por associação de classe — Legitimação ativa, art. 5º, XXI e LXX, 'b', da Constituição Federal.*

"A associação regularmente constituída e em funcionamento pode postular em favor de seus membros ou associados, não carecendo de autorização especial em assembléia geral, bastando a constante do estatuto. Mas como é próprio de toda substituição processual, a legitimação para agir está condicionada à defesa dos direitos ou interesses jurídicos da categoria que representa.

"Recurso extraordinário conhecido e provido para que o Tribunal *a quo*, afastada a preliminar de ilegitimidade ativa da impetrante, julgue o mérito do mandado de segurança" (STF, 1ª T., RE 95.0141733-SP, rel. Min. Ilmar Galvão, j. 7.3.95, v.u., *DJU* 1.9.95, p. 27.384, *Ement.* 1.798-03, p. 593).

• *"Mandado de segurança coletivo — Liberação de recursos orçamentários (CF, art. 168) — Impetração por entidade de classe (Associação de Magistrados) — Inadmissibilidade — Prerrogativa de poder — Garantia instrumental da autonomia financeira do Poder Judiciário — Writ coletivo — Defesa de direitos e não de simples interesses — Ilegitimidade ativa ad causam da associação de magistrados — Extinção do processo sem julgamento de mérito.*

"O autogoverno da magistratura tem, na autonomia do Poder Judiciário, o seu fundamento essencial, que se revela verdadeira pedra angular, suporte imprescindível à asseguração da independência político-institucional dos juízos e dos tribunais. (...).

"Essa prerrogativa de ordem jurídico-institucional, criada, de modo inovador, pela Constituição de 1988, pertence, exclusivamente, aos órgãos estatais para os quais foi deferida. O legislador constituinte, na realidade, não a partilhou e nem a estendeu aos membros e servidores integrantes dessas instituições. O exercício desse direito é, portanto, intransferível. Só poderá exercê-lo — dispondo, inclusive, de pretensão e de ação — aquele a quem se outorgou, no plano jurídico-material, a titularidade exclusiva do seu exercício. De absoluta intransmissibilidade, portanto, essa posição jurídica, ou também não poderá ser invocada por terceiros, especialmente por entidades de direito privado — ainda que qualificadas como entidades de classe —, cujo âmbito de atuação não transcende a esfera dos direitos de seus próprios associados. (...).

"O mandado de segurança coletivo — que constitui, ao lado do *writ* individual, mera espécie da ação mandamental instituída pela Constituição de 1934 — destina-se, em sua precípua função jurídico-processual, a viabilizar a tutela jurisdicional de direito líquido e certo não amparável pelos remédios constitucionais do *habeas corpus* e do *habeas data*.

"Simples interesses, que não configurem direitos, não legitimam a válida utilização do mandado de segurança coletivo" (STF, TP, MSAQO

91.0021291-DF, rel. Min. Celso de Mello, j. 12.4.91; m.v., *DJU* 27.10.95, p. 36.331, *Ement.* 1.805-02, p. 201).

• *"Processual civil — Mandado de segurança coletivo — Lei em tese — Ilegitimidade ad causam — Imposto de importação — Alteração de alíquota pelo Executivo — Ausência de direito líquido e certo.*

"Não se dirige contra a lei em tese a segurança que ataca o ato que espraia efeitos concretos suscetíveis de provocar lesão a direito subjetivo de terceiro.

"A Constituição Federal (art. 5º, LXX, 'b'), ao atribuir, às associações, o poder de impetrar mandado de segurança coletivo em defesa dos interesses dos seus membros, criou caso de legitimação extraordinária que se enquadra no instituto da substituição processual, porquanto, age (a associação) em nome próprio por direito de terceiros, estando legitimada a postular em juízo o direito de que não é titular, por determinação da Carta Política.

"A entidade associativa que impetra segurança coletiva não se coloca, no processo, como mandatária dos respectivos associados, razão por que torna-se desnecessária a prévia autorização de seus membros. (...). Segurança denegada. Decisão unânime" (STJ, 1ª S., MS 95.000426-DF, rel. Min. Demócrito Reinaldo, j. 5.12.95, v.u., *DJU* 11.3.96, p. 6.554).

• *"Processo civil. Embargos de declaração — Mandado de segurança coletivo — Legitimidade ativa — Substituição processual — Obscuridade — Omissão.*

"1. Não se vislumbra confusão entre os institutos do mandado de segurança coletivo e da representação judicial pelas entidades associativas, e, conseqüentemente, obscuridade ou contradição no acórdão pelo fato de o voto condutor do julgamento fazer referência à expressão substituto processual. Tanto uma como outra hipótese importa substituição processual.

"2. Em se tratando de mandado de segurança coletivo impetrado pela Ordem dos Advogados do Brasil em defesa de interesses individuais de seus membros, não configura omissão a falta de análise do art. 1º, parágrafo único, da já revogada Lei 4.215/63, que legitima a OAB a representar, em juízo ou fora dele, os interesses gerais da classe dos advogados e os individuais relacionados com o exercício da profissão, ainda quando invocado no recurso. O mandado de segurança coletivo, mesmo quando impetrado pela OAB, tem seu fundamento na Constituição Federal e não na Lei 4.215/63" (TRF-4ª R., 2ª T., EDecl na ApMS 94.0426295-PR, rela. Juíza Tânia Terezinha Cardoso Escobar, j. 24.8.95, v.u., *DJU* 20.9.95, p. 63.263).

Pode, ainda, acontecer, na hipótese de não ter sido a autorização dada anteriormente, que a premência da matéria (em casos específicos) impeça assembléia anterior à propositura da ação, considerando-se os prazos de convocação, etc. Nesta hipótese, especialíssima, como já afirmado, a convocação da assembléia servirá para a prova primeira da autorização. Na verdade, a associação estará agindo *ad referendum* de seus associados. E, como afirmamos, da mesma forma que ao sindicato, cabe a defesa de seus membros ou associados, dos *interesses do grupo* enquanto tal.

É bem verdade que a Constituição permitiu defendessem, quer sindicatos, quer associações (representassem), seus filiados (arts. 5º, XXI, e 8º, III, respectivamente, da CF). Todavia, nessas hipóteses, teremos a figura da substituição processual. Estão sociedades ou sindicatos, quando defendem direitos individuais dos associados, da categoria ou membros, a exercitar competência subsidiária, não originária.

Deveras, podem agir como representantes de seus associados, em substituição processual. Defendem, em nome próprio, direito alheio. Porém, não será hipótese de mandado de segurança coletivo. Estaremos, ainda, diante do mandado de segurança individual.

Na verdade, os sindicatos patronais, por exemplo, não terão possibilidade, pela via do mandado de segurança, de defender o somatório de direitos individuais.

O direito coletivo ou difuso representa, como já o dissemos, a escolha, a priorização de determinados direitos em face de outros. Façamo-nos entender. Determinados direitos de uma categoria profissional podem ter reflexo imediato em toda categoria profissional, como, por exemplo, o direito à irredutibilidade salarial, conquistado nesta Constituição.

Entretanto, outros direitos coletivos vão se referir apenas, de maneira imediata, a alguns que se achem envolvidos naquela determinada situação. Por exemplo, a diminuição da jornada de trabalho de certos trabalhadores, com a conseqüente diminuição salarial, vai interessar particularmente aos afetados. Porém, indiretamente, por ser direito social, coletivo, que transcende o indivíduo, vai interessar a toda classe de trabalhadores, sejam eles metalúrgicos, eletricitários, frentistas etc.

É o direito que, enfim, diz respeito a toda sociedade. O direito difuso é de todos e de cada um. De cada um e de todos, simultaneamente.

2.3.3 Competência dos partidos políticos para impetração do mandado de segurança coletivo

A defesa dos valores básicos da Constituição, de seu cerne fixo, art. 60, do texto constitucional, interessa a todos os cidadãos.

Também titulares da legitimidade ativa do mandado de segurança coletivo são os partidos políticos com representação no Congresso Nacional (letra "a" do inciso LXX do art. 5º da CF).

Verifica-se, de conseguinte, com clareza solar, que, no atinente aos partidos políticos, *qualquer restrição expressa veio no texto constitucional*.

Em outro falar: na medida em que associações e sindicatos podem impetrar mandado de segurança coletivo em defesa dos interesses de seus membros ou associados, os *partidos políticos* não conhecem restrições constitucionais. Ou, por outra, *a proteção não será apenas para os filiados do partido*, muito pelo contrário.

Devemos buscá-las, as restrições, no contexto constitucional, na principiologia constitucional e na própria razão de existência dos partidos políticos. Todavia, este não vem sendo o entendimento jurisprudencial,[15] como se verifica dos acórdãos transcritos em nota de rodapé.

---

15. Como se verifica abaixo:

• *"Processual — Mandado de segurança coletivo — Partido político — Ilegitimidade.*

"Quando a Constituição autoriza um partido político a impetrar mandado de segurança coletivo, só pode ser no sentido de defender os seus filiados e em questões políticas, ainda assim quando autorizado por lei ou pelo estatuto.

"Impossibilidade de dar a um partido político legitimidade para vir a juízo defender 50 milhões de aposentados, que não são, em sua totalidade, filiados ao partido e que não autorizaram o mesmo a impetrar mandado de segurança em nome deles" (STJ, 1ª S., MS 89.0000197-DF, rel. Min. José de Jesus Filho, rel. p/ o acórdão Min. Garcia Vieira, j. 8.5.90, *DJU* 20.8.90, p. 7.950, *RSTJ* 12/215).

• *"Recurso em mandado de segurança — Constitucional — Mandado de segurança coletivo — Partido político.*

"O mandado de segurança coletivo visa a proteger direito de pessoas integrantes da coletividade do impetrante.

"Distingue-se, assim, da ação constitucional que preserva direito individual, ou difuso.

"O partido político, por essa via, só tem legitimidade para postular direito de integrante de sua coletividade" (STJ, 6ª T., ROMS 920002423-PR, rel. Min. Luiz Vicente Cernicchiaro, j. 27.4.92, *DJU* 22.11.93, p. 24.974).

Nesta Constituição, bem porque os valores da dignidade da pessoa humana e da cidadania, ao lado de outros, fundamentam o Estado Democrático de Direito, o instrumental de defesa há de ser hábil de forma a que, sobretudo, o cerne fixo da Constituição possa ser preservado.

Daí por que se reservou tanto ao Ministério Público quanto aos partidos políticos a defesa dos *direitos da cidadania, das liberdades e garantias individuais.*

Assim, pensamos que, embora não expressamente enumerado no inciso LXX do art. 5º, ao Ministério Público também cabe a impetração de mandado de segurança coletivo para defesa dos direitos indisponíveis.

Doutra parte, aos partidos políticos cabe muito mais do que a simples defesa dos direitos políticos *stricto sensu*, como se pode, ao primeiro súbito de vista pensar.

Vejamos o art. 1º da Lei Orgânica dos Partidos Políticos, Lei 9.096, de 19.9.95: "O partido político, pessoa jurídica de direito privado, destina-se a assegurar, no *interesse do regime democrático*, a *autenticidade do sistema representativo* e a defender *os direitos fundamentais* definidos na Constituição Federal" (grifamos).

Veja-se a amplitude do campo de atuação dos partidos políticos e, em conseqüência, sua competência para a interposição do mandado de segurança coletivo.

Se pensarmos que esta Constituição consagra o *status civitatis*, e não mais apenas o *status libertatis*, como assinala Paolo Maddalena,[16] cairão como luva as afirmações que, a breve trecho, serão feitas.

O art. 60 da Constituição, no § 4º, prevê a impossibilidade de ser objeto de deliberação a proposta de emenda tendente a abolir a forma federativa de Estado, o voto direto, secreto, universal e

---

• *"Mandado de segurança coletivo — Partido político — Ilegitimidade de parte — Reconhecimento.*

"Os interesses individuais não devem ser avocados pelos partidos políticos quando no uso do mandado de segurança coletivo, pois a sua atuação nesse campo não tem a amplitude que pretendem.

"O mesmo ocorre com os sindicatos e outras entidades associativas" (ROMS 910001348-MA, j. 2.6.93, *DJU* 13.12.93, p. 27.424).

16. *Responsabilità Amministrativa, Dano Pubblico e Tutela dell'Ambiente.*

periódico, a separação de Poderes e os direitos e garantias individuais.

Em quaisquer desses assuntos pode e deve (pois toda competência é dever) o partido político *interferir vigilantemente*.

A Constituição deu-lhe meios diretos de defesa, como a declaração de inconstitucionalidade perante o Supremo (art. 103, VIII), o mandado de segurança coletivo (art. 5º, LXX) e, cremos, a legitimação, mesmo na ação civil pública, em defesa dos direitos fundamentais (art. 129, III), a possibilidade de denunciar irregularidades ou ilegalidade perante os Tribunais de Contas (art. 74, § 2º).

Concluímos que, mesmo na ação civil pública, tenha o partido político legitimidade porque, ao tratar da competência do Ministério Público, o § 1º do art. 129 da Constituição, afirmou: "A legitimação do Ministério Público para as ações previstas neste artigo não impede a de terceiros, nas mesmas hipóteses, *segundo o disposto nesta Constituição* e na lei" (grifamos).

Por isso, acreditamos caber aos partidos políticos legitimação mesmo para ação civil pública, ainda que a Lei 7.347/85 (Lei da Ação Civil Pública) expressamente não disponha.

Campo vasto é o do mandado de segurança coletivo, ao qual está o partido político legitimado expressamente.

Tudo que transcender o individual, pois de reflexo para toda a coletividade, apresentar-se com caráter de liquidez e certeza e, ainda, tiver em vista o Estado Democrático de Direito e os direitos fundamentais traduzidos, *lato sensu*, nas liberdades públicas poderá ser objeto do mandado de segurança coletivo impetrado por partido político.

Estão os partidos políticos, nesta Carta Constitucional, como *garantes da cidadania, do Estado Democrático de Direito, da separação dos Poderes, dos direitos fundamentais*, com competência para provocar a atuação do Judiciário.

Incumbe-lhes a defesa dos direitos coletivos ultrajados, quer seja por lei, por medidas provisórias, quer por atos administrativos de cunho geral, com reflexos imediatos à coletividade, como, também, mediatos aos indivíduos.

Alguns exemplos poderão aclarar a utilização do mandado de segurança coletivo.

O inciso XIV do art. 5º assegura a todos o acesso à informação. Ora bem, se estiver havendo recusa de fornecimento de informações, por dado órgão, secretaria etc., caberá impetração do mandado de segurança coletivo para garantir o direito a ditas informações.

O inciso XVII, ainda do mesmo artigo, garante a liberdade de associação. Se estiver havendo tergiversação, ou qualquer forma de impedimento, caberá mandado de segurança coletivo interposto por partido político.

Se o direito de propriedade estiver sendo violado por qualquer lei ou medida provisória, há cabimento do mandado de segurança coletivo. Estará o partido político na defesa dos direitos fundamentais.

Se alguma lei excluir ou tentar excluir da apreciação do Poder Judiciário alguma lesão de direito, afora o pedido de declaração de inconstitucionalidade (art. 103, VIII, do texto constitucional), também cabe o mandado de segurança coletivo para permitir, pela via de exceção, a declaração de inconstitucionalidade e, por conseqüência, sejam ditas lesões levadas ao conhecimento do Judiciário e por este dada a prestação jurisdicional (a defesa, agora, será não apenas dos direitos fundamentais, mas também da separação dos Poderes).

Se grupos de pessoas estiverem sob ameaça de serem privados da liberdade caberá *habeas corpus*. Se, ao contrário, estiverem sendo ameaçados ou constrangidos a serem privados da disponibilidade de seus bens sem o devido processo legal (art. 5º, LIV, da CF), caberá o mandado de segurança coletivo para afastar a constrição àquele determinado grupo, ou àquela sociedade.

Na parte dos direitos sociais, que se constituem também em direitos fundamentais, somente a título de exemplo, tome-se o salário mínimo (art. 7º, IV).

O salário mínimo fixado em lei deve ter, nos termos constitucionais, reajustes periódicos que lhe preservem o poder aquisitivo. De conseguinte, se não houver reajuste periódico, pelo contrário, perda do poder aquisitivo, demonstrada de plano, também cabe mandado de segurança coletivo, que poderá ser impetrado não só pelos sindicatos, mas, também, pelos partidos políticos.

O instrumental jurídico, o grande meio de defesa, está na própria Constituição de 1988, que não poderia consagrar direitos como meros programas, sem vinculação ao legislador ou ao aplicador. Ou mesmo ao Judiciário, a quem cabe, da maneira mais ampla, em face da ampliação de sua competência no inciso XXXV do art. 5º da mesma Constituição.

Como se verifica, o leque da legitimação ativa faz com que se erga o baluarte da cidadania em prol da ordem jurídica e do Estado Democrático de Direito.

2.4 Atos coatores no mandado de segurança coletivo

O professor Celso Antônio Bandeira de Mello, em palestra proferida por ocasião das comemorações do cinqüentenário do mandado de segurança, já "explodiu" o conceito acanhado de ato coator. Fê-lo, entretanto, para o mandado de segurança individual:

"Vejam que é sempre a aplicação do mesmo critério, a partir do qual se considera que o relevante não é a existência da eficácia do ato, porque se considera irrelevante inclusive se existe um ato. Basta pura e simplesmente algum comportamento que autorize em termos objetivos, num crivo de razoabilidade do qual nunca se pode fugir em Direito, a esperar o advento de um dado ato iminente e lesivo. (...).

"Disse eu que quaisquer comportamentos, e não apenas atos, ensejam a admissibilidade de um mandado de segurança, uma vez preenchidos os seus demais pressupostos. E tomo um exemplo de um comportamento estritamente material: admitamos a colocação, pela Administração Pública, sem prévia manifestação de ato jurídico, de uma série de obstáculos ao trânsito em dado local."[17]

Destarte, como enfatizado pelo mestre, a constrição indevida se faz, ou pode se fazer, também por comportamentos de autoridades. De conseguinte, sejam ou não atos administrativos.

Enfrentemos, de passagem, a questão do ato coator no mandado de segurança individual, apenas e tão-somente para que se estabeleçam disceptações possíveis entre as constrições suficien-

17. "O ato coator", in *Curso de Mandado de Segurança*, pp. 14-15.

tes a ensejar a impetração do mandado de segurança individual e também a ensejar o coletivo.

Com alguns exemplos tornaremos mais claro nosso pensamento.

A Constituição de 1988 assegurou, como direito social, em seu art. 7º, XVII, a percepção de, pelo menos, um terço, além do salário normal, quando os trabalhadores gozassem suas férias.

Imagine-se que, a pretexto de "regulamentar"[18] a norma constitucional, certa autoridade condicionasse a vantagem que devesse, desde logo, ser atribuída, *ex vi* do § 1º do art. 5º da Constituição, a que fosse expedida legislação integradora.

Figure-se, agora, que certo funcionário público (alcançado expressamente pelo dispositivo constitucional, por força do art. 39, § 2º, da mesma CF) não tenha ainda tempo de serviço para desfrute de férias. Ou, embora o tenha, não as requereu. Nem, tampouco, está a integrar escala de férias daquele órgão público.[19]

Ora, o mandado de segurança individual não prescinde de lesão de direito ou da ameaça concreta e palpável de dita lesão. De conseguinte, a este funcionário a garantia do *writ of mandamus*, individualmente, estaria proibida.

Deveras, com a inicial deveriam acostar-se os seguintes documentos, se mandado de segurança individual: a) prova da qualidade de funcionário; b) prova do tempo de serviço; c) prova de

---

18. A palavra é empregada com evidente afastamento de seu sentido técnico. Entretanto, esta é a maneira pela qual sempre se expressam as autoridades quando expedem atos administrativos de caráter geral para integrar determinada lei ou mesmo a Constituição.

19. Pense-se, por hipótese, que, após a Emenda 20/98, a Associação dos Servidores Públicos interpusesse mandado de segurança coletivo visando a preservar direitos já adquiridos, para quem tivesse implementado o tempo de serviço para aposentadoria, sujeitando-se aquelas pessoas, tão-somente, à Constituição como vigente à época, ou, então, para a hipótese de os aposentados não terem de voltar a contribuir novamente para a previdência social, como pretendia a referida Emenda. Isso, antes de o STF, por unanimidade, na ADIn 2.010-2, suspender, no art. 1º da Lei 9.783, de 28.1.99, a eficácia das expressões "e inativos, e dos pensionistas e do provento ou da pensão". Também, por maioria, o Supremo suspendeu a eficácia do art. 2º e seu parágrafo único e, ainda, por unanimidade, deferiu a cautelar com relação ao art. 3º e seu parágrafo único. Em toda essas hipóteses, a Associação representativa da classe teria legitimidade para entrar com mandado de segurança coletivo.

já ter requerido as férias (ainda que estas fossem para daqui a alguns meses); d) ou, então, prova de que o órgão público já elaborou escala de férias com inclusão de seu nome.

Doutra parte, para possibilitar o mandado de segurança coletivo, impetrado, por exemplo, pela associação dos servidores públicos, a ameaça de constrição já seria suficiente. Não haveria, consoante se nos afigura, necessidade de algum ou alguns já haverem requerido férias.

Vejam que o exemplo colacionado servirá a enfrentar as conseqüências diversas nas hipóteses de sentenças proferidas em mandado de segurança individual ou em mandado de segurança coletivo.

Se correto o raciocínio elaborado, a constrição ou sua ameaça manifestam-se de forma diferente. Verifique-se que, na primeira hipótese, o ato ou comportamento da autoridade não atingiu direito individual, nem o ameaçou concretamente, até por impossibilidade lógica.

Passemos a outro exemplo. O governador do Estado aprova edital-padrão que deverá reger licitações de obras de grande estrutura. Juntamente com a aprovação, determina seja este utilizado para as licitações com tal objeto. O "sindicato dos empreiteiros de obras de grande estrutura" entende que há cláusulas discriminatórias, inconstitucionais. O edital, todavia, não teria ainda sido usado. Não obstante, caberia mandado de segurança coletivo, cuja finalidade seria a de obter expurgo das cláusulas inconstitucionais em qualquer edital que, com este objetivo, fosse publicado.

Entretanto, se algum empreiteiro quisesse impedir fossem as prefaladas cláusulas utilizadas em editais futuros, não teria possibilidade jurídica, pois não seria hipótese de mandado de segurança individual. Não haveria, ainda, qualquer lesão, ou ameaça concreta a direito individual.

Claro está que haveria fundamento para impetração se, publicado edital para certa e determinada licitação, aquele empreiteiro tivesse sido discriminado por cláusulas indevidas, atinentes, por exemplo, à capacidade técnica ou à capacidade financeira.

Vejam a importância da distinção. Na hipótese de ter sido impetrado mandado de segurança individual, sua procedência implicaria a determinação judicial para que cláusula ou cláusulas de edital, *certo e determinado, fossem suprimidas*. Porém, fique claro descaber determinação judicial (no mandado de segurança individual) para proibir quaisquer cláusulas do edital-padrão. Enfatize-se: somente caberá determinação referente à cláusula de dada licitação.

Vejamos outra hipótese um pouco mais complicada. O Congresso aprova tributo sobre automóveis de luxo, de tais ou quais especificações, tributo, este, que estaria em descompasso com a Constituição. A fim de ensejar impetração de mandado de segurança individual preventivo, necessário seria comprovar, de plano: a) que a empresa é fabricante daquele tipo de automóvel; b) que estaria, naquele momento, fabricando tantas unidades; c) ou que tantas unidades estariam em vias de ser comercializadas e, portanto, na iminência de sofrer a constrição indevida.

Por outro lado, desde que publicada a lei, haveria possibilidade de associação de fabricantes de veículos impetrar mandado de segurança coletivo para afastar tributo inconstitucional incidente sobre produto específico de seus associados.

A sentença judicial determinaria o afastamento do tributo todas as vezes que se pusessem situações concretas. Outro não poderia ser o desiderato do mandado de segurança coletivo.

2.4.1 Conseqüências

De se concluir que os atos coatores no mandado de segurança individual são diversos dos atos do coletivo.

No primeiro caso, como já observamos, deve ter ocorrido a lesão ou sua ameaça, de forma concreta ou em vias de se concretizar com absoluta segurança. Se assim não fosse, buscar-se-ia, pela via estreita do mandado de segurança, a "imunização" contra situações que possam vir a ocorrer em futuro incerto. A sentença, nestas hipóteses, não teria o caráter de ordem específica para afastar a constrição ou a efetiva ameaça.

Doutra parte, verifique-se que, no mandado de segurança coletivo, no último exemplo colacionado (tributo inconstitucional sobre carro de luxo), a sentença, por força de a constrição ser diversa, também teria finalidade diferente. Afastaria a constrição (que já existe para a categoria, como um todo, pois já há ameaça de lesão de direito coletivo) *rebus sic stantibus*. Isto é, enquanto vigente a Constituição atual e enquanto perdurasse o tributo inconstitucional.

Falando de outra forma: enquanto existente a mesma situação jurídica, deve viger a mesma norma judicial. Daí o caráter totalmente diverso das sentenças proferidas em mandados de segurança coletivos, sobre que se passará a versar.

2.5 *Efeitos da sentença no mandado de segurança coletivo*

A sentença proferida em mandado de segurança coletivo enseja alguns problemas que postulam meditação. Levantemos alguns deles.

Qual a extensão da sentença? Abrange toda a classe, ou somente os associados?

Doutra parte, se improcedente o mandado de segurança, faz coisa julgada?

Se procedente, como se há de cumprir a determinação judicial?[20]

No atinente à questão proposta acerca de a sentença atingir apenas os associados ou a categoria, há de se fazer distinção. Se o impetrante for sindicato, como lhe incumbe a tutela dos direitos de seus associados e da categoria (art. 513 da CLT), concluímos que a sentença atinge toda a categoria.

Todavia, se estivermos diante de associações, a questão colocar-se-á de forma diversa. Às associações cabe tutelar os interesses e direitos de seus associados. Até porque há, ou pode haver, diversas associações de classe (v., por exemplo, o Instituto dos Advogados e a Associação dos Advogados). Se assim é, não nos parece pudesse se cogitar de a sentença transcender a esfera dos associados. Seria, mesmo, intromissão indevida.

20. Tentaremos, pelo menos, alvitrar algumas soluções, sem pretender possam elas estar prontas e acabadas. Representam apenas meditação. Ao elaborarmos anteprojeto de lei para discutir a matéria, em Vitória, estudamos, debatemos e propusemos algumas soluções para estes tópicos. Conosco muito colaborou o professor Vicente Grecco Filho, com preciosas sugestões. Pena que, até agora, depois de tanto tempo já passado, não haja legislação específica para o mandado de segurança coletivo.

2.5.1 *A coisa julgada*

Problema crucial é o da coisa julgada. Entendemos deva-se procurar a solução *secundum eventum litis*.

E aqui seguimos *pari passu* o Código do Consumidor, em seu art. 103,[21] que determinou a aplicação de seus dispositivos à Lei da ação civil pública.

É dizer: se favorável, fará coisa julgada. Entretanto, se desfavorável, poderá ser impetrado mandado de segurança individual. Parece-nos que seja assim para evitar lesão individual.

Imagine-se, por hipótese, que o mandado de segurança coletivo foi mal proposto. Ou, então, que o impetrante não tenha diligenciado o suficiente para levá-lo a bom termo. Seria admissível que alguém, só por integrar uma classe (associado) ou um sindicato (membro ou integrante da categoria profissional), pu-

---

21. O art. 103 do Código do Consumidor dispõe:

"Art. 103. Nas ações coletivas de que trata este Código, a sentença fará coisa julgada:

"I — *erga omnes*, exceto se o pedido for julgado improcedente por insuficiência de provas, hipótese em que qualquer legitimado poderá intentar outra ação, com idêntico fundamento, valendo-se de nova prova, na hipótese do inciso I do parágrafo único do art. 81;

"II — *ultra partes*, mas limitadamente ao grupo, categoria ou classe, salvo improcedência por insuficiência de provas, nos termos do inciso anterior, quando se tratar da hipótese prevista no inciso II do parágrafo único do art. 81;

"III — *erga omnes*, apenas no caso de procedência do pedido, para beneficiar todas as vítimas e seus sucessores, na hipótese do inciso III do parágrafo único do art. 81.

"§ 1º. Os efeitos da coisa julgada previstos nos incisos I e II não prejudicarão interesses e direitos individuais dos integrantes da coletividade, do grupo, categoria ou classe.

"§ 2º. Na hipótese prevista no inciso III, em caso de improcedência do pedido, os interessados que não tiverem intervindo no processo como litisconsortes poderão propor ação de indenização a título individual.

"§ 3º. Os efeitos da coisa julgada de que cuida o art. 16, combinado com o art. 13 da Lei n. 7.347, de 24 de julho de 1985, não prejudicarão as ações de indenização por danos pessoalmente sofridos, propostas individualmente ou na forma prevista neste Código, mas, se procedente o pedido, beneficiarão as vítimas e seus sucessores, que poderão proceder à liquidação e à execução, nos termos dos arts. 96 a 99.

"§ 4º. Aplica-se o disposto no parágrafo anterior à sentença penal condenatória."

desse ter a garantia constitucional do inciso LXIX do art. 5º afastada? Assim não nos parece.

Dado o berço constitucional do mandado de segurança, as restrições hão de ser cautelosas e de estar estribadas em calços doutrinários fortes, que efetivamente busquem o desenvolvimento do novo modelo plasmado pela Constituição.

Com estas considerações não esgotamos, de forma alguma, o tema. Bem longe disso ficamos. Nossa finalidade é apenas sugerir os problemas tormentosos de instituto ainda novo, apesar de a Constituição já ter mais de uma década, ainda não totalmente trabalhado pela doutrina e, sobretudo, pela jurisprudência. E, demais disso, no âmbito deste trabalho não se poriam os problemas processuais, aludidos apenas como corolários lógicos.

3
A Autoridade Coatora e o Sujeito Passivo no Mandado de Segurança

3.1 Agentes públicos como autoridades coatoras. 3.2 Sujeito passivo do mandado de segurança. 3.3 Legitimidade recursal da autoridade coatora. 3.4 Autoridade e poder de decisão: 3.4.1 Dever de fundamentar — 3.4.2 "Deslocamento" da autoridade coatora. 3.5 Domicílio tributário. 3.6 Fonte retentora de tributo. 3.7 Atos de controle. 3.8 Atos complexos. 3.9 Atos de órgãos colegiais. 3.10 Possibilidade de impetração de mandado de segurança contra ato judicial: 3.10.1 O agravo nos termos da Lei 9.139, de 30 de novembro de 1995 — 3.10.2 O mandado de segurança contra ato judicial é atípico — 3.10.3 Objetos diferentes do mandado de segurança típico e atípico. 3.11 O mandado de segurança contra ato judicial é nova ação. 3.12 Matéria apenas de direito e indicação errônea da autoridade coatora.

3.1 Agentes públicos como autoridades coatoras

Inicialmente, assinalamos que o atual texto constitucional acompanha *pari passu* a doutrina e amplia o horizonte de pessoas que podem ser autoridades coatoras.

Deveras, ao tratar da responsabilidade do Estado, a Constituição da República asseverou que as pessoas jurídicas de direito público e as de direito privado prestadoras de serviço público responderão pelos danos que seus agentes, nessa qualidade, causarem a terceiros, assegurado o direito de regresso, caso haja dolo ou culpa do funcionário.

Vê-se, portanto, que se alargou o conceito de *agente público* e, de conseguinte, o conceito de quem possa ser autoridade coatora no mandado de segurança. Claro está que a doutrina já via como passíveis de serem coatores os *delegados de serviços públicos*, os *prestadores de serviço público*, os *concessionários ou permissionários*. Enfim, o espectro daqueles que poderiam ser autoridades coatoras já estava bastante dilargado pela doutrina.

Todavia, sempre existia tendência jurisprudencial e, às vezes, também, alguma divergência doutrinária sobre quem poderia ser autoridade coatora, porque a questão fulcrava-se em definir quem poderia ser classificado como funcionário público — ou, melhor dizendo, "agente público", expressão mais abrangente.

O conceito de agente público viu-se, então, ampliado em *nível constitucional*, como assinalado, porque doutrinariamente já era bastante amplo. Compreendia a expressão não apenas *funcionários públicos*, mas também *agentes políticos, servidores e todos os que participassem da Administração Pública*, ainda que com contrato por tempo determinado, aqueles célebres contratos que se eternizavam. Encartavam-se nessa categoria *diretores de faculdades*, pois exercem atividade delegada do serviço público. Todos esses já eram considerados autoridades coatoras.

3.2 *Sujeito passivo do mandado de segurança*

Dizia-se, anteriormente, que a parte passiva do mandado de segurança era a autoridade coatora. Depois, começou-se a afirmar que a parte passiva, o sujeito passivo do mandado de segurança, realmente seria quem devesse suportar os ônus decorrentes da concessão da ordem.

Deveras, sempre que houver concessão de ordem, quem efetivamente suportará os ônus, os incômodos, dessa concessão será o sujeito passivo do mandado de segurança.

Resta, pois, o problema da autoridade coatora.

De há muito modificamos posição anterior, para adotar a daqueles que enfatizam ser parte a pessoa de direito público e não, apenas, litisconsorte passivo necessário. A autoridade coatora teria apenas o dever de informar.

Alguns autores ainda afirmam expressamente que a autoridade coatora é parte. Nós mesmos escrevemos opúsculo[1] no qual dissemos ser a autoridade coatora sujeito passivo do mandado de segurança e que a pessoa jurídica de direito público teria de estar necessariamente em litisconsórcio com aquela. Tal afirma-

1. *A Autoridade Coatora e o Sujeito Passivo do Mandado de Segurança*, São Paulo, Ed. RT, 1991.

ção provocou críticas de algumas correntes, porém não só a nós, porque exatamente parte da doutrina ainda afirma existir litisconsórcio necessário entre autoridade coatora e o sujeito passivo do mandado de segurança. E há aqueles, como o professor Sérgio Ferraz, que enfatizam não haver litisconsórcio simplesmente porque a autoridade coatora não seria parte.

Assim, *autoridade coatora* é quem pratica o ato, causa constrangimento ilegal, e, por isso, chamada é ao mandado de segurança somente para prestar informações. Enfim, como diz o professor Sérgio Ferraz, a autoridade coatora tem dever de verdade, e a parte não tem tal dever. A parte, portanto, seria apenas a pessoa jurídica de direito público, ou, então, de direito privado, na hipótese de ser delegada ou concessionária de serviço público, caso estivéssemos diante de empresa estatal, de faculdades privadas etc.[2]

Também afirmou o professor Sérgio Ferraz, em palestra, ser a autoridade coatora parte anômala.

O professor Rogério Lauria Tucci[3] ensinou que, no mandado de segurança, a autoridade coatora faria o mesmo papel que o Ministério Público na ação penal. Seria *parte processual*, mas não parte *no sentido material*, porque, no sentido material, o sujeito passivo do mandado de segurança é a pessoa jurídica; a autoridade coatora seria, portanto, parte processual.

3.3 Legitimidade recursal da autoridade coatora

Assim, do ponto de vista dos efeitos, há diferença entre ser parte material ou processual.

A primeira conseqüência de a autoridade coatora ser parte ou não decorre do problema de legitimidade recursal. Claro está

---

2. Sérgio Ferraz, *Mandado de Segurança*, p. 93. V. também Celso Agrícola Barbi, para quem parte é a pessoa jurídica de direito público. Todavia, afirma o conceituado mestre que o coator é "representante" da pessoa jurídica, na esteira de Seabra Fagundes (*Do Mandado de Segurança*, p. 154).

3. Aula proferida na Escola dos Magistrados do Tribunal Regional Federal da 3ª Região, no dia 25.11.92, sob o título *Aspectos Processuais no Mandado de Segurança*.

que, mesmo sem ser parte, terceiro pode ter legitimidade recursal desde que seja interessado. A doutrina e mesmo a jurisprudência, tanto a mais antiga como a mais recente, afirmavam, uma e outra, que a autoridade coatora não teria legitimidade recursal. E não teria porque lhe caberia apenas justificar a produção de seu ato considerado coator. Portanto, as informações do mandado de segurança seriam, tecnicamente, a fundamentação do ato administrativo, emanado ou a ser emanado.

Se estivermos atentos ao texto constitucional, ao art. 37, § 6º, ou, mesmo, ao art. 107 da Constituição anterior, verificaremos que, quando o Estado dá causa a qualquer dano, tem de recompô-lo, ou pode ter de recompô-lo, se for acionado. De outro lado, deverá, *será obrigado*, não é faculdade, é competência, e toda competência implica o exercício de função, de dever, *a acionar regressivamente* o funcionário, caso haja culpa ou dolo deste (embora saibamos que, na prática, tal dever é executado muito parcimoniosamente, ou simplesmente descumprido).

Só por isso já se verifica que a autoridade coatora teria, consoante penso, legitimidade recursal, interessando-lhe a manutenção do ato por força de eventual responsabilidade futura. Evidentemente que, para recorrer, terá de fazê-lo por advogado.

As informações são absolutamente diferenciadas, devem ser pessoalmente prestadas, e não por advogado. O advogado poderá assinar juntamente, mas a autoridade coatora deverá assinar as informações, até porque, como disse, a autoridade coatora estará *fundamentando o ato administrativo emanado.*

Todavia, com relação ao recurso, a doutrina diverge um pouco. Há aqueles que entendem que não tem a autoridade coatora legitimidade para recorrer, e há aqueles, como nós, que sempre entenderam existente legitimidade recursal. A jurisprudência evoluiu da negativa, no tocante à legitimidade recursal da autoridade coatora, para, atualmente, já se verificar em alguns acórdãos (ainda poucos) que a autoridade coatora é parte legítima para recorrer.[4]

---

4. A propósito:

• "A jurisprudência do Supremo Tribunal Federal é no sentido de que a pessoa jurídica de direito público a que pertence a autoridade ou o órgão tido

Jurisprudência e doutrina continuam com dissenso no sentido de a autoridade coatora ter ou não legitimidade para recorrer.[5]

3.4 *Autoridade e poder de decisão*

Passando às questões específicas que a autoridade coatora suscita, já referimos ser o conceito de autoridade bem mais amplo, bem mais abrangente que o de funcionário público, com o alargamento dado por este texto constitucional. Todos aqueles que

---

como coator é o sujeito passivo do mandado de segurança, razão por que ele é o único legitimado para recorrer da decisão que defere a ordem" (STF, 2ª T., RE 2.123-3, *DJU* 27.8.2003).

• "No mandado de segurança, porque a autoridade coatora presta informações, havendo, pois, direto interesse na decisão, enseja também ao órgão legitimidade para recorrer" (STJ, 2ª T., REsp 90.0004045, rel. Min. Luiz Vicente Cernicchiaro, j. 19.9.90, v.u., *DJU* 25.3.91, p. 3.215).

• "O Estado, como ente a que pertence o coator, tem legitimidade para recorrer no processo de mandado de segurança, na pessoa de seu representante legal (...)" (STJ, 5ª T., REsp 94.0045917, rel. Min. Jesus Costa Lima, j. 28.9.94, v.u., *DJU* 17.10.94, p. 27.908).

• "*Processual civil — Mandado de segurança — Legitimidade recursal da autoridade coatora.*

"I — Cabe à Procuradoria da República representar a União em causa de seu interesse, até que seja criada a Advocacia-Geral da União (art. 29 do ADCT).

"II — Em mandado de segurança tem legitimidade para recorrer a autoridade coatora, desde que por intermédio da pessoa jurídica interessada" (TRF-5ª R., 2ª T., Ag 89.05.00048, rel. Juiz Nereu dos Santos Filho, j. 19.10.89, v.u., *DJU* 3.2.90).

• "A entidade à qual pertence a autoridade coatora, que, como tal, suportará os encargos da condenação ou da suspensão do ato, tem legitimidade para recorrer, independentemente de prévia habilitação nos autos como litisconsorte ou assistente, em face da anomalia procedimental que dispensa a citação da entidade ou da Fazenda, no mandado de segurança. 2. Agravo provido para que, superada a questão preliminar de ilegalidade da impugnante, seja o incidente apreciado e julgado como se entender de direito" (TRF-1ª R., 2ª T., Ag 92.01.02872, rela. Juíza Assusete Magalhães, j. 23.11.93, v.u., *DJU* 3.2.94, p. 12.848).

5. Nesse sentido:

• "2. Parte legítima para recorrer é a pessoa jurídica de direito público afetada pela concessão do *writ*. A autoridade tida como coatora é apenas notificada para prestar informações (...)" (TRF-4ª R., 4ª T., AMS 89.04.10485, rel. Juiz Ari Pargendler, j. 18.10.90, v.u., *DJU* 14.11.90, p. 27.132).

• "Embora houvesse algumas hesitações, pacificou-se a jurisprudência no entendimento de que a autoridade coatora não tem legitimidade para recorrer. Precedentes (...)" (TRF-5ª R., 1ª T., AMS 91.05.02992, rel. Juiz Castro Meira, j. 23.5.91, v.u., *DJU* 14.6.91).

estão em atividade pública e que têm, por isso mesmo, condições de constranger, porque a Administração Pública detém o chamado poder extroverso,[6] tal seja, o poder de constranger alguém desde logo, sem necessidade do Judiciário, *todos esses podem se investir da qualidade de autoridades coatoras.*

Então, *autoridade coatora* é sempre quem tem *poder de decisão*, poder de determinar algo que possa vir a provocar constrições a quem se sujeita à Administração. Portanto, a quem é administra-

---

• "*Mandado de segurança — Legitimidade para recorrer da sentença concessiva (...)*. 1. A legitimação para recurso cabe ao representante da pessoa jurídica interessada, competindo à autoridade coatora, tão-somente, prestar informações (...)" (TRF-1ª R., 1ª T., AMS 89.01.14368, rel. Juiz Catão Alves, j. 29.10.91, v.u., *DJU* 21.11.91, p. 29.463).

• "Legitimada a recorrer é a pessoa jurídica, e não a própria autoridade impetrada (...)" (TRF-4ª R., 2ª T., AMS 92.04.07648, rel. Juiz Teori Albino Zavascki, j. 25.8.92, *DJU* 24.3.93, p. 9.799).

• "A autoridade coatora não tem legitimidade para recorrer de sentença concessiva de segurança, porque, no caso, a legitimidade é da pessoa de direito público a que se encontra ligado o coator (...)" (TRF-1ª R., 2ª T., AMS 89.01.16035, rel. Juiz Hércules Quasímodo, j. 1.12.91, v.u., *DJU* 1.2.93, p. 1.715).

• "1. Autoridade coatora não tem legitimidade para recorrer da sentença concessiva da segurança, cabendo à pessoa jurídica de direito público, afetada pela concessão do writ, o direito de apelar (...)" (TRF-4ª R., AMS 90.04.13892, rel. Juiz José Fernando Jardim de Camargo, j. 18.2.93, v.u., *DJU* 26.5.93, p. 19.958).

• "Preliminar de ilegitimidade recursal ativa — Recurso interposto pela própria autoridade impetrada — Rejeição — Vencido o Relator, que entendia que os recursos em mandado de segurança só poderão ser interpostos pelos impetrantes e litisconsortes, pelo Ministério Público e pela entidade a que pertencer a autoridade coatora (...)" (AMS 93.05.39995-9, rel. Juiz Ridalvo Costa, j. 1.3.94, v.u., *DJU* 20.5.94, p. 24.209).

A jurisprudência continua trilhando o mesmo caminho; veja-se, por exemplo, acórdão do Superior Tribunal de Justiça no REsp 174.611-RS, de 19.11.99, em que foi relator o Min. Fernando Gonçalves. É dizer, continua entendendo que legitimado para recorrer seria, apenas, a pessoa jurídica de direito público, que irá suportar as conseqüências da sentença.

Entendemos nós que, sem prejuízo da legitimidade da pessoa de direito público, como, por força do art. 37, § 6º, do texto constitucional, pode haver ação regressiva do ente público contra a autoridade coatora, também esta seria legitimada para recorrer, por intermédio de advogado, como já dissemos. Eduardo Arruda Alvim (*Mandado de Segurança no Direito Tributário*, p. 317) assim se manifesta: "(...). Poderá, todavia, a autoridade coatora recorrer como terceira prejudicada (art. 499 do CPC), podendo também recorrer o órgão do Ministério Público (art. 499, *caput* e § 2º, do CPC)".

6. Renato Alessi, *Principi di Diritto Amministrativo*, v. 1, Milão, Giuffrè, 1971.

do. A ameaça firme de lesão, quer dizer, a suposição real, forte, de que o ato irá ser praticado, já poderá deflagrar mandado de segurança preventivo.

É muito comum verificar-se, quando se pedem as informações, responder a autoridade coatora que não pode e não deve ser responsabilizada, por estar no exercício de competência vinculada, e, portanto, com o dever de atuação. Assim, não poderia ser autoridade coatora, mas sim quem estaria a determinar sua conduta.

Ora, diante de atividade vinculada tem a autoridade dever de praticar a ação, mas não é porque tenha dever de praticar a ação que deixa de ser instrumento da ação. Se é o instrumento da ação, se pratica o ato administrativo que se pretende afastar, exatamente o ato administrativo praticado ou em vias de ser emanado, ato, esse, passível de constranger alguém indevidamente, é autoridade coatora.[7]

Daí por que se afirma ser o mandado de segurança impetrado contra ato ilegal de autoridade, de autoridade administrativa, judicial ou legislativa, que, por isso mesmo, passa a ser a autoridade coatora.

Portanto, não seria a competência vinculada que poderia subtrair alguém de ser autoridade coatora. Não se exime a autoridade de ser designada como coatora por estar exercendo atividade vinculada. Tanto faz que exerça atividade vinculada ou com parcela de discricionariedade; será sempre autoridade coatora, e, ao prestar informações, como já afirmamos, deverá necessariamente fundamentar seu ato.

---

7. Já afirmamos no nosso *Curso de Direito Administrativo*, 9ª ed., p. 463, que mesmo lei tida por inconstitucional deveria ser cumprida. Deveras, somente o Poder Judiciário tem possibilidade de declarar a inconstitucionalidade, seja no controle concentrado ou difuso. Excepcionalmente, o Chefe do Executivo poderia determinar o não cumprimento de leis inconstitucionais, desde que argüísse sua inconstitucionalidade. É verdade que a jurisprudência tem-se orientado no sentido de descumprimento de legislação inconstitucional, porém a referência é sempre ao Chefe do Executivo. V. também a posição de Hugo de Brito Machado, em *RePro* 75, "Mandado de segurança. Impetração preventiva em matéria tributária", especificamente na p. 60. Ainda, do mesmo autor, *Mandado de Segurança em Matéria Tributária*.

3.4.1 Dever de fundamentar

Se a autoridade conseguir provar por meio de processo administrativo que a fundamentação já era existente, embora não declarada, o pressuposto fático era existente, que não está a motivar depois de o ato ser impugnado, a motivação poderá ser aceita, porém excepcionalmente.

Todavia, não creio que possa ser aceita a motivação surgida pós-impugnação do ato se não houver elementos no processo administrativo para se verificar se a autoridade coatora estaria agindo em relação de conformidade entre o pressuposto fático e o ato emanado; *se já não constar previamente do ato administrativo, legislativo ou judicial, não será possível entender lícita sua conduta,*[8] a não ser, como já explicitado, se houver prova irrefutável de dita motivação anteriormente.

3.4.2 "Deslocamento" da autoridade coatora

A legislação, muita vez, pretende "deslocar" a autoridade coatora. Enfim, na lei diz-se que competente para exercer tais e quais competências será, por exemplo, o Ministro do Estado. Isso ocorreu, há muito tempo atrás, por ocasião do empréstimo-calamidade, aconteceu posteriormente, por ocasião de outro empréstimo-compulsório, em que se tentava "deslocar" a autoridade coatora para Brasília, exatamente para se dificultar a interposição do mandado de segurança, e tem sucedido sempre.[9]

Ora, não podemos esquecer do berço histórico do mandado de segurança, e que, à míngua de sua existência, foi usada a garan-

---

8. Cf. Celso Antônio Bandeira de Mello, *Curso de Direito Administrativo*, 25ª ed., 2ª tir., pp. 112-113 e 394-395.

9. Também ocorreu, mais recentemente, na hipótese do Adicional ao Frete para Renovação da Marinha Mercante (AFRMM). Introduziu o Decreto-lei 2.414, de 12.2.88, a necessidade de o pedido de isenção ser feito por meio do Ministério das Relações Exteriores em Brasília, quando a fiscalização toda era exercida no porto de entrada. E, ademais, se a cobrança não fosse feita, teríamos uma hipótese de responsabilidade tributária, nos termos do art. 5º, V, "c": "Art. 5º. Ficam isentas do pagamento do AFRMM as cargas: (...) V — de mercadorias: (...) c) importadas em decorrência de atos internacionais firmados pelo Brasil, sendo, neste caso, o pedido de isenção encaminhado através do Ministério das Relações Exteriores".

tia do *habeas corpus*. Temos de lembrar que o mandado de segurança é remédio constitucional, e, por ser remédio constitucional, não será por meio de artifícios que poderá ser impedido, dificultado de tal modo, a ponto de fazer com que aqueles que se sentem objeto de constrição indevida não possam aparelhar seu processo contra a União, a pessoa jurídica. Estamos mais a nos referir à União, porque tivemos, ao tempo em que judicávamos no TRF da 3ª Região, diante de nós, mais facilmente, os casos da União, ou dos delegados de serviço público federal.

Veja-se, então, que não pode a lei estabelecer competência *ad hoc*, quer dizer, competência para aquele fato aleatoriamente. Se já houver *autoridade competente*,[10] não se poderá, por meio transverso, estabelecer-se outra autoridade, pois, assim, teoricamente, possível seria deslocar-se todos os mandados de segurança para Brasília, por hipótese.

3.5 Domicílio tributário

Questão importante, já por nós objeto de meditação e de exame, é a do domicílio tributário.

É no domicílio tributário que as obrigações vão ser cobradas. Portanto, constrição fará quem diretamente for cobrar a exação.

Em conseqüência, o *domicílio tributário* é algo para ser levado em conta devidamente. O Min. Carlos Mário Velloso, quando ainda no antigo Tribunal Federal de Recursos, foi um dos que reconheceu a importância da matéria e alterou a jurisprudência do Tribunal, até então existente. De certa feita, reconheceu que a autoridade coatora não poderia ser deslocada para Brasília, quer dizer, não poderia existir competência *ad hoc*, somente para determinado fato.[11]

---

10. V., também, a respeito da competência estabelecida para determinada hipótese, meu *Curso de Direito Administrativo*, 9ª ed., Cap. XV, p. 443, e, ainda, p. 200.

11. Em suas palavras:

"É que, em verdade, pretendeu o legislador do Decreto-lei 2.047, de 1983, ao estabelecer que 'cabe ao Ministro da Fazenda praticar os atos necessários à execução deste decreto-lei e ao Secretário da Receita Federal expedir os avisos de cobrança do empréstimo', simplesmente criar embaraços ao uso do mandado de segurança por parte dos contribuintes domiciliados nos Estados-membros.

Deveras, normalmente a atividade tributária é exercida no domicílio tributário do contribuinte; portanto, competente para cobrança de determinadas exações será a autoridade local.

3.6 Fonte retentora de tributo

Outra colocação interessante diz respeito à fonte retentora de tributos, que, muito embora não seja a contribuinte, pode ter legitimidade ativa, como também pode ter legitimidade passiva.[12] Se houver retenção na fonte, pode ser interposto mandado de segurança contra a fonte retentora, porque temos duas normas tributárias. Uma determina a relação obrigacional entre fisco e contribuinte, sujeito passivo da imposição tributária, e a outra regra determina que a fonte recolha e, na hipótese de não recolher, "transforma-se" (tecnicamente, não é a palavra adequada, por isso as aspas) esta em sujeito passivo da obrigação. Passa a ser o responsável tributário.[13]

"Ao deslocar para o Tribunal Federal de Recursos (competência originária do TFR para o processo e julgamento de mandado de segurança contra ato de Ministro de Estado, CF, art. 122, I, 'c'), ou para a Seção Judiciária do Distrito Federal, a competência para processo e julgamento do *writ*, estaria o legislador infraconstitucional impedindo que milhares de contribuintes residentes nos Estados-membros fizessem uso da garantia constitucional. Pois poucos, muito poucos contribuintes, teriam condições materiais de se dirigirem à Capital da República, a fim de ajuizarem o mandado. Muitos contribuintes, então, diante do estorvo criado pelo decreto-lei, desistiram da impetração. Uma norma infraconstitucional estaria, pois, é fácil perceber, restringindo a garantia constitucional (CF, art. 153, § 21)" (AMS 103.780, rel. Min. Carlos Velloso).

12. A jurisprudência arrolada vai aproximadamente na direção que entendemos: TRF-2ª R., 2ª T., AMS 91.02.14527, rel. Juiz Sérgio D'Andréa, j. 16.11.93, m.v., *DJU* 5.7.94, p. 36.301; TRF-3ª R., 4ª T., AMS 91.03.32794, rela. Juíza Lúcia Figueiredo, j. 12.5.93, v.u., *DJE* 14.6.93, p. 182; STJ, 1ª T., MS 90.0459, rel. Min. Américo Luz, j. 3.12.91, v.u., *DJU* 10.2.92, p. 850.

13. Com acerto diz Sacha Calmon Navarro Coelho, ao responder se o art. 128 do CTN permitiria criação de responsabilidade da fonte pagadora, por obrigação alheia, e para qualquer tributo: "A resposta comporta escolástico 'distingo'. Por primeiro, o dever de reter o valor de tributo alheio não caracteriza por si só, o fenômeno da 'sujeição passiva direta'. O dever de reter é ato de colaboração e não de sujeição tributária. Di-lo a própria redação do art. 45, parágrafo único do CTN, referindo-se ao imposto de renda e proventos; (...). A redação deixa claro que a lei *pode atribuir*. Não significa que o retentor desde logo seja um responsável. Pode sê-lo, ou não. Dependerá da lei. Primeiramente, seu dever, dele é *reter e recolher* tributo alheio, colaborando com a administração. Caso não

Portanto, se a fonte retentora deve obrigatoriamente recolher para não sofrer sanção fiscal, pode ser autoridade coatora.

3.7 *Atos de controle*[14]

Quando existem atos de controle, é autoridade coatora quem emanou o ato original ou quem controlou o ato? Temos duas hipóteses. O controle poderá ser de *legalidade* pura e simplesmente, ou de *mérito*. Poderá ser *homologação* ou *aprovação*.

Quando se tratar de *homologação* (controle de legalidade), afirmamos ser autoridade coatora a que controlou o ato se tiver homologado mal, supondo-se que a homologação tenha ocorrido com ilegalidade.

Aliás, homologar mal pode suceder em dois sentidos. Ou se homologa algo que não se poderia homologar, porque estaria maculado de ilegalidade, ou se homologa mal porque, na hora de homologar, praticou-se alguma incorreção, como, por exemplo, não se ratificando o que deveria ser necessariamente ratificado, vez que a homologação é, conforme já assinalado, apenas controle da legalidade.

Qualquer das duas hipóteses, a nosso sentir, faz da autoridade controladora a coatora. Verdade é que o primeiro ato, o ato a

---

retenha a recolha, se a lei ordinária contiver a previsão, o fato de *não retenção* pode constituir-se em cláusula de sub-rogação do retentor no dever tributário daquele cujo tributo lhe cabia reter (e recolher)" (in "Responsabilidade Tributária", *Caderno de Pesquisas Tributárias* n. 5, 1980).

14. A propósito, traga-se o seguinte entendimento jurisprudencial:

• "I — Se a autoridade, indicada como coatora, encampa o ato atacado na impetração, embora não o tenha praticado, passa a ter legitimidade para a causa, com o conseqüente deslocamento da competência (...)" (STJ, 1ª T., MS 90.0459, rel. Min. Antônio de Pádua Ribeiro, j. 3.12.91, v.u., *DJU* 10.2.92, p. 850).

• "Administrativo — Mandado de segurança — Sujeito passivo — Autoridade impetrada — Ato do inferior encampado pelo superior — Legitimidade *ad causam*" (STJ, 2ª T., ROMS 93.03960, rel. Min. Américo Luz, j. 22.3.95, v.u., *DJU* 8.5.95, p. 12.356).

• "Se autoridade superior sustenta a validade do ato praticado por autoridade inferior, passa a ter legitimidade passiva para efeito de mandado de segurança. Preliminar de ilegitimidade passiva rejeitada" (TRF-5ª R., 3ª T., AMS 94.05.40353, rel. Juiz Ridalvo Costa, j. 8.9.94, *DJU* 7.10.94, p. 57.015).

ser submetido a controle, já pode ser passível de impugnação pela via do mandado de segurança, muito embora ainda ineficaz.

Todavia, embora ineficaz, se já ameaçar lesão, possibilitaria a via do mandado de segurança. Mesmo nessa hipótese, ainda não deflagrando seus efeitos, mas podendo, a qualquer momento, vir a deflagrá-los, poderá ser impugnado pelo mandado de segurança. Então, claro está, *coatora será a autoridade que praticou o ato desconforme do ordenamento jurídico*.

A jurisprudência, na sua grande maioria, embora tenha encontrado em sentido contrário acórdãos recentes, como já se verificou na nota 14, afirma que não é o ato controlador o coator, mas, sim, o ato a ser controlado para adquirir eficácia.

Consideramos que, realmente, se o sistema jurídico prevê o controle, prevê necessariamente para ser verificada a legalidade. Portanto, parece-nos que a autoridade responsável será a controladora, a não ser que se interpusesse mandado de segurança diretamente contra o primeiro ato já ilegal, inteiramente possível.

3.8 Atos complexos

O mesmo problema dar-se-á com relação aos atos complexos. Se o ato só se aperfeiçoará com a conjugação das declarações dos dois órgãos, poderá ocorrer que o primeiro ato já devesse ser impugnado.

Pensemos, pois, numa lista tríplice para reitor ou para juiz de tribunal. Suponha-se ter esta lista tríplice vício que prejudique quem poderia tê-la integrado e não a integrou. Nessa hipótese, o ato inicial já poderia ser impugnado antes de se tornar eficaz. Com efeito, a perfeição do primeiro ato administrativo (escolha da lista) verificar-se-ia quando da escolha, e, portanto, já houvera dano, já houvera lesão, pelo só fato de não inclusão na lista ou, até mesmo, pela inclusão errônea de outra pessoa.

Deveras, poderá existir interesse na modificação, na censura deste ato, muito embora ainda não tenha deflagrado sua eficácia. Deflagrou parte ao excluir um ou alguns e incluir outro ou outros. Todavia, efeitos típicos do ato, definitivos, ainda não foram deflagrados, embora os efeitos prodrômicos, os efeitos inerentes à sua emanação, já o tenham sido.

Embora os efeitos finais do ato, os efeitos típicos, tal seja a nomeação, não tenham ocorrido, a lista em si já encerra, já contém, violação de direito. De conseguinte, pode ser autoridade coatora quem elaborou a lista.

3.9 *Atos de órgãos colegiais*

Relativamente aos atos dos órgãos colegiais, estes, na verdade, somente se completam com a deliberação coletiva. Enquanto não haja tal *deliberação coletiva*, é claro que não pode haver impugnação, porque não existe deliberação. Suponha-se, por exemplo, decisão do Conselho de Contribuintes. Após votar o primeiro, vota o seguinte, e, então, suspende-se a sessão.

Nesse caso, portanto, o ato administrativo decisório só será formado quando completada a conjugação das decisões, ou, enfim, o resultado das declarações singulares que faz a deliberação. Nessas hipóteses de atos colegiais, só haverá autoridade coatora depois de tomada a decisão. A autoridade coatora será o próprio órgão, no caso, o Conselho dos Contribuintes; na hipótese de um Conselho Administrativo de tribunal, o Conselho, representado pelo seu Presidente, embora *a autoridade coatora seja o órgão do qual proveio a decisão.*

3.10 *Possibilidade de impetração de mandado de segurança contra ato judicial*[15]

Outra questão interessante diz respeito à autoridade judicial como coatora. Embora possa ser o mandado de segurança contra ato judicial medida mais rara, não podemos acompanhar aqueles que ainda somente concebem sua existência caso haja *manifesta ilegalidade*, ato teratológico.

Nesse passo, estou bem perto de meu querido mestre, pranteado mestre, Seabra Fagundes,[16] quando dizia não se referir mais

---

15. A respeito do tema, consultem-se os trabalhos de Ada Pellegrini Grinover, "O mandado de segurança contra ato jurisdicional penal", bem como o de Calmon de Passos, "O mandado de segurança contra atos jurisdicionais", ambos no livro *Mandado de Segurança*, diversos autores, coordenado por Aroldo Plínio Gonçalves, Belo Horizonte, Del Rey, 1996.

16. *O Controle dos Atos Administrativos pelo Poder Judiciário*, 6ª ed., p. 229.

o texto constitucional à *manifesta ilegalidade*. Muitos juízes só aceitam mandado de segurança contra ato judicial se houver manifesta ilegalidade, como já apontado, ou, então, se houver ato teratológico. Na verdade, não é isso que quer o texto constitucional.

Os atos dos juízes sujeitam-se ao mandado de segurança, tanto quanto os atos dos membros dos Poderes Legislativo e Executivo, uma vez que aqueles — os magistrados — são tão agentes públicos, tão autoridades, quanto estes últimos. Necessário, apenas, que o ato seja ilegal ou abusivo.

Realmente, não mais se pode negar a possibilidade de o juiz ser autoridade capaz de constranger indevidamente. Isso se dará toda vez que, ao agir em desconformidade com a lei ou com abuso de poder, cause agravo ao jurisdicionado.

Doutra parte, ao prever o ordenamento jurídico a possibilidade de duplo grau de jurisdição, como mais uma garantia constitucional dos jurisdicionados, a decisão, para produzir gravame deve ser insuscetível de recurso com efeito suspensivo.

Assim é porque o efeito suspensivo do recurso subtrai a possibilidade de lesão. Da decisão não defluirão efeitos típicos até que o juízo *ad quem* se pronuncie.

Todavia, em face da Lei 9.139, de 30.11.95, que modificou o Código de Processo Civil, mercê do art. 524, que determina a interposição do agravo diretamente ao tribunal, e dos arts. 527, II, e 558, este último possibilitador da atribuição do efeito suspensivo em certas situações, as hipóteses de mandado de segurança contra ato judicial viram-se reduzidas.

Entretanto, tal não acontece se estivermos em face de decisão não recorrível ou, ainda mais, de decisão que, mesmo recorrível, o recurso se não apresente como suficiente a elidir o dano.

A alegação de que o mandado de segurança não é sucedâneo recursal também não pode encontrar guarida.

A propósito, o Ministro Carlos Mário Velloso, anteriormente ilustre Presidente do Supremo Tribunal Federal, quando relator, no antigo Tribunal Federal de Recursos, de mandados de segurança contra ato judicial, firmou seu entendimento de que há *direito subjetivo da parte de obter liminar sempre que presentes os pressu-*

postos legais para sua concessão. A jurisprudência é forte no sentido de admissão.

Lembramo-nos das sábias palavras do eminente Seabra Fagundes,[17] ao se referir ao mandado de segurança impetrado contra ato judicial: "Como então acanhá-lo no seu alcance, para dele excluir certos atos, porque emanados de certas autoridades — as judiciárias? Se os atos delas, tanto quanto os das administrativas, podem ferir direitos líquidos e certos e se foi em atenção à excelência de certos direitos públicos que se instituiu o mandado de segurança, por que privá-los de proteção especial, em dados casos, tão-somente, considerando o agente que os lesou?".

3.10.1 O agravo nos termos da Lei 9.139, de 30 de novembro de 1995

Afirmamos em edição mais antiga que não sabíamos, àquele tempo, em face da disciplina do novo agravo de instrumento, como iria se comportar a jurisprudência. Todavia, por algumas decisões jurisprudenciais já se podia antever, àquela altura, a enorme diminuição do mandado de segurança contra ato judicial — conforme acórdãos que abaixo transcrevemos:

- *"Processo civil — Mandado de segurança contra ato judicial — Efeito suspensivo a agravo — Natureza cautelar — Caráter acessório — Perda do objeto — Recurso não conhecido.*

"O mandado de segurança, impetrado com vistas a comunicação de efeito suspensivo a recurso dele desprovido, admissível enquanto não vigente a Lei 9.139/95, reveste-se de natureza cautelar, participando do caráter acessório desse tipo de processo, razão pela qual o julgamento do referido recurso torna sem objeto o seu exame" (STJ, 4ª T., ROMS 95.0006137-RS, rel. Min. Sálvio de Figueiredo Teixeira, j. 5.12.95, v.u., *DJU* 5.2.96, p. 1.399).

- *"Processo civil — Mandado de segurança contra ato judicial — Efeito suspensivo a agravo — 'Periculum in mora' inocorrente — Recurso desprovido.*

"O mandado de segurança impetrado com vistas a comunicação de efeito suspensivo a agravo, admissível enquanto não vigente a Lei 9.139/95, depende, para sua concessão, da demonstração do *fumus boni iuris* e do *periculum in mora*, cumulativamente, em decorrência de sua natureza

17. Ibidem, p. 227.

cautelar, a ausência de um desses pressupostos impede o acolhimento da pretensão" (STJ, 4ª T., ROMS 95.0006315-SP, rel. Min. Sálvio de Figueiredo Teixeira, j. 5.12.95; v.u., *DJU* 5.2.96, p. 1.399).

• *"Processo civil — Mandado de segurança para atribuir efeito suspensivo a agravo de instrumento, incabimento após o advento da Lei 9.139/95.*

"O uso imoderado do mandado de segurança para atribuir efeito suspensivo a agravo de instrumento levou o Congresso Nacional a editar a Lei 9.139, de 30.11.95, acarretando profundas alterações no Código de Processo Civil, dentre as quais a interposição do agravo diretamente junto ao tribunal e a possibilidade do próprio relator atribuir efeito suspensivo ao recurso.

"A partir da vigência da referida norma, torna-se incabível a impetração cujo objetivo seja, tão somente, atribuir efeito suspensivo a um recurso que já o possui.

"Indeferimento da petição inicial" (TRF-5ª R., TP, MS 96.0553136-PE, rel. Juiz Ridalvo Costa, j. 14.2.96, v.u., *DJU* 15.3.96, p. 16.013).

• *"Agravo regimental — Antecipação da tutela jurisdicional — Depósito judicial — Lei 9.139/95.*

"Considerando que a Lei 9.139/95 permite ao relator suspender os efeitos da decisão agravada, é de entender que se objetivou eliminar a impetração de mandado de segurança contra ato judicial com o fim de atribuir efeito suspensivo a recurso recebido apenas no efeito devolutivo.

"Decisão que não se reveste de flagrante ilegalidade.

"Agravo regimental improvido" (TRF-5ª R., TP, AgMS 95.0553126-CE, rel. Juiz Castro Meira, j. 13.3.96, v.u., *DJU* 12.4.96, p. 23.777).

• *"Constitucional — Processual civil — Descabimento do mandado de segurança para dar efeito suspensivo a recurso de agravo — Lei n. 9.139 de 30.11.95 — Extinção do processo sem julgamento do mérito — Ausência do interesse de agir.*

"1. A Lei 9.139/95, ao conferir nova redação ao inciso II do art. 527 do Código de Processo Civil — CPC, outorgou ao relator do agravo competência para suspender o cumprimento da decisão, até o pronunciamento definitivo do tribunal.

"2. Impropriedade da utilização do *writ of mandamus* para emprestar efeito suspensivo a recurso de agravo interposto.

"3. Extinção do processo, sem julgamento do mérito, face à inexistência do interesse de agir. Exclusão da Fazenda Nacional do pólo passivo da lide" (TRF-5ª R., TP, MS 95.0550476-PE, rel. Juiz Geraldo Apoliano, j. 27.3.96, v.u.).

Deveras, a jurisprudência vinha remansosamente, anteriormente à então nova disciplina prevista na Lei 9.139/95,[18] entendendo não caber agravo de instrumento de decisões que concedessem ou denegassem liminar em mandado de segurança, embora sempre tivéssemos tido opinião contrária, como se verifica de inúmeras julgados nossos, bem como do capítulo deste livro *A Liminar no Mandado de Segurança*, em que abordamos o tema.

18. V. os seguintes acórdãos:

• "*Mandado de segurança — Processual civil — Agravo de instrumento — Efeito suspensivo.* 1. A admissão do efeito suspensivo, quando possível, está contemplada na lei, desse modo, não constituindo ato judicial ilegal o seu indeferimento no processamento do agravo de instrumento, que não goza da suspensão (art. 497 do CPC). A construção pretoriana, a palma da excepcionalidade, conforta o recurso com a suspensividade, se demonstrados o *fumus boni iuris et periculum in mora*, requisitos essenciais e conexos, ausentes no caso concreto. Demais disso, fulminando a pretensão incidental, o recurso especial resolveu a questão de fundo, desfavoravelmente aos interesses da parte recorrente. 2. Precedentes jurisprudenciais. 3. Recurso prejudicado" (STJ, 1ª T., ROMS 95.0006218-SP, rel. Min. Mílton Luiz Pereira, j. 22.11.95, v.u., *DJU* 18.12.95, p. 44.492).

• "*Mandado de segurança — Agravo de instrumento — Efeito suspensivo — Indeferimento de suspensão da execução extrajudicial — Decreto-lei 70/66.* 1. A concessão ou não de liminar em cautelar inominada diz respeito ao poder geral de cautela, em que o magistrado decide segundo sua prudência e convicção, com ampla margem de discricionariedade, dentro dos limites da lei, com fundamento no art. 804 do CPC/73. 2. Possível decisão favorável no mandado de segurança implicaria em substituir decisão negativa por outra de natureza positiva, em verdadeira superposição, sem o devido embasamento legal, por não constatado qualquer resquício de ilegalidade ou abuso de poder no indeferimento atacado. 3. Razões do ato judicial a salvo de censura na via do *writ*. 4. Segurança denegada" (TRF-4ª R., 4ª T., MS 94.0427951-RS, rela. Juíza Sílvia Goraieb, j. 24.10.95, v.u., *DJU* 20.12.95, p. 88.947).

• "*Mandado de segurança — Liminar — Agravo de instrumento.* A decisão que, no mandado de segurança, concede ou nega a liminar é ato vinculado, sujeito a controle jurisdicional, não, porém, por meio de agravo de instrumento, que não tem efeito suspensivo e não foi previsto na Lei 1.533/51" (TRF-4ª R., 5ª T., Ag 0437041-PR, rel. Juiz Amir Finocchiaro Sarti, j. 19.10.95, *DJU* 16.11.95, p. 78.866).

• "*Processual civil — Agravo de instrumento em mandado de segurança — Não cabimento.* Incabível agravo de instrumento para atacar decisão indeferitória de medida liminar em mandado de segurança. Possível ilegalidade do ato judicial não poderia ser questionada na via instrumental, por reservado o seu exame, de forma destacada, a outro *writ*. Agravo de Instrumento não conhecido" (TRF-4ª R., 4ª T., Ag 95.0425923-SC, rela. Juíza Sílvia Goraieb, j. 10.10.95, v.u., *DJU* 22.11.95, p. 80.986).

Todavia, antes da Lei 9.139, de 30.11.95, se admitido fosse o agravo de instrumento, proveito algum haveria ao impetrante na hipótese de a decisão ser denegatória, é dizer, de ter-se negado a liminar, ou, ainda, denegatória de qualquer outra providência pedida, como, por exemplo, o deferimento de prova reputada indispensável pela parte.

Nem mesmo o efeito suspensivo atribuído a eventual agravo, por força de mandado de segurança para esse fim específico, largamente aceito pela jurisprudência — posição, entretanto, por nós rejeitada —, poderia lograr qualquer resultado anteriormente à Lei 9.139/95, já mencionada.

Com efeito, se a providência pedida em primeira instância fosse, por exemplo, a de suspensão da exigibilidade do crédito tributário *si et in quantum* se desenvolvesse a lide, dar-se efeito suspensivo a recurso, se a decisão tivesse sido negativa e se visada providência positiva, de qualquer valia seria ao impetrante. O efeito suspensivo teria condão, apenas e tão-somente, de bloquear a eficácia da decisão denegatória, voltando-se ao *statu quo ante*. É dizer, em outras palavras, ao *estado anterior à impetração*.

Portanto, de nada adiantaria discutir se havia ou não recurso com efeito suspensivo. Ou se ao recurso, porventura existente, poder-se-ia atribuir efeito suspensivo, seja mesmo por meio de mandado de segurança.

Todavia, é possível a atribuição de tal efeito, que, como já dissemos, decorre da modificação introduzida no recurso de agravo.

O juiz será autoridade coatora todas as vezes que sua decisão puder ser inquinada de ilegal ou de abusiva.

Deveras, o texto constitucional não faz qualquer diferenciação entre o juiz e agentes públicos, capazes de constrangerem indevidamente.

Não pode o magistrado, diante de certos conceitos indeterminados, determiná-los em face de sua valoração subjetiva. A valoração somente poderá ser retirada do próprio texto constitucional. E, portanto, objetivamente.

De fato, se os pressupostos de determinada decisão são existentes, subtrai-se ao juiz qualquer discricionariedade para conceder a liminar ou não, por exemplo. Ou, então, para indeferir providência requerida pela parte. Poderemos considerar a tese subjetivamente irrelevante, porém poderá ser objetivamente relevante.

3.10.2 O mandado de segurança contra ato judicial é atípico

Breve digressão faz-se necessária para estabelecer a diferenciação entre o mandado de segurança como normalmente concebido e o alargamento feito pela doutrina e jurisprudência para admiti-lo contra decisões judiciais.

Chamamos de atípico o mandado de segurança contra ato judicial, porque sua finalidade é apenas uma: suspender temporariamente a eficácia da decisão, provisória ou definitiva, da primeira instância ou, eventualmente, de um tribunal.

Mas, apenas, suspender a eficácia da decisão. E por que suspender a eficácia da decisão? Exatamente porque não se coloca a possibilidade de mandado de segurança contra ato judicial, como já enfatizado, se remédio houver impeditivo da executoriedade da liminar, como, também da sentença, desde logo executável.

Deveras, a apelação não tem efeito suspensivo. Dado que, pela própria natureza do remédio, da agilidade de que deve ser dotado o mandado de segurança, teríamos necessariamente de ter execução de imediato da decisão proferida.

3.10.3 Objetos diferentes do mandado de segurança típico e atípico

Vemos que, na verdade, ocorrem situações diversas. Na primeira hipótese, mandado de segurança típico, um bem de vida está lesado ou ameaçado e pretende-se, por meio do remédio heróico, seu asseguramento.

Portanto, o mandado de segurança típico preordena-se a atingir a composição final da lide instaurada entre administrado e autoridade, nos termos em que concebido no texto constitucional.

O segundo, o mandado de segurança contra ato judicial, consideramos como atípico por constatarmos tutelas diferentes. Verificamos, neste último, função nitidamente acautelatória.

Então, na verdade, não podemos entender como iguais o mandado de segurança contra ato judicial e o denominado de típico, porque o primeiro, como frisado, não visa à composição final da lide.

Na verdade, não se irá pretender recompor a lesão, mas, sim, preservar o bem *in natura*. Nem, tampouco, pretende-se afastar a ameaça de lesão definitivamente, por meio de sentença que, se confirmada por tribunal, transitará em julgado, imediatamente ou não, dependendo da interposição de recurso especial ou extraordinário.

Na hipótese do mandado de segurança interposto diretamente na primeira instância, temos, pois, que a parte persegue a efetiva composição final da lide. Todavia, no que chamamos de atípico, contra ato judicial, visa-se, apenas, temporariamente, obstaculizar que a decisão judicial, ou a omissão judicial, hábil a atingir desde logo o jurisdicionado, hábil a provocar lesão ou sua ameaça, venha a se perpetrar.

Então, não se poderá percutir o mérito. O mérito, no mandado de segurança contra ato judicial, não será percutido. Ora bem, isso constitui diferença substancial. O primeiro e o segundo mandados de segurança têm objetos completamente diferentes.

No mandado de segurança contra ato judicial, temos como único objeto o de sustar a executoriedade da decisão judicial. Sustar *si et in quantum* chegue-se à composição final da lide, no caso de se estar investindo contra a liminar, se não houver ainda julgamento final, ou se for a hipótese, contra a sentença até o julgamento da apelação.

Já sustentamos que a coatora, na verdade, não é parte, no sentido da palavra, porque parte é a pessoa jurídica de direito público.

Figuremos a hipótese de a União estar interpondo mandado de segurança contra ato judicial. Concordamos inteiramente com quem afirma que a autoridade coatora, parte, no sentido da palavra, não é. É alguém que, pura e simplesmente, deve informar o mandado de segurança.

Informar o mandado de segurança é fundamentar, dar as razões que alicerçaram o ato considerado ilegal ou abusivo. Parte é a pessoa jurídica de direito público, para quem recairão as conseqüências do ato.

Todavia, no mandado de segurança contra ato judicial, quem tem legítimo interesse para propô-lo é quem, tendo pedido a concessão da liminar, por exemplo, não a obteve. Ou, então, quem pediu providência que teve denegada.

Em conseqüência, o impetrante na primeira instância poderá ser o impetrante na segunda instância e a parte seria, sem dúvida, a pessoa de direito público.

Por quê? Porque a pessoa de direito público seria beneficiária da negativa de liminar do juiz singular, como, também, na hipótese de denegação da ordem, seria o beneficiário.

3.11 O mandado de segurança contra ato judicial é nova ação

Deveras, enfatize-se: o mandado de segurança contra ato judicial é nova ação. Se assim é, as partes não têm de ser necessariamente as mesmas. A parte autora será sempre quem sofre, direta ou indiretamente, a constrição judicial. Em conseqüência, será a impetrante no mandado de segurança. Réu, parte, será a pessoa contra quem se pede a providência, ou, por outro giro, a pessoa beneficiária do ato, cuja decisão judicial estiver sendo impugnada.

Damos um exemplo. Suponha-se execução fiscal, em que a Fazenda Nacional seja exeqüente, e haja excesso de penhora ou, então, embargos à execução, em que a embargante ofereceu bens à penhora.

O juiz, na segunda hipótese, não aceitara os bens e extingue os embargos, por não estar o juízo seguro. Hipótese típica de mandado de segurança, em que o impetrado será o magistrado, parte passiva a Fazenda Nacional, que, beneficiada pelo ato judicial, desde logo, poderia prosseguir na execução. Ou, na primeira hipótese (excesso de penhora), também a parte passiva seria a União, a Fazenda Nacional, a quem poderia interessar a situação.

Frisamos, trata-se de nova ação. Por isso mesmo, tem-se de citar a parte que sofrerá diretamente os efeitos do que for decidido nos tribunais. No mandado de segurança normal, impetrado na primeira instância, por força do art. 3º da Lei 4.348, de 26.6.64,[19]

19. V. também Decreto 2.839, de 6.11.98.

não cabe a citação, pois os representantes judiciais serão intimados pessoalmente pelo juiz. Para clareza, transcrevemos o mencionado artigo: "Art. 3º. Os representantes judiciais da União, dos Estados, do Distrito Federal, dos Municípios ou de suas respectivas autarquias e fundações serão intimados pessoalmente pelo juiz, no prazo de 48 (quarenta e oito) horas, das decisões judiciais em que suas autoridades administrativas figurem como coatoras, com a entrega de cópias dos documentos nelas mencionados, para eventual suspensão da decisão e defesa do ato apontado como ilegal ou abusivo de poder" (redação dada pela Lei 10.910/2004).

Se, pelo contrário, for a União quem propuser o mandado de segurança, parte será a pessoa privada, parte passiva, porque contra ela irão refluir as conseqüências da nova decisão.

No caso oposto, de quem não conseguiu a liminar ou a providência requerida, parte será a União. Veja-se a hipótese de improcedência, de denegação do mandado de segurança, e da impetração de mandado de segurança perante o tribunal com o pedido de atribuição de efeito suspensivo — outro problema no qual não vamos entrar, porque, na verdade, deve ser tratado à parte.[20] Teríamos, na verdade, situação muito diversa daquela colocada no mandado de segurança típico, onde se pretende a composição da lide com a atribuição do próprio bem de vida pretendido.

Quisemos, apenas e tão-somente, asseverar descaber dúvida no tocante à possibilidade de o juiz ser autoridade coatora. A jurisprudência, de longa data, pacificou-se no sentido de admissão do mandado de segurança contra ato judicial. Fartos são os julgados nesse sentido, como se vê dos acórdãos colacionados:

• *"Mandado de segurança contra ato judicial — Indeferimento liminar da petição inicial.*

---

20. Atualmente, a situação não mais sucederia por força da cautelar com a modificação feita no Código de Processo Civil pela Lei 8.952, de 13.12.94. Diz o art. 800 do Código de Processo Civil, com a nova redação, em seu parágrafo único: "Parágrafo único. Interposto o recurso, a medida cautelar será requerida diretamente ao tribunal".

"Da decisão monocrática do relator, que indefere *in limine* a inicial de mandado de segurança, *o recurso cabível é o agravo regimental e não o recurso ordinário*, que pressupõe decisão denegatória do tribunal (art. 105, II, 'b', da CF). Recurso ordinário não conhecido" (STJ, 4ª T., ROMS 95.0006296-RS, rel. Min. Barros Monteiro, j. 7.11.95, v.u., *DJU* 5.2.96, p. 1.399) (grifos nossos).

• *"Recurso ordinário — Mandado de segurança — Ato judicial — Cabimento.*

"1. O mandado de segurança contra ato judicial, impugnável por recurso sem efeito suspensivo, é cabível desde que interposto o recurso a tempo e modo; seja comprovada a ilegalidade ou abusividade do ato e estejam presentes o *fumus boni juris* e o *periculum in mora*. 2. A falta de qualquer desses requisitos inviabiliza a impetração, tanto mais quando esta tem efeito de substitutivo recursal. 3. Recurso improvido" (STJ, 2ª T., ROMS 95.0006081-SP, rel. Min. Peçanha Martins, j. 6.11.95, v.u., *DJU* 4.3.96, p. 5.393).

• *"Processo civil — Mandado de segurança — Ato judicial — Perda superveniente do interesse.*

"Suspendendo o Supremo Tribunal Federal, em reclamação, o processo e a liminar, que, nesse mandado de segurança, se visa cassar, evidentemente perdeu ele seu objeto" (TRF-1ª R., 2ª S., MS 95.0120575-MT, rel. Juiz Tourinho Neto, j. 31.10.95, v.u., *DJU* 20.11.95, p. 79.647).

• *"Constitucional — Mandado de segurança contra ato jurisdicional — Quebra de sigilo bancário.*

"1. Um dos pressupostos de admissibilidade do mandado de segurança é a existência de ato de autoridade que seja ilegal ou que tenha sido cometido com abuso de poder. 2. Contra os atos jurisdicionais cabe mandado de segurança quando, inexistindo recurso com efeito suspensivo, tratar-se de decisão teratológica ou absurda e do ato impugnado advier dano irreparável, cabalmente demonstrado. 3. Sendo a sentença um ato judicial por excelência, pode, a princípio, ser impugnada mediante o uso do *writ of mandamus*. 4. Todavia, a ação de segurança não é sucedânea do recurso processual próprio. Neste é que se apreciara o eventual erro na percepção do fato ou na interpretação e aplicação do Direito. 5. Nada obstante, se a segurança já foi denegada em primeira instância, não pode mais afirmar que o sigilo bancário está sendo quebrado em ordem judicial. 6. Segurança denegada" (TRF-1ª R., 2ª S., MS 95.0120802-DF, rel. Juiz Eustáquio Nunes da Silveira, j. 31.10.95, m.v., *DJU* 4.12.95, p. 83.950).

• *"Constitucional — Mandado de segurança contra ato judicial — Requisitos.*

"1. Mandado de segurança contra ato judicial passível de recurso requer, além da ilegalidade ou abusividade da decisão, que dele decorra dano irreparável para o impetrante. 2. No presente caso, o ato impugnado, concessivo da liminar, de modo fundamentado vislumbrou a existência do alegado direito. 3. Segurança denegada" (TRF-1ª R., 2ª S., MS 94.0138188, rel. Juiz Eustáquio Nunes da Silveira, j. 17.10.95, v.u., *DJU* 13.11.95, p. 77.694).

• *"Constitucional — Mandado de segurança contra ato judicial — Indeferimento de liminar em outros 'mandamus' — Falta de interposição do recurso próprio — Carência de ação.*

"1. O mandado de segurança não é sucedâneo do recurso próprio. Por isso que só pode ser agitado contra ato judicial quando devidamente interposto o recurso previsto na legislação processual. A não ser que o ato impugnado se mostre, desde logo, flagrantemente ilegal ou abusivo, o que não ocorre no caso em apreço. 2. Segurança não conhecida" (TRF-1ª R., 2ª S., MS 94.0138028, rel. Juiz Eustáquio Nunes da Silva, j. 17.10.95, v.u., *DJU* 13.11.95, p. 77.693).

• *"Processual civil e administrativo — Mandado de segurança contra ato judicial — Segurança contra liminar que, em outro 'writ', determina, 'inaudita altera parte', a readmissão de ex-empregado de sociedade de economia mista (TELEMIG), beneficiado pela anistia da Lei 8.878/94 — Segurança concedida.*

"I — Embora o juízo federal seja competente para 'decidir da admissibilidade de mandado de segurança impetrado contra ato de dirigentes de pessoas jurídicas, ao argumento de estarem agindo por delegação do Poder Público Federal' (Súmula 60 do TFR), percebe-se, ao exame perfunctório dos autos, que inexiste, *in casu*, ato de autoridade, no exercício de competência delegada federal, praticando o dirigente da sociedade de economia mista omissão pertinente ao poder de gestão empresarial, concernente à negativa de readmissão de ex-empregado, regido pela CLT, donde incabível o mandado de segurança, perante a Justiça Federal. II — A readmissão dos anistiados pela Lei 8.878/94 ao antigo emprego constitui matéria de índole trabalhista, a ser dirimida pela via própria e competente, e para a qual afastada a competência da Justiça Federal, à luz do art. 109, I, da Constituição Federal, porquanto a TELEMIG é sociedade de economia mista. III — Ilegítima, pois, a concessão de liminar, *inaudita altera parte*, determinando a imediata readmissão de ex-empregado de sociedade de economia mista, mesmo porque a anistia não gera, para o seu beneficiário, direito líquido e certo a readmissão ao emprego, que se sujeita às necessidades do serviço e às disponibilidades orçamentárias e financeiras da administração, nos termos do art. 3º da Lei 8.878/94 — o que a impetrante alega inexistir. IV — A decisão impugnada causa prejuízo de difícil reparação ao direito da impetrante, compelida a readmitir ex-empregado, regido pela CLT, sem comprovada necessidade de serviço ou recursos orçamentários e financeiros para suportar a readmissão. V — Segurança conhecida e concedida. Precedentes da 1ª

Seção do TRF-1ª Região" (TRF-1ª R., 1ª S., MS 95.0108069-MG, rela. Juíza Assusete Magalhães, j. 11.10.95, v.u., *DJU* 20.11.95, p. 79.643).

• *"Processo civil — Mandado de segurança — Ato judicial passível de recurso — Recurso próprio — Inexistência.*

"A não interposição de recurso próprio impede o conhecimento do mandado de segurança impetrado contra ato judicial, não manifestamente ilegal" (TRF-1ª R., 2ª S., MS 95.0111470-MG, rel. Juiz Tourinho Neto, j. 3.10.95, v.u., *DJU* 23.10.95, p. 72.253).

• *"Processual civil — Mandado de segurança — Ato judicial passível de recurso — Excepcionalidade da admissão — Necessidade de interposição do recurso próprio, em paralelo.*

"1. Admite-se, em caráter excepcional, a interposição de mandado de segurança contra ato judicial passível de agravo de instrumento, se o fundamento jurídico for relevante e se houver a possibilidade objetiva de dano injusto irreparável, ou de difícil reparação, em razão do tempo de tramitação do recurso próprio. 2. É imprescindível, todavia, que haja a concomitante interposição do agravo, para que a decisão não seja alcançada pela preclusão, e mesmo porque o mandado de segurança, posto pelo legislador como uma medida excepcional contra ato de autoridade, ofensivo de direito líquido e certo, não seja utilizado como substitutivo dos recursos processuais próprios. 3. Carência de ação. Extinção do processo sem julgamento do mérito" (TRF-1ª R., 2ª S., MS 95.0119010-MG, rel. Juiz Olindo Menezes, j. 3.10.95, v.u., *DJU* 13.11.95, p. 77.695).

• *"Processo civil — Mandado de segurança — Ato judicial do Pleno do Tribunal.*

"Descabe mandado de segurança contra decisão judicial do pleno do tribunal" (TRF-1ª R., MS 95.0116840-DF, rel. Juiz Tourinho Neto, j. 21.9.95, v.u., *DJU* 23.11.95, p. 81.140).

• *"Processo civil — Mandado de segurança — Ato judicial — Recurso — Inexistência.*

"Contra ato judicial — positivo ou negativo — passível de recurso sem efeito suspensivo admite-se mandado de segurança, desde que se tenha interposto — salvo se a decisão for teratológica ou manifestamente ilegal — o recurso próprio, a tempo e modo, e do ato impugnado resulte dano irreparável, cabalmente demonstrado" (TRF-1ª R., 2ª S., MS 95.0115137-DF, rel. Juiz Tourinho Neto, j. 5.9.95, v.u., *DJU* 18.9.95, p. 61.983).

• *"Processual civil — Mandado de segurança contra ato judicial — Necessidade de interposição de recurso próprio — Não conhecimento da impetração.*

"1. Conquanto admissível o mandado de segurança contra ato judicial, indispensável a interposição do recurso próprio, dispensável somente em caso de flagrante ilegalidade ou abuso de poder, ou ainda em hipótese de decisão teratológica, situações inocorrentes na espécie. 2. Mandado de segurança não conhecido, à falta de interposição de agravo de instrumento contra a decisão concessiva da liminar" (TRF-1ª R., 2ª S., MS 93.0124924-DF, rel. Juiz Osmar Tognolo, j. 5.9.95, v.u., *DJU* 25.9.95, p. 64.349).

• *"Mandado de segurança contra ato judicial.*

"I — O depósito de que trata o art. 151, II, do Código Tributário Nacional só suspende a exigibilidade do crédito tributário quando integral. II — O depósito de quantia litigiosa para suspender o crédito tributário é uma faculdade do impetrante, assim como é direito seu mantê-la em depósito, até o trânsito em julgado da sentença, e levantá-la, conforme a decisão que vier a ser proferida. III — Segurança concedida" (TRF-2ª R., 1ª T., MS 95.0216156-RJ, rel. Juiz Henry Barbosa, j. 13.12.95, v.u., *DJU* 12.3.96, p. 14.089).

• *"Mandado de segurança contra ato judicial.*

"I — A competência para julgar as ações de acidente de trabalho não é da Justiça Federal, consoante o disposto no art. 109, inciso I, da Constituição Federal, mas da Justiça do Estado. Não se trata aqui, também, da competência excepcional do § 3º do art. 109. Desta forma, o mandado de segurança deveria ter sido interposto perante o Tribunal de Justiça do Estado, por ser o órgão competente para apreciá-lo. II — Mandado de segurança não conhecido" (TRF-2ª R., 1ª T., MS 95.0222750-RJ, rel. Juiz Henry Barbosa, j. 6.12.95, v.u., *DJU* 12.3.96, p. 14.090).

• *"Mandado de segurança contra ato judicial.*

"I — A rescisão do contrato de trabalho, resultante de um acordo de vontades, que originou a indenização espontânea pessoal, sobre a qual a empresa empregadora reteve na fonte o imposto de renda, foi um ato de liberalidade da empresa, apresentando, assim, um real acréscimo patrimonial para o impetrante" (TRF-2ª R., 1ª T., MS 95.0219721-RJ, rel. Juiz Henry Barbosa, j. 21.11.95, v.u, *DJU* 13.2.96, p. 6.694).

• *"Mandado de segurança contra ato judicial — Decisão teratológica.*

"I — O mandado de segurança contra ato judicial só pode ser admitido em face de decisão 'teratológica' ou que cause lesão grave e de difícil reparação ao direito da parte. II — Hipótese inocorrente na espécie. III — Segurança denegada" (TRF-2ª R., 4ª T., MS 94.0223193-RJ, rel. Juiz Carreira Alvim, j. 29.11.95, v.u., *DJU* 21.2.96, p. 17.338).

• *"Processual civil — Mandado de segurança contra ato judicial.*

"Não é o mesmo sucedâneo do recurso cabível. Inexistente prova documental pré-constituída dos fatos narrados na inicial, não possuindo o impetrante o direito líquido e certo que postula. Segurança que se denega" (TRF-2ª R., 3ª T., MS 92.0216167-RJ, rel. Juiz Arnaldo Lima, j. 25.10.95, v.u., *DJU* 7.3.96).

• "*Mandado de segurança — Ato judicial — Decisão que deixa para apreciar pedido de expedição de guia de levantamento após o depósito judicial — Substituição de guia de levantamento por ofício ao banco depositário — Inexistência de ato coator — Ordem não conhecida — Carência da ação decretada.*

"1. Mandado de segurança impetrado contra decisão que postergou a apreciação de pedido de expedição de guia de levantamento para quando da efetivação do depósito judicial pelo INSS. 2. Novo sistema de levantamento, implantado na Vara, que substituiu o alvará de levantamento por ofício ao banco depositário, sem criar restrição ao direito do advogado de receber o valor pertencente a seu cliente, conforme lhe autoriza a procuração, não pode ser considerado ato coator, a ser impugnado através do *mandamus*. 3. Ordem não conhecida. Carência da ação decretada" (TRF-3ª R., 1ª S., MS 93.0313899-SP, rela. Juíza Ramza Tartuce, j. 10.3.96, v.u., *DJU* 2.4.96, p. 20.822).

• "*Processo civil — Mandado de segurança contra ato judicial — Cautelar incidental — Liminar — Ilegalidade — Cabimento do 'writ'.*

"1. A ação mandamental pode ser usada contra ato judicial passível de recurso próprio quando evidente a sua ilegalidade, presente ainda o perigo decorrente da demora. 2. A ação cautelar não pode antecipar a tutela da ação principal da qual é dependente, sendo também vedado tal efeito satisfativo à liminar nela pleiteada, sob pena de ilegalidade. 3. Segurança concedida" (TRF-3ª R., 1ª S., MS 92.03024319-SP, rela. Juíza Sylvia Steiner, j. 6.3.96, v.u., *DJU* 26.3.96, p. 18.774).

• "*Mandado de segurança — Ato judicial — Decisão que, em medida cautelar, defere sustação de leilão extrajudicial — Não propositura da ação principal dentro do prazo legal — Concessão da ordem.*

"1. Mandado de segurança interposto contra decisão que defere medida cautelar para sustar leilão extrajudicial. 2. Beneficiários da medida não interpõem, no prazo legal, a ação principal. 3. A ação cautelar é sempre auxiliar, acessória e instrumental em relação ao processo principal, não podendo subsistir à falta deste. 4. Cessação da eficácia da cautela (arts. 806 e 808, I, do CPC). 5. Ordem concedida" (TRF-3ª R., 1ª S., MS 94.03035013-SP, rela. Juíza Ramza Tartuce, j. 6.3.96, v.u., *DJU* 2.4.96, p. 20.819).

• "*Processo civil — Agravo regimental — Mandado de segurança contra ato judicial — Sentença distinta da tutela requerida — Compensação da contribuição social sobre o lucro com a mesma exação — Possibilidade.*

"1. Admite-se mandado de segurança contra decisão judicial eivada de ilegalidade e de lesividade, a obstar ao exercício de direito líquido e certo do jurisdicionado. Precedentes jurisprudenciais. 2. Tratando-se de compensação da contribuição social sobre o lucro com parcelas do mesmo tributo, não há razão para diferimento dessa providência, ante o expresso reconhecimento do direito do contribuinte. 3. Agravo regimental improvido" (TRF-3ª R., 2ª S., MS 94.03033861-SP, rela. Juíza Marli Ferreira, j. 5.3.96, v.u., *DJU* 2.4.96, p. 20.825).

• *"Mandado de segurança — Ato judicial — Ação de desapropriação — Interesse da União Federal — Concessionária de serviço público de energia elétrica — Competência da Justiça Federal — Ordem concedida.*

"1. Ação expropriatória promovida por empresa concessionária de energia elétrica deve ser processada perante a Justiça Federal. 2. A União Federal tem interesse jurídico no feito, no que concerne à execução dos serviços concedidos. 3. Ordem concedida, para conferir efeito suspensivo ao agravo de instrumento interposto contra decisão que remeteu os autos à Justiça Estadual" (TRF-3ª R., 1ª S., MS 95. 03007271-SP, rela. Juíza Ramza Tartuce, j. 28.2.96, m.v., *DJU* 23.4.96, p. 26.094).

• *"Mandado de segurança — Ato judicial. Liminar negada em primeiro grau — PIS — Art. 72, V, do ADCT — Medidas provisórias — Receita bruta operacional — Preliminares — Não conhecimento do 'writ' por ausência do recurso próprio — Ausência de ilegalidade ou abuso de poder — Inexistência de dano irreparável — Rejeição — Pressupostos — Concessão parcial.*

"Desnecessidade de interposição do recurso cabível para que seja impetrado o mandado de segurança, pois providencia inócua a afastar a constrição.

"Conhecimento do *writ*.

"Existindo justo receio do contribuinte — simples ameaça de ver-se autuado pela Administração fazendária por norma que considera inconstitucional e ilegal — cabível é a impetração de mandado de segurança (inteligência do inciso XXXV do art. 5º da CF).

"Há dano irreparável toda vez que, por ato ilegal ou abusivo, atinge-se direito subjetivo da parte, somente afastado mediante a tutela jurisdicional.

"Matéria preliminar rejeitada.

"Presentes o relevante fundamento e o perigo da demora, concede-se parcialmente a segurança apenas para que sobre o termo 'receita bruta operacional' incida a legislação do imposto de renda vigente, até que seja proferida sentença no primeiro grau.

"Segurança parcialmente concedida" (TRF-3ª R., 2ª S., MS 94.03085620-SP, rela. Juíza Lúcia Figueiredo, j. 6.2.96, v.u., *DJU* 13.3.96, p. 14.556).

• *"Mandado de segurança contra ato judicial — Ação previdenciária — Execução provisória — Decisão que, reconsiderando anterior, atribui duplo efeito a apelação interposta pelo INSS — Não apresentação do recurso de agravo cabível — Carência de ação — Extinção do feito sem julgamento do mérito.*

"O mandado de segurança é inadmissível como substitutivo de recurso próprio, porquanto por ele não se reforma a decisão impugnada, mas somente se obtém a sustação de seus efeitos lesivos a direito líquido e certo do impetrante, até revisão do julgado no recurso cabível" (TRF-3ª R., 1ª S., MS 93.03049558-SP, rel. Juiz André Nabarrete, j. 13.12.95, v.u., *DJU* 13.2.96, p. 6.766).

• *"Mandado de segurança — Ato judicial — Princípio 'ne procedat judex ex officio' — Determinação judicial — Inexistência de requerimento da parte interessada — Ilegalidade reconhecida — Ordem concedida.*

"1. O princípio processual do *ne procedat judex ex officio* impede a atividade judicial sem o requerimento da parte. 2. Determinando a execução do julgado de ofício, no próprio corpo da sentença, o MM. Juiz violou texto da lei processual, agindo com abuso do poder. 3. Inteligência do art. 2º do Código de Processo Civil, precedentes da 1ª Seção desta Corte Regional. 4. Ordem concedida" (TRF-3ª R., 1ª S., MS 92.03023276-SP, rela. Juíza Ramza Tartuce, j. 13.12.95, v.u., *DJU* 22.2.96, p. 8.704).

• *"Mandado de segurança — Cabimento — Lei 8.383/91 — Não aplicação ao imposto de renda relativo ao período-base de 1991 — Correção monetária — Segurança parcialmente concedida.*

"I — Cabível mandado de segurança contra ato judicial, passível de recurso, porquanto o acesso à jurisdição deve ser facilitado. II — Há de ser observado o princípio da anterioridade, vez que Lei 8.383/91 foi publicada em 31.12.91, produzindo efeitos a partir de 1.1.92, não podendo, portanto, aplicar-se ao imposto de renda relativo ao período-base de 1991. III — A correção monetária não implica majoração do tributo, mas apenas atualização do valor devido. IV — Segurança parcialmente concedida" (TRF-3ª R., 2ª S., MS 92.03070117-SP, rel. Juiz Américo Lacombe, j. 5.12.95, m.v., *DJU* 14.2.96, p. 7.214).

• *"Mandado de segurança contra ato judicial, indeferimento da liminar.*

"Em medida cautelar aforada com o fim de afastar a exigência contida no art. 3º da Lei 8.200, quando da apuração da base de cálculo de tributos federais.

"A jurisprudência conclui pelo cabimento de impetração diante de recurso sem efeito suspensivo e de irreparabilidade de dano.

"Preliminar afastada.

"(...)" (TRF-3ª R., 2ª S., MS 92.03081713-1-SP, rela. Juíza Annamaria Pimentel, j. 21.2.95, m.v., *DJU* 21.6.95, p. 38.989).

• *"Apelação em mandado de segurança — FINSOCIAL — Compensação com COFINS — Inicial indeferida — Extinção do processo sem julgamento do mérito.*

"1. O mandado de segurança contra o ato judicial é instrumento constitucional que não pode ser obstaculizado, consoante determinam os arts. 5º, inciso XXXV, e 108, inciso I, 'c', da Carta Magna.

"(...)" (TRF-3ª R., 4ª T., AMS 94.03046031-8-SP, rel. Juiz Silveira Bueno, j. 29.3.95, v.u., *DJU* 1.8.95, p. 47.439).

• *"Processual civil — Ato judicial — Mandado de segurança — Sucedâneo recursal — Ausência de recurso ordinário — Não conhecimento.*

"I — O *writ* não tem a finalidade de tornar-se sucedâneo recursal; deve ser utilizado tão-somente em ocasiões especialíssimas, tais como a possibilidade do ato ensejar lesão irreparável. II — O objetivo do impetrante é utilizar-se do remédio heróico como se recurso fosse, tumultuando o feito, inclusive com a inobservância dos prazos recursais. III — Mandado de segurança não conhecido" (TRF-3ª R., 2ª S., MS 94.03050089-SP, rela. Juíza Ana Scartezzini, j. 7.11.95, m.v., *DJU* 14.2.96, p. 7.215).

• *"Mandado de segurança contra ato judicial — Indeferimento de liminar em 'writ' impetrado em primeiro grau de jurisdição — Imposto de Importação — Alíquota — Decreto-lei 37/66 — Decreto 427/95 — Liminar indeferida — Alíquota — Agravo regimental.*

"1. É inquestionável o caráter nitidamente extrafiscal do imposto de importação, tanto que a Constituição Federal, no § 1º do art. 153, faculta ao Poder Executivo, 'atendidas as condições e os limites estabelecidos em lei, alterar as alíquotas dos impostos enumerados nos incisos I, II, IV e V', os quais são excepcionados da regra da anterioridade (CF, art. 150, § 1º). 2. O produto importado estará sujeito ao pagamento do imposto respectivo pela alíquota vigente no momento da ocorrência do fato gerador. Se a política de comércio exterior impõe que se aumente ou reduza o valor de alíquota entre a importação, a chegada da mercadoria ao país e o momento de seu desembaraço aduaneiro, não se pode invocar o princípio da segurança jurídica como respaldo a invocado direito ao pagamento de alíquota menor, porque a esta não tem direito o importador enquanto não concretizado o fato gerador. 3. 'Os exatos limites da apreciação, em sede de agravo regimental, estão circunscritos à possibilidade do juiz constranger indevidamente ao agir em desconformidade com a lei, ou com abuso de poder, ou, ainda, ante a ocorrência de lesão irreparável para o impetrante.'. 4. Ilegalidade ou abuso de poder não configurados na decisão que indeferiu a liminar. 5. Agravo regimental improvido" (TRF-3ª R., 2ª S., AgMS 95.03040707-SP, rel. Juiz Homar Cais, j. 6.9.95, m.v., *DJU* 6.9.95, p. 58.045).

• *"Mandado de segurança — Ato judicial — Medida liminar — Sentença superveniente.*

"O mandado de segurança que visa suspender os efeitos da medida liminar fica sem objeto quando do julgamento do processo. Extinção do processo sem julgamento de mérito" (TRF-4ª R, 1ª T., MS 95.0441204-PR, rel. Juiz José Almada de Souza, j. 28.11.95, v.u., *DJU* 24.1.96, p. 2.417).

• *"Mandado de segurança contra ato judicial.*

"1. A parte afetada pela medida liminar tem o direito de requerer, através de mandado de segurança, a sustação de seus efeitos. 2. A Lei 2.770/56 veda a concessão de liminar para entrega de mercadoria procedente do Exterior. Ordem concedida" (TRF-4ª R., 1ª T., MS 95.0431828-PR, rel. Juiz José Almada de Souza, j. 21.11.95, v.u., *DJU* 24.1.96, p. 2.418).

• *"Processo civil — Mandado de segurança contra ato judicial.*

"A parte tem o direito de atacar, por mandado de segurança, a decisão do juiz que defere ou indefere medida liminar.

"Correção monetária das demonstrações financeiras. Lei 7.730/89, art. 30, § 1º.

"Acerto da decisão que indefere medida liminar requerida para que o indexador estabelecido na Lei 7.730/89 seja substituído por outro" (TRF-4ª R., 1ª T., MS 95.0410329-PR, rel. Juiz José Almada de Souza, j. 24.10.95, v.u., *DJU* 20.12.95, p. 88.846).

• *"Mandado de segurança contra ato judicial — Decisão flagrantemente ilegal violadora de direito líquido e certo — Possibilidade — PORTOBRÁS — Sucessora.*

"É cabível mandado de segurança contra ato judicial para emprestar efeito suspensivo a recurso que não o tem, ou contra decisão flagrantemente ilegal, violadora de direito líquido e certo, como no caso dos autos. A União Federal sucedeu a Empresa de Portos do Brasil S/A — PORTOBRÁS, nos termos do art. 20 da Lei 8.029/90. Concedida a segurança para excluir a impetrante do pólo passivo da execução, tornando sem efeito a penhora realizada sobre bem de sua propriedade" (TRF-5ª R., TP, MS 94.0544484-RN, rel. Juiz Francisco Falcão, j. 31.5.95, v.u., *DJU* 28.7.95, p. 46.834).

• *"Processual civil — Tributário — Mandado de segurança contra ato judicial — Liminar condicionada a depósito — Pressupostos essenciais ao ato liminar — Lei 1.533/51, art. 7º, II.*

"(...). Afastada a preliminar de descabimento da ação por guardar caráter de sucedâneo recursal, em face de ser mandado de segurança remédio constitucional eficaz a proteção contra ilegalidade ou abuso de poder" (MS 91.03032990-9-SP, TRF-3ª R., 2ª S., rela. Juíza Diva Malerbi, v.u., 23.11.93, *DJU* 26.7.95, p. 45.961).

Para finalizar, deve ser dito que o juiz será autoridade coatora todas as vezes que sua decisão puder ser inquinada de ilegal ou de abusiva. Este mandado de segurança terá, em regra, nítido caráter acautelatório, completamente diferenciado do mandado de segurança como concebido inicialmente e impetrado para recompor o bem de vida ameaçado ou lesado.

Enfatize-se: o mandado de segurança contra ato judicial visará acautelar o direito da parte, enquanto se processa a ação na primeira instância. É dizer, enquanto não se tem decisão de mérito.

3.12 *Matéria apenas de direito e indicação errônea da autoridade coatora*

Há problema acerca da autoridade coatora, que, ainda, não foi resolvido satisfatoriamente. É a questão de a autoridade coatora, intimada a prestar as informações, notificada para que preste as informações, ser indicada incorretamente. Porém, se a matéria for exclusivamente de direito, a autoridade coatora, na verdade, nada terá a informar.

O problema que se coloca é o seguinte: o juiz de primeira instância, se houver indicação incorreta da autoridade coatora, deve extinguir liminarmente o feito? Entendemos que não deveria fazê-lo, mas, sim, encaminhar o mandado de segurança ao juiz competente. Ou, pelo menos — e de forma mais cautelosa —, determinar a emenda da inicial.

Também, nessa questão, a jurisprudência tergiversa. Já tivemos problema semelhante em nosso Tribunal da 3ª Região, à época em que lá judicávamos, em conflito de competência exatamente na hipótese em que o juiz, ao detectar sua incompetência, encaminhou o processo para o competente. Todavia, quem seria competente afirmou não poder recebê-lo somente porque o primeiro assim entendera, tendo acabado por suscitar conflito de competência. E o Tribunal resolveu que não podia o juiz, de ofício, enviar o processo ao juiz competente, à efetiva autoridade coatora.

Não concordamos com esse procedimento, inclusive em face da instrumentalidade do processo e da urgência necessária a ser dada ao mandado de segurança.

Ainda, há problema que consideramos sério. Imagine-se que o juiz não tenha detectado o defeito (o que pode acontecer na profusão de mandados de segurança, que se tem na primeira instância de São Paulo, na Justiça Federal ou, também, na Estadual).

Pode, pois, suceder que o juiz não se tenha apercebido de estar a autoridade coatora incorretamente indicada. Se houvesse percebido, deveria determinar a correção.

Nas matérias exclusivamente de direito, portanto, quando não houver matéria fática, e se o sujeito passivo é mesmo a pessoa jurídica, e não a autoridade coatora, será que esse fato deveria ou poderia levar à extinção do processo?

O Tribunal da 3ª Região normalmente costumava decidir que, se a extinção for procedida liminarmente, no recurso, a sentença deve ser reformada,[21] a fim de determinar ao juiz o prosseguimento do mandado de segurança, com a correção devida.

Mas, se o juiz extinguir depois de decorrer toda instrução do processo, o que fazer? Normalmente, tem sido confirmada a extinção, mas fica-se diante do seguinte problema: o que vai informar a autoridade coatora? Sua presença teria sido prescindível se a pessoa jurídica já estivesse no processo?

É dizer, a autoridade coatora é destinatária da ordem, mas nada impediria que o sujeito passivo lhe determinasse a execução da ordem do juiz. Na verdade, nada impediria, não vemos heresia jurídica de tal porte, porque, nos casos em que só há matéria de direito, a informação é um nada jurídico.

Com efeito, a informação não tem qualquer sentido. A informação é para cumprir formalidade legal, e, nesses casos, a indicação errônea da autoridade coatora poderá conduzir à extinção, sem nenhum proveito, porque, se postulado novo mandado de segurança, a autoridade coatora vai dizer ter praticado o ato em consonância com o artigo tal da lei tal.

Será, pura e simplesmente, isso. É claro que, se houver matéria fática, é sumamente importante a autoridade coatora manifes-

---

21. Nesse sentido:

"*Mandado de segurança — Processual civil — Equívoco na indicação da autoridade coatora — Extinção do feito — Sentença anulada — Apelo parcialmente provido.* 1. A correta indicação da autoridade coatora na ação mandamental constitui pressuposto de validade processual. Descabe, todavia, a extinção liminar do feito, sem que se dê oportunidade à parte para a regularização (art. 284 do CPC). 2. Apelação parcialmente provida para anular a r. sentença" (TRF-3ª R., ApMS 161.788-SP).

tar-se; mas, nos casos em que a matéria é somente de direito, não vimos, ainda, enfrentamento doutrinário adequado à questão.

Felizmente, levando em conta, principalmente, o fato da complexa organização da Administração Pública, alguns de nossos Tribunais começaram a abrandar as conseqüências decorrentes da identificação errônea da autoridade coatora na peça inicial das ações mandamentais.

O Tribunal de Justiça do Estado de São Paulo, por exemplo, nos autos da Ap. cível 023.956-6/9, decidiu, em 20.5.98, que a identificação errônea da autoridade coatora não impede o exame de mérito do *mandamus*.

A propósito, no voto condutor deste mesmo julgamento há menção de um acórdão proferido pelo Supremo Tribunal Federal, cuja ementa dispõe no seguinte sentido:

> "*Mandado de segurança — Identificação da autoridade coatora* — Irrelevância de a petição ser literalmente dirigida contra o Presidente do Tribunal de Contas, se da sua exposição se conclui que o ato impugnado é induvidosamente do Colegiado, devendo-se ter a menção ao seu Presidente como endereçada ao órgão individual de representação da Corte em juízo" (STF, MS 21.268-DF).

Traga-se à baila, também, trecho do voto do Des. Paulo Sérgio Fabião, proferido em sessão do Órgão Especial do Tribunal de Justiça do Rio de Janeiro:

> "(...).
>
> "13. A preliminar suscitada não merece ser acolhida. É perfeitamente possível extrair da inicial a identificação do ato alvejado, o mesmo se podendo afirmar quanto à autoridade administrativa por ele responsável.
>
> "14. Em sendo assim, não obstante a imprecisão técnica da peça inicial — que aponta o Órgão Especial como autoridade coatora —, rejeita-se a preliminar argüida nas informações de fls. 141-142" (MS 744/01).

Mostra-se, ainda, muito interessante um julgado do Tribunal Regional Federal da 2ª Região que se fundamenta, expressamente, na natureza constitucional do mandado de segurança, *in verbis*:

"(...).

"As sérias controvérsias doutrinárias e jurisprudenciais sobre a exata configuração da autoridade coatora e a natureza de garantia constitucional do remédio heróico não permitem que se exija do impetrante o conhecimento absoluto da estrutura e organização da Administração Pública. (...)" (MS 17.995-RJ).

Enfim, não poderíamos deixar de mencionar questão versada em acórdão proferido pelo Tribunal Regional Federal da 4ª Região nos autos do MS 91.04.17669-3-SC. Cuida-se de caso em que havia incerteza quanto à identificação de uma dentre duas autoridades coatoras, sendo que ambas, de certa forma, atuaram no decorrer do processo. A ementa do acórdão está assim redigida:

"(...).

"Se tanto a autoridade detentora da competência originária quanto aquela a quem foi delegada a função atuaram no processo administrativo, sem alegar a incompetência, qualquer delas está legitimada para o mandado de segurança, porque *a falta de organização administrativa dos órgãos públicos não pode prejudicar particulares*" (grifos nossos).

4
O Ato Coator no Mandado de Segurança Individual e Coletivo

4.1 O ato coator: 4.1.1 O problema do justo receio — 4.1.2 Conceito de ato administrativo: 4.1.2.1 Elementos de definição: 4.1.2.1.1 Norma concreta — 4.1.2.1.2 Regime jurídico — 4.1.2.1.3 Norma emanada pelo Estado ou por quem esteja no exercício da função administrativa — 4.1.2.1.4 Finalidade de criar, extinguir, modificar ou declarar direitos — 4.1.2.1.5 Relações jurídicas entre o Estado e o administrado — 4.1.2.1.6 Ato contrastável pelo Poder Judiciário. 4.2 O ato coator em procedimentos administrativos. 4.3 Os atos coatores de trato sucessivo e a decadência. 4.4 O ato coator nos atos de controle: 4.4.1 Atos complexos. 4.5 Atos colegiais. 4.6 Devido processo legal no Estado Democrático de Direito e sua importância para o controle dos chamados atos políticos emanados pelo Executivo e os "interna corporis" do Legislativo e do Judiciário: 4.6.1 Devido processo legal — 4.6.2 Atos "interna corporis" — 4.6.3 Os regimentos internos do Legislativo, Judiciário ou outros quaisquer atos internos. 4.7 Os atos políticos também podem ser constritores.

4.1 O ato coator

Quando versamos o mandado de segurança coletivo, por contingência lógica, para apartarmos o ato coator no mandado de segurança individual, o tema já foi parcialmente enfrentado.

Todavia, como não poderia deixar de ser, de maneira tópica. Tão-somente para demonstrar a parcial diferença entre atos coatores ensejadores da impetração de mandado de segurança individual e aqueles atos que possibilitam a interposição de mandado de segurança coletivo.

Tempo houve, antes das comemorações do Cinqüentenário do Mandado de Segurança, em que o eminente Celso Antônio Bandeira de Mello batalhava no sentido de que fosse interpretada com largueza a Constituição no tocante ao que se devesse considerar ato de autoridade.

Afirmava o mestre que tal ato não deveria ser apenas *ato administrativo*. Destarte, qualquer *ato, fato* ou *conduta administrativa* constritores de direito do administrado poderiam ensejar a interposição do mandado de segurança. Não seria necessária a existência de ato administrativo — este, sim, ato jurídico.

Celso Antônio mostrou, com muita clareza, a desnecessidade, muita vez, da existência de ato já concretizado — de conseguinte, de provimento administrativo, dentro da definição clássica. Poderia, destarte, haver apenas *comportamento de autoridade*, como já dito acima, a ensejar o mandado de segurança.[1]

Portanto, poderia inexistir ato administrativo, e sim mero comportamento de autoridade, para propiciar o mandado de segurança.

Dizemos "mero comportamento", porém, claro está, não se trata de qualquer comportamento. Trata-se de *comportamento constritor*, de comportamento que cause constrangimento ilegal, como nos diz a Constituição. O comportamento de autoridade descompassado do ordenamento jurídico pode ocasionar realmente constrição indevida, ou, então, justo receio de que a constrição venha a ocorrer.

4.1.1 O problema do justo receio

Coloca-se a respeito do ato coator o problema do *justo receio*. Se fosse necessário que se esperasse a concretização do *ato administrativo*, do ato de autoridade, para a impetração do mandado de segurança, ocorreria, ou poderia ocorrer, o perecimento do próprio direito, ou a efetiva lesão.

Destarte, basta que haja o justo receio de que o ato venha a acontecer para termos possibilidade da impetração do mandado de segurança. A ameaça de lesão tem suporte constitucional no art. 5º, XXXV.

Todavia, claro está que o justo receio tem de ser concreto, palpável, aferível pelo juiz, e aferível de plano, com a inicial. Portan-

---

1. Celso Antônio Bandeira de Mello, "O ato coator", in *Curso de Mandado de Segurança*, coordenação do autor e subcoordenação nossa, realizado na Justiça Federal de São Paulo, 1985, publicado pela Ed. RT, em 1986.

to, o justo receio[2] não pode ser mera alegação de que está o jurisdicionado por sofrer constrangimento considerado ilegal.[3]

4.1.2 Conceito de ato administrativo

Impende conceituar ato administrativo, embora consideremos que para impetração do mandado de segurança seja suficiente, como já averbado, a conduta gravosa da autoridade para o administrado, a conduta constrangedora.

Já conceituamos ato administrativo, em nosso *Curso de Direito Administrativo*,[4] como "a *norma concreta*, emanada pelo Estado ou por quem esteja no *exercício da função administrativa*, que *tem por finalidade criar, modificar, extinguir ou declarar relações* entre este (o Estado) e o administrado, *suscetível de ser contrastada pelo Poder Judiciário*".

4.1.2.1 *Elementos de definição*

De outro turno, também escandimos o conceito, na mesma obra. E, assim averbamos:

4.1.2.1.1 Norma concreta[5] — Ao nos referirmos a norma concreta, afastamos as normas gerais e, de conseguinte, o regulamento que tem, até certo ponto, regime desassemelhado do ato administrativo, com semelhança ao da lei no que tange a generalidade e abstração, nunca com possibilidade de inovar no mundo jurídico.

---

2. Aliás, a Constituição de 1988 dilargou o problema da lesão ao incluir a ameaça. O inciso XXXV do art. 5º vem assim redigido: "a lei não excluirá da apreciação do Poder Judiciário lesão ou ameaça a direito".

3. Só para exemplificar, lembremo-nos de mandado de segurança que tivemos oportunidade de examinar. Alegava-se justo receio de ser atingido por fiscalização, já apregoada, e que seria descompassada das normas legais. Na avaliação da existência do justo receio, todavia, não era suficiente a alegação de estar a fiscalização por ocorrer, e que se processaria, como já dito, indevidamente. Havia necessidade de algo mais palpável para concessão da medida liminar pleiteada.

4. Ob. cit., 9ª ed., pp. 174-175.

5. A alusão à norma concreta deriva da pirâmide kelseniana (Hans Kelsen, *Teoria Pura do Direito*, 2ª ed., v. II, pp. 64-69).

O decreto regulamentador é ato expedido pelo Presidente da República, dentro dos limites de sua competência (art. 84, IV, da CF), para fiel execução da lei — esta, sim, decisão política do legislador, fruto da vontade popular.

A expedição de decretos, por sua abstração, generalidade e obrigatoriedade por parte de todos os administradores (destarte, autolimitação ao próprio Executivo), é uma das formas de se garantir a realização do princípio da igualdade.

É dizer: para situações concretas, subsumíveis à lei, deve a Administração Pública atuar dentro de parâmetros comportamentais previamente estabelecidos, ou seja, pautar-se por normas gerais de conduta.

Conseqüentemente, a *impessoalidade*, outro princípio da função administrativa, far-se-á presente e conduzirá à igualdade.[6]

O decreto, portanto, não pode se limitar a repetir a lei. Se isso fizer, será ocioso, inócuo.

Devem os decretos, normas gerais de comportamento administrativo, possibilitar meios de execução do desiderato legal, de maneira equânime, com respeito, portanto, ao vetor dos vetores do texto constitucional, o princípio da igualdade.

O princípio da igualdade não pode tolerar discrímines não compatíveis com as situações discriminadas.[7]

Trazendo a contexto Bobbio, podemos afirmar: "Por certeza do direito entende-se pelo menos a determinação, de uma vez para sempre, dos efeitos do ordenamento jurídico atribuído a certo tipo de ato ou fato, de modo que o cidadão esteja com possibilidade de saber com antecipação a conseqüência das próprias ações e de regular-se coincidentemente em conformidade com as normas estabelecidas"[8] (tradução nossa).

4.1.2.1.2 Regime jurídico — O regime jurídico do ato administrativo, como se irá verificar, traz acentuadas diferenças com o

---

6. V. Norberto Bobbio, em seu *Studi per una Teoria Generale del Diritto*, p. 25.

7. Celso Antônio Bandeira de Mello, *O Conteúdo Jurídico do Princípio da Igualdade*, 3ª ed., 16ª tir., 2008.

8. Bobbio, ob. cit., pp. 25-26.

do decreto regulamentador. De conseguinte, por essa razão, não incluímos o decreto no conceito estrito de ato administrativo.

Também não incluímos o contrato administrativo[9] dentro do conceito de ato, exatamente porque há diferenças fundamentais entre os dois institutos; a primeira delas concerne à ausência de poder extroverso,[10] no segundo, no contrato, e sua presença no primeiro, no ato.

A Administração pode constranger à obediência do ato, independentemente de anuência da vontade daqueles que se devem submeter.

O ato administrativo é *declaração unilateral do Estado*, enquanto que o contrato não prescinde da anuência do administrado para a formação do vínculo.[11]

4.1.2.1.3 Norma emanada pelo Estado ou por quem esteja no exercício da função administrativa — Neste tópico do conceito incluímos, como já fazia a doutrina, anteriormente mesmo à Constituição de 1988, não apenas os atos administrativos emanados pelo Executivo, pelo Legislativo, pelo Judiciário, mas também os praticados, *no exercício da função administrativa*, pelos delegados de serviço público,[12] e, pós-Emenda 19/98, por aqueles administradores de companhias privatizadas, que, entretanto, prestam serviço público (portanto, na verdade, delegados de serviço público).

Tomamos, pois, como já fizemos na função administrativa, o critério do regime jurídico para abranger, no conceito, os atos do Judiciário, do Legislativo e daqueles que exercitam função administrativa.

---

9. Consulte-se o nosso *Extinção dos Contratos Administrativos*, 3ª ed., 2002.

10. Renato Alessi, *Principi di Diritto Amministrativo*, v. 1, pp. 282-284.

11. Quem se interessar pelo tema poderá consultar o Cap. XVII do nosso *Curso de Direito Administrativo*, 9ª ed., 2008, referente aos *Contratos Administrativos*.

12. Consulte-se o art. 37, § 6º, do texto constitucional, que imputa responsabilidade extracontratual do Estado, da maneira mais abrangente possível. Eis, em sua literalidade, o § 6º: "As pessoas jurídicas de direito público e as de direito privado prestadoras de serviços públicos responderão pelos danos que seus agentes, nessa qualidade, causarem a terceiros, assegurado o direito de regresso contra o responsável nos casos de dolo ou culpa".

Deveras, tanto o Judiciário como o Legislativo também praticam função administrativa de maneira atípica, e, em conseqüência, emanam atos administrativos.[13]

4.1.2.1.4 Finalidade de criar, extinguir, modificar ou declarar direitos — Incluímos expressamente os atos certificadores, meramente declaratórios de direitos. Excluímos os atos de administração[14] como, também, os fatos administrativos,[15] uma vez que não são normas.

Deveras, o fato administrativo, na magnífica lição de Juan Manoel Terán, distingue-se do ato administrativo no que tange às conseqüências, estas derivadas da imputação jurídica, como se verifica pelos excertos colacionados.[16]

No conceito inserem-se também, como faz Gordillo, os atos ilícitos. Na acepção do ilustre administrativista, a separação entre atos lícitos ou ilícitos, no que tange aos efeitos jurídicos, não é coerente. Assim, afirma: "(...). Que a Administração tenha tido em mira precisamente esses efeitos, ou por um erro tenha produzido um ato destinado a produzir efeitos contrários ao direito, certamente não há de privar seu ato da condição de *ato administrativo*".[17]

---

13. Aliás, a Constituição, no art. 93, X, expressamente refere-se às decisões administrativas do Poder Judiciário.

14. Celso Antônio Bandeira de Mello faz tal exclusão em seu *Curso de Direito Administrativo*, 25ª ed., 2ª tir., pp. 376-377.

15. Ibidem.

16. *Filosofía del Derecho*, pp. 121-124:

"(...). En las doctrinas dominantes se afirma que los actos jurídicos son queridos, y los hechos son independientes de la voluntad; y que los actos jurídicos y no jurídicos se distinguen entre sí, en cuanto es o no querido el fin; sin embargo, es discutible la congruencia del concepto del hecho jurídico. (...). Resulta, pues, que lo que se califica como hecho jurídico, para tener sentido, requiere la presencia de la figura acto, acción o conducta jurídica. La falsa división entre actos y hechos jurídicos proviene del mismo elemento psicológico realista aplicado al campo del derecho. (...). Jurídicamente sólo puede haber actos. (...).

"(...). Pero los hechos jurídicos no producen efectos de derecho en cuanto estrictamente son dados como hechos; sólo producen *efectos de derecho por la imputación jurídica*; pero la imputación jurídica es siempre de carácter normativo, toca a la esfera de la conducta. (...)" (grifamos).

17. *Tratado de Derecho Administrativo*, 4ª ed., t. III, pp. 26-27.

Adotamos, nesse particular, também a posição de Kelsen, para quem a norma não é nula desde o início.[18]

Na verdade, os atos ilícitos, depois de declarada sua invalidade, deflagram importantes conseqüências jurídicas e, se não impugnados ou revistos pela Administração, permanecerão no mundo jurídico.[19]

4.1.2.1.5 Relações jurídicas entre o Estado e o administrado — Discriminamos os pólos da relação jurídica. De um lado estará o Estado, ou pessoa no exercício da função administrativa, e, de outro, aqueles para quem é exercida a "relação de administração" (Cirne Lima).

No ato administrativo sempre existirá quem determine, constitua, extinga ou modifique relações jurídicas e, também, quem se beneficie (atos ampliativos) ou deva se comportar (atos restritivos ou ordens) dentro dos parâmetros da norma individual, norma concreta.

4.1.2.1.6 Ato contrastável pelo Poder Judiciário — A característica essencial e fundamental do ato administrativo, no Estado de Direito, é sua contrastabilidade pelo Poder Judiciário.

Deveras, o provimento administrativo não é definitivo, comporta revisibilidade necessária pelo Poder Judiciário, se houver provocação, *ex vi* do inciso XXXV do art. 5º da Constituição da República.[20]

Aliás, a nossa Constituição alargou a abrangência da revisibilidade pelo Poder Judiciário ao permitir que já a *ameaça de lesão a direito* (e não mais apenas a direito individual) possa ser levada à apreciação do Poder Judiciário.

Consideradas as características do ato administrativo, cabe, agora, estudá-lo, ainda que sumariamente, nas várias situações

---

18. *Teoria Pura do Direito*, 2ª ed., v. 1, pp. 159-161.

19. Consulte-se o Cap. VII de nosso *Curso de Direito Administrativo*, 9ª ed. (*Extinção dos Atos Administrativos*).

20. "Art. 5º, XXXV: "a lei não excluirá da apreciação do Poder Judiciário lesão ou ameaça a direito".

em que possa se encontrar, a fim de verificarmos em que momento poderá ser impugnado pela via do mandado de segurança.

4.2 *O ato coator em procedimentos administrativos*

Se estivermos diante de *procedimento administrativo*,[21] utilizando o vocábulo em uma de suas acepções — série encadeada de atos levando a ato final, como, por exemplo, no procedimento da licitação, um dos sentidos da palavra *procedimento* —, todos os atos que atinjam diretamente o administrado podem ensejar mandado de segurança. Não há necessidade de se esperar o ato final, que, na licitação, é o ato de adjudicação ou de homologação, conforme a sistematização adotada no procedimento.

Observem que, desde o edital da licitação, por exemplo, coações indevidas podem existir. Editais discriminatórios já podem constituir coações indevidas. O edital, embora ato geral, atinge diretamente quem deseja e pode participar da licitação.

Destarte, se tivermos alguém que deseje participar de determinada licitação e, ademais, tenha condições para tanto, e, por normas discriminatórias do edital, for alijado, há possibilidade de pleitear medida judicial adequada para sustar seu andamento. Haverá vício inicial, no procedimento.

No procedimento administrativo, com a acepção que utilizamos a palavra, qualquer ato deflagrador de coação indevida, *per se*, sem necessidade do ato final, já é passível de ser impugnado por meio do remédio heróico.

---

21. Estamos, aqui, utilizando-nos do conceito de procedimento administrativo de maneira estrita, porque, como já afirmamos em nosso *Curso de Direito Administrativo*, 9ª ed., p. 437, o ato administrativo sempre é exteriorizado por meio de procedimento. Todavia, é bem verdade que determinados procedimentos são de extrema singeleza e, ao fim e ao cabo, teremos, apenas, um único ato. Neste tópico, todavia, estamos a pensar na ocorrência de vários atos, cada qual, de *per se*, admitindo impugnação. Já dissemos que *procedimento* é palavra dotada de polissemia. Ora designa, exatamente, o conceito dado por praticamente todos os administrativistas, que se encontra acima, ora, todavia, é um conjunto de atos e fatos ocorridos, necessários à emanação do ato administrativo. Compartilhamos da opinião dos que vêem, sempre, procedimento a preceder a emanação dos atos administrativos. Se houver interesse, v. o Cap. XV de nosso *Curso de Direito Administrativo*, referente ao *Procedimento e Processo Administrativo*.

4.3 Os atos coatores de trato sucessivo e a decadência

No que diz respeito aos atos coatores de trato sucessivo, fundados em norma idêntica, o Superior Tribunal de Justiça pacificou seu entendimento no sentido de que a contagem do prazo decadencial do *mandamus* se renova com a prática de cada novo ato.

A propósito, no julgamento do MS 6.250, a 3ª Seção do Superior Tribunal de Justiça lavrou a seguinte ementa:

> "(...). I — Nas relações de trato sucessivo, a contagem do prazo decadencial para o ajuizamento da ação mandamental se renova mês a mês. *In casu*, se discute o desconto mensal na remuneração de militar, não restando configurada a decadência da impetração. (...)".[22]

Neste contexto, destacamos também a ementa do AgRg no AI 1.031.130-BA, publicado no *DJE* 15.9.2008:

> "(...). 1. Na hipótese em que o servidor público inativo busca a extensão de uma vantagem concedida aos ativos, demonstrada a existência de um ato omissivo da autoridade impetrada, a relação jurídica é de ato sucessivo, razão por que não há falar em decadência do prazo previsto no art. 18 da Lei n. 1.533/51, cujo termo inicial se restabelece a cada mês".

Há que se ressaltar, porém, que a própria jurisprudência do Superior Tribunal de Justiça, no que concerne ao *dies a quo* do prazo decadencial, faz diferença entre os atos de trato sucessivo e os atos únicos, mas de efeitos permanentes. Aliás, já houve manifestação do Órgão Especial daquela Corte, no julgamento do MS 6.945-DF, em que o Sr. Min. Relator, César Ásfor Rocha, citando diversos precedentes, assim se manifestou, em seu voto:

> "A hipótese não cuida de obrigação de trato sucessivo ou de omissão administrativa.

---

22. Vale citar, neste mesmo sentido, os seguintes julgados do Superior Tribunal de Justiça: ROMS 13.792, *DJU* 5.5.2003, REsp 49.960, *DJU* 23.6.2003; REsp 470.262, *DJU* 13.10.2003, e AgRg no REsp 1.041.301-SE, *DJU* 27.8.2008. Outrossim, dos Tribunais Estaduais pode-se colacionar diversas decisões dispondo em termos semelhantes. Cumpre mencionar, a propósito, a Ap. cível 181.085-5/6-00, do Tribunal de Justiça de São Paulo; o MS 2003.004.00650 e o MS 2003.004.00075, do Tribunal de Justiça do Rio de Janeiro; o MS 1000.063496-6 e o Ag. 2003.008653-6, do Tribunal de Justiça de Mato Grosso do Sul; a Ap. cível 70003453016 e a Ap. cível 70005603741, do Tribunal de Justiça do Rio Grande do Sul; o MS 100010013694, do Tribunal de Justiça do Espírito Santo.

"O objeto da ação é o Ato 453/98 da egrégia Presidência, o qual, alterando o Ato 103/98, de aposentadoria da impetrante, resultou na exclusão de parcela até então recebida.

"Ato, portanto, único e instantâneo, de efeitos concretos e permanentes.

"Nesse sentido, os seguintes julgados:

"'*Administrativo e constitucional — Mandado de segurança — Decadência — Aposentadoria — Juiz de direito — Ato de efeitos concretos.*

"'1. Incide a decadência se transcorridos mais de 120 dias entre a ciência do ato de efeitos concretos, na espécie a aposentadoria proporcional do impetrante, a qual pretende passe a perceber com proventos integrais, e a propositura da ação mandamental.

"'2. Recurso ordinário improvido' (ROMS 14.047-MG, *DJU* 7.4.2003, rel. Min. Fernando Gonçalves).

"'*Processual civil e administrativo — Mandado de segurança — Servidor público inativo — Auditor Fiscal do Tesouro Estadual/RN — Revisão de aposentadoria — Reenquadramento — Decadência — Súmula 430/STF.*

"'I — Nos casos de revisão de aposentadoria, objetivando-se o reenquadramento funcional do servidor, por se tratar de ato único e de efeitos permanentes, deve-se observar o prazo de 120 dias, contados da ciência, pelo interessado, do ato impugnado' (REsp 426.433/RN, *DJU* 25.11.2002, rel. Min. Félix Fischer).

"'*Processo civil — Recurso em mandado de segurança — Proventos de inatividade — Servidor público estadual — Decreto de aposentação — Ato concreto — Fluência do prazo — Decadência reconhecida.*

"'1. Considera-se o início do prazo decadencial para interposição da via mandamental (art. 18 da Lei 1.533/51) a publicação do decreto do Chefe do Executivo Estadual que determinou a aposentadoria do servidor, no nível e referência pertinentes e com os proventos calculados pelo setor competente.

"'2. Sendo este ato de aposentação objetivo e concreto, não há como se falar na teoria da 'prestação de trato sucessivo' ou, sequer, em ato omissivo, porquanto o percebimento dos vencimentos se dá mês a mês, mas o ônus pela sua diminuição ocorreu a partir da publicação do supracitado decreto.

"'3. Ocorrendo a impetração um ano e dois meses depois da mencionada manifestação oficial, é de se decretar a decadência do uso da ação mandamental, resguardado ao impetrante, porém, a perseguição, na via ordinária, do direito subjetivo ao bem da vida tido por violado.

"'4. Precedentes (RMS 1.646/GO e 6.380/SC).

"'5. Recurso conhecido, porém, desprovido' (ROMS 11.110/GO, *DJU* 23.4.2001, rel. Min. Jorge Scartezzini).

"'*Recurso em mandado de segurança — Administrativo e processual civil — Aposentadoria — Ato de efeito concreto — Revisão de proventos — Decadência configurada.*

"'A partir do ato de aposentadoria do impetrante, ocorrida em 1994, conta-se o prazo decadencial para se impetrar mandado de segurança visando à revisão de proventos.

"'Decadência configurada.

"'Recurso desprovido' (ROMS 11.725/GO, *DJU* 2.4.2001, rel. Min. José Arnaldo da Fonseca).

"(...).

"3. Posto isso, julgo extinto o feito, nos termos do art. 269, IV, do Código de Processo Civil, em face da verificada decadência."[23]

4.4 O ato coator nos atos de controle

Nos atos de controle, qual é ou quais são os atos coatores?

Os atos que dependem de controle são perfeitos, porém não eficazes. Vão depender do ato controlador, quer seja homologatório (controle de legalidade) ou aprobatório (controle de oportunidade).

É possível ser o ato controlador que deva ser fulminado. Pode ocorrer que o ato controlado esteja correto, válido; entretanto, a autoridade superior, ao fazer o controle, poderia ter praticado ato ensejador de constrição indevida.

De conseguinte, cremos que não se possa fazer distinção sem perquirir qual dos dois atos constrange indevidamente, sem examinar o caso concreto, a fim de se verificar se é o ato controlado ou o ato controlador que está indevidamente a constranger.

Entendemos que, se houver ato de controle, ratificador do ato controlado, a autoridade coatora, a nosso ver, será a controladora,[24] e não mais a que praticou o ato controlado.[25]

---

23. Votou com o Relator a maioria de seus pares, com exceção dos Mins. Francisco Peçanha Martins e Antônio de Pádua Ribeiro.

24. O ilustre autor Alberto Xavier compartilha de nosso pensamento e, também, admite mandado de segurança contra o ato de controle. V., do autor, a 2ª ed. de seu livro *Do Lançamento. Teoria Geral do Ato, do Procedimento e do Processo Tributário*, p. 374, nota de rodapé 41.

25. V.: "*Administrativo — Mandado de segurança — Cancelamento de inscrição na Ordem dos Advogados — Legitimidade da autoridade coatora — Alegação de nulidade da intimação para que apresentasse defesa — Incompatibilidade do exercício de advocacia — Segurança denegada*. 1. A autoridade coatora é sempre quem tem poder de determinar algo que possa vir a constranger quem se sujeita à Admi-

Vejamos, no procedimento licitatório, a hipótese de homologação. O ato de homologação deve verificar apenas a legalidade do ato controlado. Portanto, deve dizer "sim" ou "não" ao ato controlado. Pode ocorrer, entretanto, que o ato controlado seja praticado devidamente e o ato controlador indevidamente. De conseguinte, a autoridade coatora, no caso, não será a autoridade que praticou o ato de adjudicação, mas sim a autoridade que praticou o ato de homologação indevida, ou que não o praticou, quando deveria fazê-lo.

Outra hipótese interessante, por exemplo, refere-se às decisões de caráter impositivo do Tribunal de Contas da União, que impedem o registro de atos concessivos de aposentadoria quando lhes falta base legal. Nestas espécies, e em outras circunstâncias análogas, o Supremo Tribunal Federal, no MS 23.996-DF,[26] e o Superior Tribunal de Justiça, no REsp 464.633-SE,[27] já decidiram que

---

nistração, Legitimidade do Sr. Presidente do Conselho Seccional de São Paulo da Ordem dos Advogados do Brasil, autoridade controladora a quem compete a execução do ato de cancelamento da inscrição, mantido pelo Conselho. (...). 4. Apelação desprovida" (TRF-3ª R., 4ª T., AMS 93.03.114398-SP, rela. Juíza Lúcia Figueiredo, j. 28.6.95, v.u., *DJU* 3.10.95, p. 66.999).

26. Neste julgado, a Min. Relatora, Ellen Gracie, denegou o *mandamus*, mas afastou a preliminar que impugnava pela ilegitimidade do Tribunal de Contas da União, tendo em vista ter este praticado ato impositivo. A ementa do acórdão ficou assim redigida:

"(...).

"A redução dos proventos de aposentadoria, concedida em desacordo com a lei, não afronta o princípio da irredutibilidade de vencimentos consagrado pelo art. 37, XV, da Constituição Federal.

"Preliminar de ilegitimidade afastada. Segurança denegada."

27. A redação da ementa desta decisão é a seguinte:

"(...).

"II — O Tribunal de Contas da União é parte legítima para figurar no pólo passivo do mandado de segurança, quando a decisão impugnada revestir-se de caráter impositivo. *Precedentes do colendo Supremo Tribunal Federal.*

"III — A decisão do Tribunal de Contas que, dentro de suas atribuições constitucionais (art. 71, III, da CF), julga ilegal a concessão de aposentadoria, negando-lhe o registro, possui caráter impositivo e vinculante para a Administração.

"IV — Não detendo a autoridade federal impetrada poderes para reformar decisão emanada do Tribunal de Contas da União, não é parte legítima para figurar no pólo passivo da ação mandamental que se volta contra aquela decisão.

"Recurso não conhecido" (grifos do original).

o Tribunal de Contas da União deve figurar como pólo passivo da ação mandamental.

Verifica-se, pois, que, quando estivermos diante de atos de controle, necessário será verificar qual é a constrição a que se está a submeter o administrado, para verificar, em conseqüência, quem é passível de ser indicado como autoridade coatora.

4.4.1 Atos complexos

Atos complexos são os que dependem do concurso de vontade de duas autoridades. Portanto, à diferença dos atos de controle, somente estarão aperfeiçoados com a conjugação de duas vontades.

Sirva de exemplo lista tríplice para provimento do cargo de desembargadores dos Tribunais Regionais Federais, de desembargadores dos Tribunais de Justiça dos Estados, de Ministros dos Tribunais Superiores.

A lista por merecimento deverá observar, consoante pensamos, os requisitos constitucionais, também observados no quinto constitucional,[28] tais sejam: a ilibada reputação e o saber jurídico.

Ora, a confecção da lista e seu envio ao Chefe do Executivo fazem com que termine a competência dos Tribunais e se inicie a competência do Chefe do Executivo.

Deveras, se a lista não for enviada, não poderá o Executivo utilizar sua competência e expedir o ato de nomeação. E, de outra parte, com o envio da lista exaure-se a competência do Tribunal que tiver vaga a ser provida.

---

28. Deveras, entendemos que o texto constitucional não reproduziu como pressuposto a ilibada reputação por entendê-la sempre presente ao longo da carreira do magistrado. Na verdade, não faria sentido investigar-se a vida pregressa do candidato a juiz e dispensar tal requisito na escolha de juízes para os tribunais. Não se está a dizer que se faça ampla investigação, porque se presume que o acompanhamento das Corregedorias seja algo diuturno, constante. Está-se a afirmar, sim, que necessário será estar o candidato em pleno gozo do conceito de sua reputação.

De outro turno, mister que se mantenham no candidato os requisitos técnicos suficientes a habilitá-lo à difícil tarefa de julgador em tribunais de apelação. Deve manter-se atualizado e aperfeiçoado para ocupar, sobretudo se por merecimento, o cargo de desembargador ou ministro dos Tribunais Superiores.

Curioso é afirmar-se que, confeccionada a lista, embora o ato, por ser complexo, não esteja disponível a seus efeitos típicos, já poderia ser passível de impugnação, caso vício tivesse. Suponha-se que um dos candidatos não tenha a ilibada reputação ou não tenha saber jurídico, ou, ainda, que não implemente os requisitos constitucionais da presteza e produtividade das decisões (art. 93, II, "c", do texto constitucional).

Em tese, poderá, consoante pensamos, ser proposta alguma medida judicial, pois o ato da indicação seria eivado de vício.

Lembramo-nos, para exemplificar, quando da primeira vaga a ser provida por merecimento no Tribunal Regional Federal da 3ª Região, entendeu-se que deveria ser aplicado o art. 93, II, "d", da Constituição Federal, na verdade aplicável apenas aos Tribunais Estaduais. Assim, delimitou-se indevidamente o âmbito de abrangência dos possíveis escolhidos.

Haveria, pois, teoricamente, naquela ocasião, já da própria composição da lista, fundamento para impugnação de todos os outros que também se encontravam com possibilidade de vir a ser incluídos.

Portanto, em tese, não é, apenas, do último ato que se poderá dar impugnação judicial. Embora, é bem verdade, somente este último deflagrará os efeitos típicos, efeitos, esses, aos quais está preordenado.

De conseguinte, atos complexos são os que produzem seus efeitos, e, portanto, são eficazes após a declaração da segunda autoridade. A primeira declaração servirá de suporte de validade da segunda.

Dadas essas pinceladas, ainda que grosseiras, sobre o ato administrativo passível de vir a ser constritor, passamos a abordar os atos colegiais.

4.5 Atos colegiais

A respeito dos atos colegiais, já dissemos, ainda que de maneira muito sucinta, no capítulo referente à autoridade coatora,[29] que, na verdade, somente existirão quando completada a delibe-

29. Já dissemos no item 3.9, *retro*:

ração, tal seja, após a coleta de todas as declarações. Portanto, não há como falar de atos dos órgãos colegiais até o momento final. Enfatize-se: os pronunciamentos individuais poderão ser modificados até à emanação do provimento. Portanto, somente existirá ato coator ao cabo de todas as manifestações individuais, quando for emanado o provimento colegial.

Cumpre passar ao estudo dos atos políticos emanados pelo Executivo, bem como aos chamados de *interna corporis*, que também podem constranger. Com essa finalidade, deveremos, ainda que sumariamente, abordar o devido processo legal, em boa hora trazido pela Constituição de 1988, de maneira lapidar.

4.6 Devido processo legal no Estado Democrático de Direito e sua importância para o controle dos chamados atos políticos emanados pelo Executivo e os "interna corporis" do Legislativo e do Judiciário

4.6.1 Devido processo legal

Ao tema, tal seja, possibilidade de controle dos chamados atos políticos, bem como dos denominados atos *interna corporis*, é de peculiar importância o entendimento da relevância do devido processo legal no Estado Democrático de Direito.

Devemos, portanto, inicialmente, recordar a extensão da cláusula do "devido processo legal". Lembremo-nos, mais uma vez, pois já tantas vezes abordamos o tema, de que o devido processo legal aparece com acepção meramente formal, ainda no tempo do rei chamado João-Sem-Terra (Inglaterra), em que o Estado era a lei. Na verdade, fazia a lei, cumpria a lei — ele mesmo —, mas a lei era a que o soberano ditava.

"Relativamente aos atos dos órgãos colegiais, estes, na verdade, somente se completam com a *deliberação coletiva*. Enquanto não haja tal *deliberação coletiva*, é claro que não pode haver impugnação, porque não existe deliberação. Suponha-se por exemplo, decisão do Conselho de Contribuintes. Após votar o primeiro, vota o seguinte, e, então, suspende-se a sessão.

"Nesse caso, portanto, o ato administrativo decisório só será formado quando completada a conjugação das decisões, ou, enfim, o resultado das declarações singulares que faz a deliberação. Nessas hipóteses de atos colegiais, só haverá autoridade coatora depois de tomada a decisão. A autoridade coatora será o próprio órgão, no caso, o Conselho dos Contribuintes; na hipótese de um Conselho Administrativo de tribunal, o Conselho representado pelo seu Presidente, embora a autoridade coatora seja o órgão do qual proveio a decisão."

Destarte, aparece, nessa época, o devido processo legal, exatamente para que o baronato tivesse a proteção da *law of the land*, a lei da terra, ou, como também conhecida mais tarde, da *rule of law*. Mas, vê-se que, ainda, o devido processo legal tinha conteúdo meramente formal. Formal e sem a expressão com que, depois, passa do Direito Inglês para as Colônias americanas e, mais tarde, para a Federação Americana.

É, todavia, depois das Emendas 5 e 14 da Constituição Americana, e sobretudo desta última, que o devido processo legal toma outro corpo. A Emenda 5 deixa claro que o direito à liberdade e o direito à propriedade obedecem ao devido processo legal, o *due process of law*. Mas ainda persiste o caráter formal durante a Emenda 5.

Na Emenda 14 há grande transformação, isso porque já não mais se fala apenas do devido processo legal, mas da igual proteção da lei: *equal protection of law*.

Deveras, o *due process of law* passa a ter conteúdo material e não mais apenas formal — passa a ter duplo conteúdo e vamos ver que, também, em alguns princípios processuais, aparece com duplo conteúdo, com conteúdo substancial e com conteúdo formal.

Em conseqüência, somente será *due process of law* aquela lei — e assim poderá ser aplicada pelo magistrado — que não agredir, não entrar em confronto, não entrar em testilhas com a Constituição, com os valores fundamentais consagrados na Lei das Leis. Por aí se verifica que, para efetiva afirmação do devido processo legal, não há atos que possam ficar sem qualquer espécie de controle, a depender, pura e simplesmente, da vontade dos governantes ocasionais.

Barbosa Moreira e também Michelle Taruffo, processualistas eméritos, abordando o problema de controle, dizem que as questões políticas devem ser controladas pelo Judiciário.

Quando o texto constitucional prescreve, no art. 5º, LV, a obrigatoriedade do devido processo legal — e é o primeiro texto constitucional brasileiro que o contém expressamente — não é por acaso, é o texto da cidadania.

Portanto, somente no caso concreto — em face de lei concreta ou da aplicação concreta que um juiz ou administrador faça, em procedimentos ou processos administrativos e judiciais — é que veremos se foi cumprido o *due process of law*.

Aqui, lembraria que a nossa Constituição da República Federativa do Brasil, logo no seu pórtico, no art. 1º, tem por fundamentos a soberania, a cidadania, a dignidade da pessoa humana, os valores sociais do trabalho e da livre iniciativa, bem como o pluralismo político.

Cumpre refrisar: a Constituição da República Federativa do Brasil, de 1988, em seu art. 5º, LV, vez primeira, trouxe expressamente a garantia do "devido processo legal", tanto nos processos judiciais quanto nos administrativos.

Com efeito, na literalidade do mencionado inciso LV: "Aos litigantes, em *processo judicial* ou *administrativo*, e aos acusados em geral são assegurados o contraditório e ampla defesa, com os meios e recursos a ela inerentes" (grifamos).

O respeito ao devido processo legal deverá informar todos os processos judiciais, os administrativos, como, também, os legislativos. Quaisquer dos "Poderes" do Estado[30] vinculam-se inteiramente à lei em seu sentido amplo.

---

30. Exemplos de atos coatores a ensejar mandado de segurança e que mereceram da parte de dois juízes de primeira instância foram os seguintes:

O Dr. Marcelo Sérgio, Juiz Estadual, e a Dra. Renata Lotufo, da 17ª Vara Federal de São Paulo, repeliram constrições indevidas de um Poder ao outro.

No primeiro caso, sentenciado pelo Dr. Marcelo Sérgio, em mandado de segurança, visava ao repasse dos duodécimos, que não vinha sendo feito (MS 081/98; impte.: Câmara Municipal de Pariquera-Açu; impdo.: Prefeito do Municipal de Pariquera-Açu; parte passiva: Prefeitura Municipal de Pariquera-Açu). Disse o M. Juiz acerca da preliminar: "É adequada a via escolhida pela impetrante. Embora estejam sendo pleiteados valores atrasados, não se está diante de mera ação de cobrança, pois não se discute direito a crédito, mas sim sobre a legalidade do ato impugnado. (...). Ou seja, na verdade, a pretensão não visa a cobrança mas sim a efetivação de uma *obrigação de fazer*, qual seja repassar os valores" (o MM. Juiz trouxe à baila acórdão da Excelsa Corte no sentido de sua decisão: STF, MS 22.384-7, rel. Min. Sydney Sanches, v. u., *DJU* 26.9.97, p. 47.479). "(...). Entretanto, no caso, a própria Constituição da República estabelece prazo ao Administrador para praticar o ato — repasse do duodécimo —, uma vez que o art. 168 determina que o repasse seja feito *até o dia 20 de cada mês* (...). Percebe-se, de pronto, que a nossa estrutura federativa, nos termos trazidos pela Constituição da República, *é anômala* (...). Tal anomalia também é constatada no art. 18 da Constituição da República, que assim dispõe: *a organização político-administrati-*

Assinalada a importância com que a cláusula do devido processo legal aparece na Constituição de 1988, impende verificar quais os limites dos atos dos corpos internos para que assim possam ser chamados. É dizer, o rótulo não poderá ser aposto como se fora uma palavra oca, passível de abrigar qualquer conteúdo.

4.6.2 Atos "interna corporis"

O tema tornou-se de particular importância quando lembramos que o Congresso Nacional, ao votar a Emenda Constitucio-

---

va da República Federativa do Brasil compreende a União, os Estados, o Distrito Federal e os Municípios (...). Pois bem. Entre as competências exclusivas dos Municípios, arroladas no art. 30 da Constituição da República, está justamente a competência para *instituir e arrecadar os tributos de sua competência, **bem como aplicar suas rendas*** (inciso III). Ou seja, somente o Município pode dispor sobre suas rendas, podendo outro ente da federação imiscuir-se nessa seara, *sob pena de violação ao princípio federativo.* Então, a fonte normativa que pode disciplinar sobre o orçamento do Município é a Lei Orgânica, não tendo sido recepcionadas as leis federais que disciplinam a matéria, exceção feita apenas à Lei Complementar de que cuida o art. 168, combinado com o 165, § 9º, ambos da Constituição da República, que pode estabelecer regras gerais. Assim, se a arrecadação do Município ficou aquém do que se previa na Lei Orçamentária, deve o Chefe do Executivo propor sua alteração, e aguardar a aprovação, por meio de lei, ou seja, *deve agir dentro da legalidade.* A argumentação da Prefeitura, no sentido de que não houve prejuízo às atividades da Câmara Municipal, não é suficiente para afastar o direito da impetrante. Princípio corrente do Estado Democrático de Direito é o da separação dos Poderes. Nossa Constituição da República, logo no art. 2º, estabelece que o Legislativo, o Executivo e o Judiciário são Poderes independentes e harmônicos. Uma das conseqüências da independência entre os Poderes é a autonomia de cada um para organizar seus serviços. E para possibilitar a organização de seus serviços, cada Poder necessita de dotação orçamentária *própria e precisa*, pois, se não, seria evidente a pressão que poderia sofrer do Executivo, o que colocaria em risco a sobrevivência do Estado Democrático de Direito. (...). O ato pelo qual o Chefe do Poder Executivo determina o repasse das verbas tem natureza de *ato administrativo vinculado*, pois o Chefe do Executivo, dentro do prazo estabelecido pela Constituição da República, somente tem uma alternativa, qual seja autorizar o repasse, porquanto não pode ele fazer qualquer valoração sobre a conveniência e a oportunidade do ato, mesmo que esteja ele enfrentando dificuldades com a arrecadação. (...)". Citou o MM. Juiz decisão da Suprema Corte confirmatória de situação semelhante: "(...) o mandado de segurança é deferido, em caráter definitivo, confirmando-se a medida liminar e determinando-se à autoridade coatora que providencie o repasse dos duodécimos, tanto dos que se venceram no curso do processo quanto dos que se vencerem até o final de seu mandato, sempre até o dia 20 de cada mês (STF, MS 22.384-7, rel.

nal Aglutinativa da Previdência n. 033-A, de 1995, teria supostamente violado o Regimento Interno.

Discutiu-se, e com opiniões jurídicas bastante diferenciadas, se a utilização do Regimento, ainda que inadequadamente, configurar-se-ia ou não em ato passível de controle jurisdicional, ou se seria apenas ato "do corpo interno", portanto insusceptível de controle jurisdicional.

Na ocasião, o Min. Marco Aurélio, da Suprema Corte, proferiu brilhante decisão liminar, que deixamos de transcrever pois traremos a contexto excertos significativos de seu voto no MS 22.503-3-DF. Desejamos deixar claro neste estudo, ainda incipiente

---

Min. Sydney Sanches, v.u., *DJU* 26.9.97, p. 47.479. E, ainda, STF, MS 21.450, rel. Min. Octávio Gallotti, *RTJ* 140/818). Destaco breve trecho de voto proferido pelo em. Min. Celso de Mello, no MS 21.291, julgado também pela Suprema Corte: 'A norma inscrita no art. 168 da Constituição reveste-se de caráter tutelar, concebida que foi para impedir o Executivo de causar, em desfavor do Judiciário, do Legislativo e do Ministério Público, um estado de subordinação financeira que comprometesse, pela gestão arbitrária do orçamento — ou, até mesmo, pela injusta recusa de liberar os recursos nele consignados —, a própria independência político-jurídica daquelas Instituições (...). Concluindo, o repasse da dotação orçamentária para a Câmara Municipal deve ser efetivado de acordo com a Lei Orçamentária Anual, pelos valores ali estipulados, devendo esses valores ser repassados em duodécimos, até o dia 20 de cada mês. Qualquer alteração somente pode ser efetivada por meio de lei específica'". A ordem foi *deferida* pelo Dr. Marcelo Sérgio: "a) para determinar seja respeitado o prazo estabelecido no art. 168 da Constituição da República; b) para determinar que os duodécimos sejam efetivados de acordo com o valor estabelecido na Lei Orçamentária; c) para determinar o pagamento dos valores atrasados (R$ 4.000,00, diferença do que deveria ser repassado em 20.12.97; somados às diferenças referentes a 1998 — R$ 12.000,00 — mais eventuais diferenças ocorridas após a impetração da segurança) *até o próximo dia 20 corrente*, juntamente com o respectivo duodécimo".

De seu turno, a Dra. Renata Lotufo deu decisão primorosa, no sentido de afastar a inconstitucionalidade da Emenda 14/96, modificativa do art. 60 do ADCT, que prejudicava a autonomia municipal em face de franca interferência da União por meio da Lei 9.424/96 (Processo 1999.61.00.039607-0, da 17ª Vara Cível de São Paulo). A Desa. federal Cecília Hamati, em agravo de instrumento impetrado contra essa decisão, confirmou-a. Também a Dra. Sílvia Figueiredo Marques, Juíza Federal em São Paulo, repeliu constrição indevida da Emenda 20/98, que suprimira expressamente imunidade constitucional dos maiores de 65 anos. Entendeu a MM. Juíza que o poder constituinte derivado não poderia suspender imunidade constitucional outorgada pelo constituinte originário da Constituição de 1988.

sobre a matéria, o que sob a nomenclatura *interna corporis* poderá estar validamente abrigado.

Outrora se pretendeu que os atos administrativos discricionários abrigassem condutas desconformes do ordenamento jurídico, condutas com caracteres de arbitrariedades. E, ao que parece, segue-se, hoje, na mesma trilha com os denominados *interna corporis*, em que se pretende dar abrangência por demais ampla, violando-se, assim, garantias constitucionais.

Cumpre, pois, ainda que brevemente, tecer algumas considerações sobre esses atos, ainda não tão bem estudados pela doutrina, de forma mais ampla.

Hely Lopes Meirelles,[31] emérito administrativista, que cumpriu e ainda cumpre papel importante na doutrina e na jurisprudência brasileiras, dando a todos os operadores do Direito instrumental seguro e sólido, com sua vasta experiência prática, tendo mergulhado em todos os assuntos que se pudessem constituir em problemas para aplicação prática, averbou:

"*Interna corporis* são só aquelas questões ou assuntos que entendem direta e imediatamente com a economia interna da corporação legislativa, com seus privilégios e com a formação ideológica da lei, que, por sua própria natureza, são reservados à exclusiva apreciação e deliberação do Plenário da Câmara. Tais são os atos de escolha da Mesa (eleições internas), os de verificação de poderes e incompatibilidades de seus membros (cassação de mandatos, concessão de licenças etc.) e os de utilização de suas prerrogativas institucionais (modo de funcionamento da Câmara, elaboração de regimento, constituição de comissões, organização de serviços auxiliares etc.) e a valoração das votações.

"Daí não se conclua que tais assuntos afastam, por si sós, a revisão judicial. Não é assim. O que a Justiça não pode é substituir a deliberação da Câmara por um pronunciamento judicial sobre o que é da exclusiva competência discricionária do Plenário, da Mesa ou da Presidência. Mas pode confrontar sempre o ato praticado com as prescrições constitucionais, legais ou regimentais que estabeleçam condições, forma ou rito para seu cometimento.

---

31. *Direito Administrativo Brasileiro*, 34ª ed., pp. 722-724.

"(...).

"Nesta ordem de idéias, conclui-se que é lícito ao Judiciário perquirir da competência das Câmaras e verificar se há inconstitucionalidades, ilegalidades e infringências regimentais nos seus alegados *interna corporis*, detendo-se, entretanto, no vestíbulo das formalidades, sem adentrar o conteúdo de tais atos, em relação aos quais a corporação legislativa é, ao mesmo tempo, destinatária e juiz supremo de sua prática.

"(...).

"Assim, se, numa eleição de Mesa, o Plenário violar o regimento, a lei ou a Constituição, o ato ficará sujeito a invalidação judicial, para que a Câmara o renove em forma legal; mas o Judiciário nada poderá dizer se, atendidas todas as prescrições constitucionais, legais e regimentais, a votação não satisfizer os partidos, ou não consultar o interesse dos cidadãos ou a pretensão da minoria. O controle judiciário não poderá estender-se aos atos de *opção* e *deliberação* da Câmara nos assuntos de sua economia interna, porque estes é que constituem propriamente os seus *interna corporis*"[32] (grifamos).

Deixou claro o Mestre que somente os atos de opção e deliberação da Câmara, em seus assuntos internos — ou, por outra, de sua economia interna —, estariam imunes ao controle judicial. Todavia, é preciso deixar claro que, mesmo quando haja competência discricionária, limita-se esta aos parâmetros, ao gizamento, do ordenamento jurídico.

De seu turno, Castro Nunes, em sua obra clássica acerca do tema, preleciona:

"Não é por ser *política* a matéria que ela escapa ao poder de apreciação do Judiciário. Matéria eminentemente política é a tributação, são os tratados, é a expulsão de estrangeiros, é o Direito Eleitoral, são os crimes políticos. No entanto, ninguém dirá que as questões daí derivadas não sejam de índole judicial.

"(...).

---

32. Consulte-se a excelente monografia, produzida pelo Procurador do Estado Derly Barreto, para obtenção do título de Mestre pela PUC/SP, cujo título é *Controle Jurisdicional dos Atos "Interna Corporis" do Poder Legislativo.*

"Nem será porque sejam discricionárias tais medidas e bem assim tantas outras de caráter legislativo ou executivo, abrangidas na conceituação do *poder da polícia*. Porque a discrição cessa onde começa o direito individual, posto em equação legal.

"As medidas *políticas* são discricionárias apenas no sentido de que pertencem à discrição do Congresso ou do Governo os aspectos da sua conveniência, oportunidade, a apreciação das circunstâncias que possam autorizá-las, escolha dos meios etc. Discricionárias são, com idêntica conceituação, as medidas de polícia, no seu mais amplo sentido, adotadas na esfera administrativa. Mas, dizendo isso, não se diz, nem se poderia dizer, que a discrição legislativa ou administrativa pode exercitar-se fora dos limites constitucionais ou legais, ultrapassar as raias que condicionam o exercício *legítimo* do poder.

"Basta assentar esse princípio para se ver desde logo que a discrição só existe dentro dos limites objetivos, legais, e que, ultrapassados estes, começa a esfera jurisdicional."[33]

Como se verifica, os atos do corpo interno deverão estar condizentes, coerentes, com a Constituição ao serem emanados; e, ademais disso, também deverão ser executados fielmente, pois, uma vez estabelecidos, outorgam direitos subjetivos àqueles alcançados por suas disposições.

Passemos ao exame de alguns atos *interna corporis*.

4.6.3 Os regimentos internos do Legislativo, Judiciário ou outros quaisquer atos internos

Os regimentos internos, ou quaisquer outros atos internos, cujo objetivo seja a disciplina *interna corporis*, como é óbvio, não poderão deixar de se subsumir à Constituição, como já frisado, que garante os direitos individuais, coletivos e difusos.

Certamente há direitos subjetivos gerados diretamente da Constituição, portanto, a legislação que dela descende lhe há de guardar total pertinência lógica, total submissão.

33. *Do Mandado de Segurança e de Outros Meios de Defesa contra Atos do Poder Público*, 8ª ed., p. 161.

Cumpre deixar claro, curialmente claro, que os atos *interna corporis*, os atos conhecidos debaixo desse rótulo, que se pretende amplo o suficiente a abrigar todos os procedimentos internos, quer sejam do Legislativo, quer sejam do Judiciário ou, ainda, os atos políticos do Executivo, podem submeter-se a controle do Judiciário quando deixam de ser estritamente questão interna, quando violam direitos.

Evidentemente que, estabelecido determinado procedimento interno, têm aqueles que por ele devem se pautar de respeitá-lo e vê-lo rigorosamente respeitado. Figure-se, por hipótese, o estatuto social de determinado clube, livremente erigido pelos associados (evidentemente, guardando respeito às normas legais), descumprido pelo presidente. Tal fato, parece evidente, poderá suscitar providência judicial para ver cumprida a norma interna convencionada pelos associados.

De outro turno, os regimentos dos tribunais, em termos constitucionais de competência exclusiva do Judiciário, geram não somente para os membros que integram o órgão colegial, como também para aqueles que se encontrarem debaixo de suas regras, o direito subjetivo de ver assegurado seu cumprimento.

Sirva de exemplo a ordem de votação: devem votar no processo três juízes, o relator e mais dois que o seguem em anterioridade. Imagine-se, por absurdo, que o Presidente da Turma ou Câmara entendesse de tomar os votos de outra maneira — por exemplo, o relator, o último em antigüidade e o que lhe seguisse. Invertido ficaria todo o julgamento, e, dependendo das convicções dos julgadores, poderia vir a ser totalmente diferente o resultado.

Ora, se assim fosse, exatamente os valores certeza e segurança jurídicas, valores, esses, tão carinhosamente guardados pelo ordenamento jurídico, ficariam à deriva, dependentes, por vezes, de interesses passageiros, na hipótese do Judiciário, de presidências ocasionais, com maior ou menor responsabilidade, e, se do Legislativo, de maiorias ocasionais.

A afirmação de que os chamados atos *interna corporis* não se submetem a controle jurisdicional deve ser feita com demasia de cuidados porque, ainda assim, será pouco. E será pouco porque nota-se, e nitidamente, que a trilha a percorrer, a fim de se dar o justo dimensionamento ao conceito e possibilitar que ditos atos não sirvam ao arbítrio tão repudiado pelos regimes democráticos, será a mesma percorrida pelo ato discricionário, também inicialmente entendido como não passível de controle jurisdicional, a não ser em casos quase teratológicos.

É preciso, pois, advirta-se, confiná-los (os *interna corporis*), como já foi feito com os discricionários, em sua justa moldura e não alargar o conceito a dimensões insuportáveis, a excluir da possibilidade de contraste jurisdicional lesões perpetradas ao abrigo de atingimento da economia interna do Poder, seja ele, repito, o Legislativo ou o próprio Judiciário.

Como se pode notar em algumas decisões que seguem abaixo, o Supremo Tribunal Federal e o Superior Tribunal de Justiça vêm contribuindo neste sentido:

• *Decisão monocrática*: "(...). A presente impetração mandamental apóia-se em alegação de ofensa a direitos impregnados de estatura constitucional, o que parece legitimar — afastado o caráter *interna corporis* do comportamento ora questionado — o exercício, pelo Supremo Tribunal Federal, da jurisdição que lhe é inerente, em face da natureza jurídico-constitucional da controvérsia em causa. Cumpre ter presente, na espécie, o magistério jurisprudencial, que, firmado por esta Suprema Corte desde a primeira década de nossa experiência republicana, consagra a possibilidade jurídico-constitucional de fiscalização de determinados atos emanados do Poder Legislativo, quando alegadamente eivados do vício da inconstitucionalidade, sem que, ao assim proceder, o Tribunal vulnere o postulado fundamental da separação de Poderes: (...)" (STF, MS 24.845-DF/MC, rel. Min. Celso de Mello, j. 25.3.2004).

• *"Comissão Parlamentar de Inquérito — Privilégio contra a auto-incriminação — Direito que assiste a qualquer indiciado ou testemunha — Impossibilidade de o Poder Público impor medidas restritivas a quem exerce, regularmente, essa prerrogativa — Pedido de 'habeas corpus' deferido.*

"O privilégio contra a auto-incriminação — que é plenamente invocável perante as Comissões Parlamentares de Inquérito — traduz direito público subjetivo assegurado a qualquer pessoa que, na condição de testemunha, de indiciado ou de réu, deva prestar depoimento perante órgãos do Poder Legislativo, do Poder Executivo ou do Poder Judiciário.

"O exercício do direito de permanecer em silêncio não autoriza os órgãos estatais a dispensarem qualquer tratamento que implique restrição à esfera jurídica daquele que regularmente invocou essa prerrogativa fundamental. Precedentes. (...)" (STF, HC 79.812-SP, rel. Min. Celso de Mello, j. 8.11.2000).

• "*Depoimento — Termo de compromisso — Investigado — CPI — Polivalência do termo — Impropriedade*. A circunstância de o convocado para depor perante a Comissão Parlamentar de Inquérito ser alvo da própria investigação desobriga-o da assinatura do termo de compromisso, não subsistindo, ante a contrariedade à ordem natural das coisas, de força insuplantável, a ressalva de que não estará compelido a manifestar-se a ponto de incriminar-se. Deferida a ordem por unanimidade" (STF, HC 83.703-SP, rel. Min. Marco Aurélio, j. 18.12.2003).

• "*Processual — Mandado de segurança — Cassação de mandato eletivo — Questão 'externa corporis' — Proporcionalidade — Avaliação incidente — Devido processo legal substancial*. O procedimento de cassação de mandato não envolve, apenas, questões *interna corporis*. Os temas nele decididos operam *externa corporis*, penetrando direito individual do mandatário. Tal procedimento é, assim, suscetível de pleno controle pelo Judiciário. Embora não possa o Poder Judiciário examinar os motivos políticos da cassação de mandato, é-lhe possível avaliar incidentemente a relação de proporcionalidade entre a suposta falta de decoro e a sanção aplicada. (...)" (STJ, ROMS 14.170-AP (2001/0176527-5), rel. Min. Humberto Gomes de Barros, j. 25.6.2002).

• "*Administrativo — Vereador — Suspensão temporária do mandato por suposta infração político-administrativa — Mandado de segurança com o fito de retornar à vereança — Liminar e segurança concedidas — Julgado confirmado, nessa parte, pela Corte Estadual — Pretendida reforma — Alegada afronta a dispositivo constitucional e ao Decreto-lei 201/67 — Pretensa inviabilidade de exame, pelo Judiciário, de matéria 'interna corporis'*. (...). Não prospera a assertiva de que não cabe ao Poder Judiciário examinar matéria interna corporis da Câmara Municipal. Essa premissa não deve ser adotada de modo absoluto. Em verdade, não há vedação para que o Judiciário possa examinar se o ato, praticado sob o pálio de questão interna corporis, está ou não em sintonia com os comandos constitucionais, legais e regimentais. Entendimento harmônico com a doutrina e jurisprudência" (STJ, REsp 469.475, rel. Min. Franciulli Netto, j. 13.5.2003).

Faz-se mister reavivar na memória a cláusula do devido processo legal com a amplitude conquistada no Direito Americano, pós-Emenda 14, abordada no item precedente.

Deveras, o devido processo legal é inerente ao Estado Democrático de Direito. Sem o devido processo legal poder-se-á viver em arremedo de Estado de Direito, porém não efetivamente.[34]

---

34. O Supremo Tribunal Federal tem sido, reiteradas vezes, chamado a se pronunciar em episódios envolvendo as CPIs, na defesa do devido processo legal. Sirvam de exemplo:

Voltemos, agora, ao já mencionado mandado de segurança decorrente da Emenda Aglutinativa, submetido à Suprema Corte e que acabou por ser aceito seu conhecimento por nove votos a dois, tendo sido, pois, acompanhado o Relator, Min. Marco Aurélio, que, em empenho denodado, deixou claros os limites já até esboçados, com rara felicidade, em votos anteriores da mesma Suprema Corte, trazidos a contexto.

• *"Comissão Parlamentar de Inquérito — Atuação abusiva — Inadmissibilidade — Submissão incondicional da CPI à autoridade da Constituição e das leis da República — Exigência inerente ao Estado de Direito fundado em bases democráticas — Direitos do cidadão e prerrogativas profissionais do advogado — Legitimidade — Pedido de reconsideração indeferido.*

"O respeito incondicional aos valores e aos princípios sobre os quais se estrutura, constitucionalmente, a organização do Estado, *longe* de comprometer a eficácia das investigações parlamentares, configura fator de irrecusável legitimação de todas as ações *lícitas* desenvolvidas pelas comissões legislativas.

"A autoridade da Constituição e a *força das leis não se detêm* no limiar das Comissões Parlamentares de Inquérito, como se estas, *subvertendo* as concepções que dão significado democrático ao Estado de Direito, pudessem constituir um universo diferenciado, paradoxalmente imune ao poder do Direito e infenso à supremacia da Lei Fundamental da República.

"Se é certo que *não há* direitos absolutos, também é inquestionável que *não existem* poderes ilimitados em qualquer estrutura institucional fundada em bases democráticas.

"A *investigação parlamentar*, por mais graves que sejam os fatos pesquisados pela Comissão legislativa, *não pode desviar-se* dos limites traçados pela Constituição *e nem transgredir* as garantias, que, decorrentes do sistema normativo, foram atribuídas à generalidade das pessoas.

"*Não se pode tergiversar* na defesa dos postulados do Estado Democrático de Direito *e* na sustentação da autoridade normativa da Constituição da República, eis que *nada* pode justificar o *desprezo* pelos princípios que regem, em nosso sistema político, as relações entre o poder do Estado e os direitos do cidadão — de *qualquer* cidadão. (...).

"A *medida liminar* em causa — *além* de *não* impedir o *pleno* exercício, pela CPI/Narcotráfico, de *todas* as funções investigatórias que lhe são inerentes, pois *nenhum* obstáculo lhe foi imposto pelo ato judicial (*exceto* se se considerar que o *efetivo respeito* à Constituição e às leis traduziria, *surpreendentemente*, inaceitável obstáculo ao poder de investigação parlamentar!!!) — *também* não faz instaurar, *por inadmissível*, a prática do contraditório, eis que, como precedentemente já enfatizado, a decisão em referência *restringiu-se*, no plano de sua eficácia, a preservar a *integridade* jurídica de direitos que o ordenamento normativo do Estado *assegura* aos Advogados em geral, *qualquer* que seja a natureza do procedimento estatal no qual devam atuar.

"*Sendo assim*, tendo presentes as razões expostas — *e considerando*, sobretudo, que a eficácia investigatória das atividades desenvolvidas pela CPI/Narco-

Dada a importância da decisão para a jurisprudência brasileira, que deve cumprir importante papel no aperfeiçoamento das instituições democráticas, embora bastante longo o voto, razão por que não o citamos em sua integralidade, achamos imprescindível a reprodução de excertos deveras significativos.

Passamos a transcrevê-los:

"Se a prudência é juízo de valor subjetivo, variando conforme a formação de cada qual, os meios revelam-se com caráter objetivo, estando os de maior idoneidade não em regimentos internos, mas na Constituição da República. Os primeiros podem e devem dispor a respeito, guardados os parâmetros maiores, ou seja, a harmonia com os ditames constitucionais. (...).

"Indaga-se: a quem cabe a última palavra sobre a inafastabilidade constitucional, sobre a higidez, a observância, ou não, do Texto Maior?

"Sendo a resposta indicadora de Órgão único, situado no ápice da pirâmide judiciária, o Supremo Tribunal Federal, cumpre adentrar o mérito deste mandado de segurança, para concedê-lo ou indeferi-lo. (...).

"Ora, os participantes dos trabalhos legislativos, porque representantes do povo, quer de segmentos majoritários, quer de minoritários,

---

tráfico *não resultará* comprometida pela mera subordinação desse órgão legislativo à autoridade suprema e à força normativa da Constituição e das leis da República —, *indefiro* o pedido de reconsideração e, em conseqüência, *mantenho* a decisão que *concedeu* a medida liminar (grifos do original).

"*Comunique-se*, com urgência. Publique-se.

"Brasília, 14 de dezembro de 1999. — *Min. Celso de Mello*" (MS 23.576-4-DF, rel. Min. Celso de Mello, impte.: Carlos de Araújo Pimentel Neto; adv.: Carlos de Araújo Pimentel Neto; impdo.: Presidente da Comissão Parlamentar de Inquérito (CPI do Narcotráfico).

• "As *Comissões Parlamentares de Inquérito* — CPIs têm poderes de investigação vinculados à produção de elementos probatórios para apurar fatos certos e, portanto, não podem decretar medidas assecuratórias para garantir a eficácia de eventual sentença condenatória (CPP, art. 125), uma vez que o poder geral de cautela de sentenças judiciais só pode ser exercido por juízes. Com esse entendimento, o Tribunal deferiu mandado de segurança para tornar sem efeito ato de Presidente de Comissão Parlamentar de Inquérito que decretara a indisponibilidade dos bens dos impetrantes.

"Precedente citado: MS 23.452-DF (*DJU* 8.6.99; leia o inteiro teor da decisão na seção de Transcrições do *Informativo* 151) e MS 23.446-DF (julgado em 18.8.99; acórdão pendente de publicação); MS 23.469-DF, MS 23.435-DF e MS 23.471-DF, rel. Min. Octávio Gallotti, 10.11.99" (grifos do original) (Supremo Tribunal Federal, *Informativo* 170, artigo sob o título: "CPI e Poderes de Investigação").

têm o direito público subjetivo de ver respeitadas na tramitação de projetos, de proposições, as regras normativas em vigor, tenham estas, ou não, estatura constitucional. Mais do que isso, é possível dizer-se serem destinatários do dever de buscarem, em qualquer campo, a predominância de tanto quanto esteja compreendido na ordem jurídico-constitucional.

"(...).

"No mesmo diapasão — e tendo em vista o caso vertente — pronunciou-se o professor Celso Antônio Bandeira de Mello, fazendo-o em artigo publicado na *Folha de S. Paulo* de 18 de abril do corrente ano:

"'Diz a Constituição, em seu art. 60, § 5º: 'A matéria constante de proposta de emenda rejeitada ou havida por prejudicada não pode ser objeto de nova proposta na mesma sessão legislativa'. Como se sabe, em 6 de março a emenda em questão foi rejeitada.

"'Logo, não poderia a mesma matéria volver a ser apreciada na presente sessão legislativa. Contudo o foi, inconstitucionalmente, sob a forma de emenda aglutinativa.

"'Bastaria, pois, esse fundamento para se revelar imperativo o conhecimento da matéria pelo Supremo Tribunal Federal — guardião da Constituição — e para que fosse deferida a liminar ante o evidente *periculum in mora.* O Ministro assentou-se ainda em duas outras razões extraídas do Regimento Interno. Nem sequer é necessário considerá-las, pois a simples ofensa flagrante à Constituição tornaria, de direito, inexorável a providência que tomou.

"'Dizer que aí está envolvida matéria insuscetível de apreciação judicial, por implicar conflito de Poderes, é afirmação inaceitável. A toda evidência o Judiciário pode apreciar qualquer lesão de direitos, conforme dicção expressa do art. 5º, XXXV, da Lei Magna.

"'Ora, os deputados têm direito ao cumprimento do devido processo na elaboração legislativa ou na elaboração das emendas constitucionais.

"'Se o Supremo Tribunal não pudesse apreciar a conformidade do desenvolvimento de seus trâmites aos ditames constitucionais e aos do Regimento Interno, uns e outros não valeriam coisa alguma. Nem sequer seriam regras jurídicas, pois poderiam ser desatendidos pelos pretensamente obrigados a obedecê-las, sem possibilidade de que fosse corrigida a ilegitimidade. O que nelas se dispusesse seria de nenhum efeito.

"'Haver-se-ia de supor, então, que as regras em causa não foram estatuídas para valer, mas compostas apenas por jocosidade, em um momento lúdico, no qual constituintes e depois congressistas, tomados por um espírito hilário, houvessem resolvido produzir um simulacro de regras jurídicas apenas para se divertirem com a perplexidade que provocariam nos cidadãos.

"'Se o eventual violador de regras jurídicas fosse o único com poderes para aferir se foram ou não violadas, isso equivaleria a entregar o galinheiro aos cuidados da raposa. Ora, nenhum exegeta que se preze interpretaria o Direito atribuindo-lhe a instauração de absurdos, incongruências e inocuidades.

"'A Constituição e as leis não existem para serem respeitadas apenas pelos cidadãos, mas para se imporem a todos, aí incluídas as autoridades públicas.'

"(...).

"Assentar-se não serem partes legítimas é reconhecer que o processo legislativo pode seguir, envolva ou não a possibilidade de vir a ser alterada a Constituição, ao sabor das conveniências das maiorias que, especialmente no âmbito político, são sempre ocasionais, efêmeras, conforme circunstâncias e clima reinantes. As regras norteadoras do referido processo existem para serem respeitadas, pouco importando as conseqüências práticas e políticas daí decorrentes. A não se entender assim, a concluir-se que, diante de alegado quadro de abandono ao que nelas se contém, deputados que formaram em corrente minoritária somente podem vir a se lamentar, é reconhecer a magia do rótulo *interna corporis*, elevando-o a dogma, transformando a maioria no soberano absoluto, passando a ter a faculdade de respeitar, ou não, o direito objetivo, as regras disciplinadoras do processo legislativo. Não creio que, interpretado e observado com independência o arcabouço jurídico-constitucional, seja dado chegar a tal resultado. (...).

"Nem por isso, contudo, é de se fugir à responsabilidade de preservar o direito dos impetrantes de verem definida a lisura regimental e constitucional do que formalizado pela Câmara dos Deputados, presente não a conveniência e oportunidade das normas de fundo constantes da Emenda Aglutinativa aprovada, mas o meio utilizado para tanto. Os Poderes da República são harmônicos e independentes. Esse princípio político é temperado pelo que se contém na própria Constituição Federal, exsurgindo do seu todo o sistema salutar de freios e contrapesos, no que implica a eficácia de limites.

"Recentemente, preocupado com o empréstimo, ao episódio retratado nestes autos, de contornos próprios a conflito entre Poderes, voltou a manifestar-se o professor Josaphat Marinho, lançando, com tintas acessíveis aos cidadãos e sob o título 'Os Poderes e a reforma', o seguinte:

"'(...).

"'Em verdade, a leitura cuidadosa da Constituição e a análise serena dos fatos caracterizam outro quadro, bem diverso. A Carta Constitucional define, claramente, que são Poderes da União, independentes e harmônicos entre si, o Legislativo, o Executivo e o Judiciário (parágrafo único do art. 1º). Declara, portanto, que os Poderes têm independência, porém convivem harmonicamente. Conviver com independência e harmonia não quer dizer, apenas, fazê-lo educadamente. Significa agir com autonomia e coordenamento. É que no plano do Estado, ao contrário do que ocorre entre os indivíduos, os Poderes não operam em favor de interesses seus, e sim de interesses da coletividade. Por isso, o procedimento de cada Poder, e de seus órgãos, não deve ter fim ou objetivo oposto ao do outro. Ainda que os atos por eles praticados se revistam de formas diferentes e para resultados distintos, não podem estar em oposição aos fins do Estado, que vinculam os três. Essa interdependência obriga a união entre os três e limita cada qual deles. Precisamente para guardar a interdependência sem constrangimento, a Constituição proclama que a República Federativa se estrutura em Estado Democrático de Direito (art. 1º).'

"(...).

"Mostra ainda Castro Nunes como evoluiu, nessa matéria, o pensamento de Rui Barbosa (p. 207):

"'(...).

"'Se assim pensava Rui Barbosa na vigência da Constituição de 1891, que não pensaria em face da Carta atual, que declara peremptoriamente não poder *a lei excluir da apreciação do Poder Judiciário qualquer lesão de direito individual* (art. 141, § 4º); manda conceder mandado de segurança para proteger direito líquido e certo, *seja qual for a autoridade responsável pela ilegalidade ou abuso de poder* (art. 141, § 24); e não manteve o preceito contido no art. 94 da Carta anterior, segundo o qual era vedado ao Poder Judiciário conhecer de questões exclusivamente políticas? (...).'

"O voto tem vinco preciso e definidor, constituindo-se em precedente de insuplantável valia: '*1ª. Preliminar: Competência do Poder Judiciário* — É tranqüila a jurisprudência do Supremo Tribunal Federal: as medidas políticas são discricionárias, como observa Castro Nunes, apenas no sentido de que pertencem à discrição do Congresso ou do Governo os aspectos de sua conveniência ou oportunidade, a apreciação das circunstâncias que possam autorizá-las, escolha dos meios etc. Mas a discrição legislativa ou administrativa não pode exercitar-se fora dos limites constitucionais ou legais, ultrapassar as raias que condicionam o exercício legítimo do poder. Ultrapassados estes limites, começa a esfera jurisdicional'.

"Afinal, ao Supremo Tribunal Federal compete, a teor do disposto no art. 102, inciso I, alínea 'd', da Carta de 1988, julgar mandado de segurança contra atos do Presidente da República, das Mesas da Câmara dos Deputados e do Senado Federal, do Tribunal de Contas da União, do Procurador-Geral da República e do próprio Supremo Tribunal Federal. E, nisso, a Carta em vigor não inovou.

"Mais recentemente, a admissibilidade do mandado de segurança, considerado o ataque a ato de Mesa Legislativa, voltou a ser proclamada, isso em caso em tudo semelhante ao dos autos. No julgamento do MS 20.257-DF, impetrado por Senadores da República, os Srs. Itamar Augusto Cautiero Franco e Antônio Mendes Canale — aqui os impetrantes são deputados federais —, o voto condutor do julgamento assim ficou formalizado:

"'(...). Aqui, a inconstitucionalidade diz respeito ao próprio andamento do processo legislativo, e isso porque a Constituição não quer — em face da gravidade dessas deliberações, se consumadas — que sequer se chegue à deliberação, proibindo-a taxativamente. A inconstitucionalidade, neste caso, já existe antes de o projeto ou de a proposta se transformarem em lei ou em emenda constitucional, porque o próprio processamento já desrespeita, formalmente, a Constituição.

"'E cabe ao Poder Judiciário — nos sistemas em que o controle da constitucionalidade lhe é outorgado — impedir que se desrespeite a Constituição. Na guarda da observância desta, está ele acima dos demais Poderes, não havendo, pois, que falar-se, a esse respeito, em independência de Poderes. Não fora assim e não poderia ele exercer a função que a própria Constituição, para a preservação dela, lhe outorga.

"'4. Considero, portanto, cabível, em tese o presente mandado de segurança' (*RTJ* 99/1.040).

"(...).

"Sr. Presidente, fico a cismar: para que pluralismo político? Qual a eficácia prática de normas adredemente estabelecidas se, desrespeitadas, aqueles integrantes do processo desenvolvido não têm acesso a órgão do Judiciário, a órgão que atue sem vícios decorrentes de visões políticas apaixonadas?

"Deputados e senadores são titulares do direito público subjetivo de verem o processo voltado à aprovação de emenda constitucional tramitar com estrita observância das normas em vigor, especialmente as constitucionais. Se não o forem, quem o será? O comum do povo?

"Aqui, repita-se, o quadro é mais grave, no que envolvida, ao menos no campo da causa de pedir, a vulneração à Carta da República e, o que é mais pernicioso, visando justamente a alterá-la.

"Nem se diga da precipitação dos fatos, da impropriedade do *mandamus*, porque a possível aprovação e promulgação da Emenda poderá ensejar o ajuizamento da ação direta de inconstitucionalidade. Ataca-se algo que, por enquanto, não possui caráter normativo. Reclama-se a necessidade de preservar-se o devido processo legislativo, fato a revelar imprópria a ação direta de inconstitucionalidade. O preceito constitucional pertinente à hipótese revela que não será sequer objeto de nova proposta, na mesma sessão legislativa, matéria constante de proposta de emenda já rejeitada. Mesmo na visão do iletrado no campo do Direito, é de clareza solar a vedação. Se alcança a impossibilidade de apresentar-se nova proposta, o que se dirá quanto à tramitação e aprovação? Por isso, o mandado de segurança é o meio constitucional adequado ao questionamento judicial da matéria.

"(...).

"Concluir-se a esta altura que não cabe o exame do tema de fundo é esvaziar a garantia constitucional de acesso ao Judiciário — inciso XXXV do art. 5º —, mitigar o papel do Supremo Tribunal Federal de guarda maior da Constituição — art. 102 — e, com isso, solapar o princípio da supremacia da Carta Política da República, que, segundo Pinto Ferreira 'é reputado *como uma pedra angular* em que assenta o edifício do moderno Direito Público'. Passar-se-á a ter como Lei Maior do Estado, com repercussão em todo o território nacional, porque em jogo no caso a alteração da Constituição, o Regimento Interno das Casas do Congresso, o que é inconcebível. A tanto conduz a generalização. O que incumbe fazer é perquirir até que ponto o ato praticado envolve o menosprezo aos padrões normativos estabelecidos, seja no Regimento Interno, seja na Constituição Federal, a implicar repercussões que não se restringem a mera disciplina de assunto de interesse, único e exclusivo, do Colegiado, alcançando relações jurídicas a ele estranhas ou, considerado o regular funcionamento parlamentar, direito-dever de cada um dos Congressistas. Nisso está a essência da distinção, sendo pernicioso, contrário ao bom modelo democrático, ter-se como imune ao crivo do Judiciário todo e qualquer ato que, de alguma forma, encontre regência em norma interna.

"(...)."

Posteriormente o Tribunal de Justiça de São Paulo concedeu liminar em mandado de segurança impetrado pelos vereadores Adriano Diogo e outros, por força da violação não apenas do Regimento Interno, porém, também, da própria Lei Orgânica do Município de São Paulo, no processamento do Projeto de Lei 825/29, nos seguintes termos:

"Primeira Vice-Presidência

"Mandado de Segurança 43.417-0/8

"Vistos etc.

"1. Com a documentação juntada pelos Impetrantes, passou a ser possível análise do pedido de liminar.

"2. A Lei Orgânica do Município determina que, no processo legislativo de lei envolvendo matéria tributária, mediante prévia e ampla publicidade, sejam convocadas pelo menos duas audiências públicas durante a tramitação do projeto de lei (art. 41, *caput*, e inciso V).

"Segundo se infere da documentação juntada aos autos, a convocação para as aludidas audiências foi publicada no *Diário Oficial* de 13 de setembro de 1997 — dia de sábado —, com designação dos dias 15 e 16 (segunda e terça-feiras seguintes) para a realização das audiências. Daí por que afigura-se plausível juridicamente, a partir de uma cognição sumária própria desta fase, a argumentação de desrespeito à norma da Lei Orgânica Municipal, porquanto não feita prévia e ampla publicidade, dada a exigüidade do tempo que mediou entre a publicação e as datas indicadas.

"Além disto, num primeiro momento, mostra-se razoável inferir-se da citada norma que a realização das audiências, porque têm por escopo colher a opinião da população acerca da matéria discutida, fornecendo maiores subsídios para os vereadores, deve preceder o início do processo de votação, o que não se deu no caso em apreço.

"Presente, pois, na espécie, o *fumus boni juris*.

"Por outro lado, a continuidade do processo legislativo, com uma possível promulgação da lei, poderá acarretar danos de difícil reparação, quer seja a questão vista sob o ângulo dos Impetrantes, seja nas conseqüências que se possam produzir no erário público e nas esferas jurídicas dos particulares, comprometendo a eficácia de uma eventual concessão da segurança.

"Neste sentido, concedo a liminar para suspender o processo legislativo.

"Comunique-se, com urgência, aguardando-se a vinda das informações.

"São Paulo, 18 de setembro de 1997 — Dirceu de Mello, vice-presidente do Tribunal de Justiça" (grifos nossos).

Assinale-se que o ilustre vereador Dr. José Eduardo Martins Cardozo havia requerido ao Presidente da Comissão de Finanças e Orçamento da Câmara Municipal de São Paulo a convocação de audiência pública, precedendo à 30ª sessão extraordinária da 12ª Legislatura, a se realizar no mesmo dia da convocação.

A insurgência dizia, pois, respeito à colocação em pauta do Projeto, ato do Presidente da Câmara.

É verdade que a liminar foi dada em face da suposta violação da Lei Orgânica do Município, como se verifica da decisão. Todavia, assinale-se: *o ato impugnado foi o da convocação da sessão extraordinária*.

Na verdade, ainda não aprovada a lei, poder-se-ia entender, como outrora já se entendeu, tratar-se de ato "interna corporis".

Enfatize-se: a importância de se acantonar os *interna corporis* devidamente é de transcendental importância para o asseguramento das garantias constitucionais.

E, felizmente, a jurisprudência do Supremo Tribunal Federal tem caminhado nesse sentido mais progressivo.

Devemos lembrar que o mandado de segurança é *garantia fundamental* do Estado de Direito. Se o direito lesado não puder ser invocado por via ágil, enérgica, que possa coibir a autoridade, frená-la, realmente será impossível estarmos diante de verdadeiro Estado de Direito.

O Estado de Direito necessariamente se há de submeter à jurisdição, condição essencial de sua própria existência.

4.7 Os atos políticos também podem ser constritores

O saudoso Professor Oswaldo A. Bandeira de Mello[35] divergia da afirmativa de que os atos políticos não se submeteriam a controle, dizendo, com muita propriedade, que não se furtariam, os atos de governo, do controle jurisdicional em face da norma insculpida no art. 5º, XXXV, do texto constitucional, antigo art. 153, § 4º, quando escrita a obra do autor.

Ademais, observou não prescindirem de motivação alguns atos também praticados dentro da competência discricionária, e, bem por isso, poderiam ser sindicados.[36]

Seabra Fagundes, o querido mestre de todos nós, em seu precioso *O Controle dos Atos Administrativos pelo Poder Judiciário*,[37] desde sua 1ª edição, admitiu, às claras, que todos os atos administrativos eram subsumíveis ao controle jurisdicional, embora o *mérito* do ato não pudesse ser sindicado.

Se o Judiciário deve conhecer de qualquer lesão a direito, *ipso facto*, é o Judiciário titulado a dizer quando a conduta administrativa quedou-se dentro da moldura legal, não a desbordando.

Assim, os chamados atos políticos também se submetem ao controle jurisdicional. Não é porque sejam diretamente jungidos à Constituição que possam estar infensos ao controle jurisdicional.

---

35. *Princípios Gerais de Direito Administrativo*, 3ª ed., v. I, pp. 479 e ss.

36. Oswaldo Aranha Bandeira de Mello, *Princípios Gerais de Direito Administrativo*, v. I, pp. 489 e ss.

37. Ob. cit, pp. 148 e ss.

Deveras, o princípio da legalidade postula que cumpra o administrador a Constituição, a lei, dentro de seus estritos balizamentos. Mesmo porque "ninguém será obrigado a fazer ou deixar de fazer alguma coisa senão em virtude da lei".

Faz-se mister, sempre e sempre, invocar a cláusula do devido processo legal e verificar qual o conteúdo com que se deve interpretá-la no Direito Brasileiro.

A respeito dos atos políticos, afirmou Mílton Flaks:[38]

"Citam-se como exemplos de atos políticos puros, no conceito de Marshall, a declaração de guerra, a convocação extraordinária do Congresso, a instauração de inquéritos parlamentares. Não deixam de ser políticos, todavia, certos atos que afetam direitos ou interesses subjetivos individuais, como a nomeação de ministros, a promoção de juízes ou a cassação de mandatos.[39]

"Não há, assim, como fugir da alternativa: ou se cuida de um ato político puro, incapaz de afetar direitos subjetivos e, por conseguinte, imune à ação de segurança; ou afeta, e neste caso deve merecer o mesmo tratamento dos atos administrativos em geral."

E, para finalizar este capítulo, cabe enfatizar que os atos de autoridade, quaisquer que sejam as autoridades ou as condutas, além da consonância com a lei, devem estar adstritos aos princípios constitucionais, ao Estado de constitucionalidade, como nos diz Agustín Gordillo.[40]

Os atos chamados políticos ou os de economia interna não se furtam de se curvarem devidamente à Constituição. É verdade, sim, que abrigam, esses atos, maior parcela de discricionariedade, porém seu controle é imperioso para verificar se a autoridade ter-se-ia quedado dentro dos lindes de sua competência.

Assim, os chamados atos políticos podem constranger indevidamente e assujeitam-se à possibilidade de serem contrastados pela via do mandado de segurança, se presentes os demais pressupostos, sobretudo a ausência de controvérsia factual.

---

38. *Mandado de segurança — Pressupostos da Impetração*, § 63, "Atos políticos".

39. Cf. Seabra Fagundes, *O Controle dos Atos Administrativos pelo Poder Judiciário*, p. 164, nota 8 (citado pelo autor).

40. *Tratado de Derecho Administrativo*, 5ª ed., t. I (*Parte General*), III/27-28, 1998.

5
A Liminar no Mandado de Segurança

5.1 A tutela antecipatória e a liminar no mandado de segurança. 5.2 Discricionariedade e interpretação. 5.3 Discricionariedade judicial. 5.4 Concessão da liminar: 5.4.1 Temperamentos à concessão da liminar — 5.4.2 A relevância do fundamento e a ineficácia da medida — 5.4.3 O relevante fundamento — 5.4.4 A necessidade de interpretação adequada da lei. 5.5 Concessão da liminar subordinada à garantia: 5.5.1 Diferenças entre a liminar no mandado de segurança e na cautelar — 5.5.2 A necessidade de fundamentar a exigência da caução — 5.5.3 Jurisprudência dos tribunais. 5.6 "Quid juris" se negada a liminar?: 5.6.1 O agravo de instrumento — 5.6.2 O novo agravo interposto diretamente aos tribunais. 5.7 Possibilidade de interposição de agravo regimental do indeferimento da liminar pelo relator, nos tribunais. 5.8 Possibilidade de reparação se negada indevidamente a liminar. 5.9 A suspensão da liminar se desaparecerem seus pressupostos: 5.9.1 A cassação da liminar ou sua absorção por sentença denegatória — 5.9.2 Suspensão da exigibilidade do crédito tributário por ordem judicial. 5.10 Distinção entre sanções administrativas e penais: 5.10.1 Uma leitura adequada da Súmula 405 da Suprema Corte e a inafastabilidade do controle jurisdicional — 5.10.2 Providências fiscais se cassada a liminar — 5.10.3 Impossibilidade de se atribuir efeitos retroativos às sentenças — 5.10.4 A solução dada pela Lei federal 9.430, de 27.12.1996. 5.11 A motivação das decisões.

5.1 A tutela antecipatória e a liminar no mandado de segurança

A Constituição de 1988 foi a pedra de toque da evolução do mandado de segurança, porque tivemos Constituição democrática, saímos do período em que o Legislativo estava fraco, o Executivo bastante fortalecido e o Judiciário acanhado. A partir da anistia, a partir de 1979, verificou-se o aumento do número de feitos, e, sobretudo, de mandados de segurança. Enfim, aumentou, e consideravelmente, a procura pela tutela judicial.

A partir da Constituição de 1988, afirma-se, alargou-se a abrangência do inciso XXXV do art. 5º, pois a mera *ameaça de lesão*[1] já pode ser submetida ao Judiciário, que, com cautela, deverá examinar se estão *conjuntamente presentes* o *fumus boni iuris* e o *periculum in mora*. Deflui, pois, agora, diretamente do texto constitucional a possibilidade acautelatória, quer seja por meio da cautelar, quer seja por meio da liminar em mandado de segurança.

A Lei 8.952, de 13.12.94, possibilitou a tutela antecipada, que se assemelha, em alguns aspectos, à liminar do mandado de segurança, porque, na verdade, constitui-se na antecipação da prestação final requerida. Não se há falar, mais, de satisfatividade para se negar liminar.[2]

Na verdade, a tutela antecipatória difere da medida liminar, embora tenha com ela certa analogia. Por meio dela *antecipa-se o provimento final*, sem que, com isso, a composição da lide seja interrompida.

Porém, repito, é o próprio bem da vida pretendido que é antecipado, sem prejuízo de que, a final, venha a ser decidido de forma diferente. Antecipa-se a própria execução *na tutela antecipada*.

---

1. V. Carlos Mário da Silva Velloso, "Mandado de segurança e de injunção", in *Do Mandado de Segurança e Institutos Afins na Constituição*, coordenação do Min. Sálvio de Figueiredo.

2. Aliás, não há razão de se falar em satisfatividade jurídica. Na verdade, a situação de direito é sempre reversível. Pode não ser de fato. Mas, se denegado o mandado de segurança, volta-se ao estado anterior. No tocante à tutela antecipada, v., notável trabalho de José Manoel de Arruda Alvim, *Da Tutela Antecipatória*, em homenagem ao Min. Sálvio de Figueiredo. Do autor a seguinte passagem: "No que atina com a hipótese do art. 273, I, resta inequivocamente presente, em nosso sistema, a possibilidade de antecipar-se a tutela, por razão ou motivo de ordem cautelar, levada a cautelaridade às últimas conseqüências, mas necessárias, na medida em que, se assim não fosse, a pretensão do autor pereceria. A *ratio* do art. 273, I, pode, sucintamente, expressar-se à luz do seguinte dilema: ou se antecipa a proteção à pretensão mesma (total ou parcialmente, na medida do que se tem por imprescindível à sobrevivência da pretensão), ou essa pretensão perece[31]". A nota de rodapé referida é a seguinte: "Há manifesta similaridade com o sentido funcional da regra do art. 7º, II, *fine*, da Lei 1.533/51, e, por isto mesmo, *mutatis mutandis*, é possível servir-se o aplicador da lei, tendo em vista o embasamento empírico e casuístico, dos *referenciais jurisprudenciais e doutrinários*, para avaliar a ocorrência de fatos subsumíveis à hipótese do art. 273, I; ainda, a jurisprudência existente a respeito do art. 798, *sempre observadas as diferenças existentes*" (in *Liminares*, José Manoel de Arruda Alvim e outros, com a coordenação de Teresa Celina Arruda Alvim, 1995).

Não se poderá falar também que a satisfatividade[3] da tutela implicaria a impossibilidade de desfazimento da situação.

Tenho dito, e reiteradamente, que a satisfatividade pode ser de fato, porém nunca de direito. Esta (a de direito) somente será obtida com o trânsito em julgado da sentença.[4]

Vejamos os pressupostos da antecipação da tutela. E, para isso, trazemos à colação o art. 273:

"Art. 273. O juiz poderá, a requerimento da parte, antecipar, total ou parcialmente, os efeitos da tutela pretendida no pedido inicial, desde que, existindo prova inequívoca, se convença da verossimilhança da alegação e:

"I — haja fundado receio de dano irreparável ou de difícil reparação; ou

"II — fique caracterizado o abuso de direito de defesa ou o manifesto propósito protelatório do réu.

"§ 1º. Na decisão que antecipar a tutela, o juiz indicará, de modo claro e preciso, as razões do seu convencimento.

"§ 2º. Não se concederá a antecipação da tutela quando houver perigo de irreversibilidade do provimento antecipado.

"(...)."

O magistrado deverá, inicialmente, convencer-se: a) da *verossimilhança* da alegação; b) de haver fundado receio de *dano irrepa-*

---

3. Tenho também reiteradamente falado que a liminar pode ser de fato *satisfativa*, mas não de direito. De qualquer sorte, ainda que fosse de direito, se o bem pretendido deve ser dado *in natura* tal "satisfatividade" estaria amplamente justificada. Da mesma opinião Cássio Scarpinella Bueno, em sua excelente monografia *Liminar em Mandado de Segurança*, 2ª ed., pp. 82-83.

4. No mesmo sentido José Manoel de Arruda Alvim, no trabalho "Tutela antecipatória — Algumas noções, contrastes e coincidências em relação às medidas liminares", no livro *Liminares*, p. 17, nota de rodapé 5.

O texto é o seguinte: "A expressão satisfativa, no âmbito das medidas cautelares, não é uma expressão inteiramente correta, exatamente porque as cautelares, por definição, não satisfazem. Sem embargo disto, pode, até mesmo, verificar-se uma coincidência, no plano prático ou empírico, entre a medida cautelar, dita satisfativa, e o resultado favorável do processo, como, *v.g.*, quando determina-se, cautelarmente, que o requerente não pague, até que seja julgada a ação declaratória de inexistência da obrigação, de que é o autor. Mas é evidente que são diferentes os títulos jurídicos, o pelo qual se concede a cautelar, e aquele pelo qual se concede a procedência da ação principal (v. nota 5, médio e *fine*)".

De seu turno, Betina Rizzato Lara, em seu *Liminares no Processo Civil*, examina o tema com absoluta acuidade. V. o Cap. 3 de sua importante monografia.

rável ou de difícil reparação; c) *ou* que fique caracterizado o abuso do direito de defesa ou o propósito protelatório do réu.

Vejamos a questão da verossimilhança.

Deverá o magistrado, pela prova já trazida aos autos, no momento da concessão da tutela, estar convencido de que — ao que tudo indica — o autor tem razão e a procrastinação do feito ou sua delonga normal poderia pôr em risco o bem de vida pretendido — dano irreparável ou de difícil reparação.

O art. 461 do Código de Processo Civil, em seu § 3º, com a redação que lhe foi dada pela Lei 8.952, de 13.12.94, possibilita a concessão da tutela liminarmente, caso seja relevante o fundamento da demanda e haja justificado receio de ineficácia do provimento final.

Verifica-se que se pretendeu não o ressarcimento, porém objetivou-se, isso sim, a tutela específica, que, muita vez, ou na maioria das vezes, como na ação civil pública, por exemplo, somente seria alcançada com a medida liminar ou com a própria antecipação da tutela, se fosse o caso.

Na verdade, somente com a casuística, que se colocará aos magistrados, será possível verificar a altíssima contribuição dada à agilização da prestação jurisdicional.

Todavia, ao conceder a tutela antecipatória, porque presentes seus pressupostos, tais sejam, a verossimilhança do direito e o dano irreparável ou de difícil reparação, *deverá* o juiz *motivar* devidamente.

Aliás, a motivação, se não fosse expressa garantia constitucional, seria, sem sombra de dúvida, de inegável necessidade diante do inciso LV do art. 5º do texto constitucional (devido processo legal), como também do inciso XXXV do mesmo artigo (amplo acesso à jurisdição). Ademais, a motivação encontra-se implícita nos direitos e garantias constitucionais e explícita no art. 93, X, da Lei das Leis. Anote-se que os direitos e garantias constitucionais individuais fazem parte do cerne fixo da Constituição.

Como se tudo isso não fora suficiente, o § 1º do art. 273 determina que o juiz indique, de modo claro e preciso, as razões do seu convencimento.

Todavia, ao enfatizarmos a motivação, é bom deixarmos devidamente claro que a fundamentação legal, tal seja, a remissão aos artigos e incisos da lei, não se constitui em motivação para a finalidade postulada pelo texto constitucional e pelo § 1º do art. 273 do Código de Processo Civil.

A motivação deverá traduzir a indicação, *de modo claro e preciso*, das razões que formaram o convencimento do magistrado.

Em outro falar: é necessário que o magistrado aponte claramente o porquê da *verossimilhança* (conceito indeterminado). Enfim, é indispensável que motive devidamente.

Aduz-se, como reforço, que a necessidade de motivação é expressa no texto constitucional, mesmo para decisões administrativas. É o que se colhe do art. 93, X, que obriga sejam motivadas as decisões administrativas do Judiciário.

A motivação atende às duas faces do *due process of law*: a formal — porque está expressa no texto constitucional básico — e a substancial — sem motivação não há possibilidade de aferição da legalidade ou ilegalidade declarada, da justiça ou da injustiça de decisões administrativas.

A motivação, como forma de controle da atividade "judicante", administrativa ou judicial, é de extrema importância. Lembremos frase feliz de Bentham, citada por Michelle Taruffo: *good decisions are such decisions for which good reasons can be given* (boas decisões são aquelas decisões para as quais boas razões podem ser dadas).

O lúcido Barbosa Moreira, já em 1978 — 10 anos antes da Constituição —, ao falar da motivação, já dizia ser esta absolutamente essencial para controle das decisões judiciais.

Michelle Taruffo também afirma o mesmo e, ainda, que é lastimável o fato de poucas Constituições preverem a motivação. É verdade que já se poderia defluir do art. 154, § 4º, da Constituição anterior. Porém, nesta Constituição, como já refrisado, dessume-se a motivação do art. 5º, XXXV, como também do inciso LV e, mais ainda, no tocante às decisões do Judiciário, expressamente do art. 93, IX e X, do texto atual.

Constitui-se a motivação na exposição das razões que levaram à prática do ato. Na explicitação das circunstâncias de fato que, ajustadas às hipóteses normativas, determinaram a prática do ato.

Por isso mesmo, não se pode conceber que por motivação entenda-se a mera alusão a dispositivos legais. Na verdade, apontados os dispositivos legais, não servem esses a justificar a prática de qualquer ato.

A norma descreve situações que, se acontecidas, demandam a prática do ato. A motivação, embora possa ser sucinta, deve demonstrar — de maneira cabal — o *iter* percorrido pelo administrador para chegar à prática do ato.

Enfim, o Estado Democrático de Direito postula a motivação, a transparência dos comportamentos e das decisões tomadas pelos seus Poderes, ou, melhor dizendo, por todos aqueles que desempenham função pública.

5.2 Discricionariedade e interpretação

É forçoso enfrentarmos o problema da discricionariedade ao abordarmos a possibilidade de concessão da liminar, não apenas para gizarmos os limites da competência do Judiciário, como, também, para verificar a eventual similitude existente entre a discricionariedade administrativa e a judicial.

Deveras, para a aferição se há ou não relevante fundamento, é mister que se delimite, e claramente, — o que é discricionariedade judicial (se é que existe), comparando-a com a administrativa, e o que é interpretação.

A doutrina administrativa mais moderna[5] não descarta — de forma alguma — a possibilidade de se submeterem os atos discri-

---

5. V., em língua pátria, acerca da discricionariedade: Celso Antônio Bandeira de Mello, *Discricionariedade Administrativa e Controle Jurisdicional* e também *Ato Administrativo e Direito dos Administrados*; Caio Tácito, *Direito Administrativo*; Hely Lopes Meirelles, *Direito Administrativo Brasileiro*; e o insigne e saudoso mestre Seabra Fagundes, *O Controle dos Atos Administrativos pelo Poder Judiciário*.

Em língua estrangeira, os autores são em maior número. Apresentamos, apenas, um representativo de cada escola importante: Philippo Satta, *Introduzione ad un Corso di Diritto Ammnistrativo*; García de Enterría e Ramón Fernandez, *Curso de Derecho Administrativo*; Sainz Moreno, *Conceptos Jurídicos, Interpretación y Discrecionalidad Administrativa*; De la Vallina Velarde, *La Motivación del Acto Ad-*

cionários a controle. A célebre afirmação de que esses atos se colocam ao alvedrio do administrador não encontra guarida no Estado de Direito.

Já é idéia superada afirmar ser o Direito Público, e, em especial, o Direito Administrativo, o Direito do Estado. É, isso sim, o Direito dos administrados em suas relações jurídicas com o Estado. É o instrumental do administrado contra quaisquer avanços indevidos do Estado.

E como a todo direito há contrapartida de dever, o Estado há de ser o primeiro a se submeter à Constituição e às leis. É o princípio da estrita legalidade, na verdade estrita constitucionalidade. O tempo do *l'État c'est moi* ou do *the King can not do wrong* jaz, de há muito, sepulto. Pelo menos juridicamente, embora, é bem verdade, faticamente possa-se lastimar a onda autoritária que se têm derramado pelo país, com excesso alarmante de medidas provisórias sem suporte constitucional.

Se, mercê de regimes políticos de exceção houve, de fato, maior arrocho, não foi ao abrigo do ordenamento jurídico anterior, ainda que este contivesse as imperfeições de Carta outorgada. Muito menos depois da Constituição de 1988.

Impende, pois, asseverar: mercê do nosso texto constitucional, todos os atos submetem-se, ou podem ser submetidos, a controle jurisdicional, primado do Estado de Direito.

Desse controle nem os atos políticos ou os chamados *interna corporis* podem escapar, pois devem estar rigorosamente confinados ao texto constitucional e a seus princípios fundamentais, como já se abordou. O assunto já foi versado no capítulo referente ao ato coator. A medida do controle é que vai aumentar ou diminuir, caso se esteja em presença de atos expedidos na competência vinculada, na discricionária ou na política, espécie, ainda, da discricionária.

Diferem discricionariedade e vinculação pela margem inicial de liberdade contida na norma. Na vinculação, a Administração está atrelada *ab initio* ao comando legal, que lhe manieta todos os

---

ministrativo; Alberto Ramón Real, "Fundamentación del acto administrativo", *RDP* 62; Agustín Gordillo, "El acto administrativo", em seu *Tratado de Direito Administrativo*; e Michel Stassinopoulos, *Traité de Droit Administratif*.

movimentos. Somente um comportamento será o permitido. Embora, é bem verdade, nem sempre haja atos vinculados tão estreitamente demarcados. Atos há — e representam a maioria — que são parcialmente vinculados.

No domínio, entretanto, do que se convencionou chamar de discricionariedade, a Administração, inicialmente, movimenta-se com maior liberdade, sopesando a situação concreta a lume do permissivo constitucional ou legal, caso esteja, respectivamente, diante de ato político ou discricionário,[6] certamente após a interpretação.

"Interesse público" foi considerado palavra "oca",[7] capaz de abrigar o conteúdo que se lhe quisesse emprestar. Alguns autores, como Afonso Rodrigues Queiró, localizaram a discricionariedade nos conceitos pragmáticos, enquanto a vinculação sediar-se-ia nos conceitos teoréticos.[8]

---

6. Autores há que fazem a distinção entre competência discricionária e política. É verdade que o regime jurídico dos chamados atos políticos é diverso dos atos discricionários. Enquanto os primeiros se submetem diretamente à Constituição, os segundos (os atos discricionários), ademais, submetem-se à lei, que lhes assinala a finalidade a perseguir.

7. Palavra "oca" é a terminologia utilizada por Olivecrona em sua monografia *Lenguaje Jurídico y Realidad*.

8. Vejamos, para o autor, o significado de teorético e pragmático, a lume do seguinte trecho do seu notável trabalho "A teoria do desvio do poder em Direito Administrativo", *RDA* 6-7/77: "A solução está, para nós, numa síntese destes dois opostos pontos de vista. Com efeito, há no Direito conceitos teoréticos e conceitos de puro valor. Os primeiros são interpretáveis logicamente, conceitualmente. É quanto a estes que se pode discutir um critério, uma teoria interpretativa, puramente formalistas, dedutivistas, mesmo que ajudados por elementos teleológicos. Os segundos, porém são ininterpretáveis, e é mérito evidente da *Interessenjurisprudenz* ter sido ela a chamar insistentemente para eles a atenção da doutrina. Reputamos, em todo o caso, grave falta sua, o querer interpretá-los, por sua vez, com o auxílio de elementos, embora não lógicos, todavia sociológicos. A respeito destes elementos não lógicos, não deve falar-se de uma *Interessenjurisprudenz*, mas sim de uma *Gefühlsjuriprudenz* (Schönfeld), de uma *Herzensjurisprudenz*, ou seja duma jurisprudência do sentimento, ou ainda duma jurisprudência do coração! Tendo perante si conceitos dessa ordem, o juiz ou o administrador procederão como deveria proceder um legislador sensato, prudente — *wie ein verständiger Gesetzgeber vefahren muss* —, procurando atuar os princípios fundamentais informadores da concepção política do Estado que se considera. A graduação das instâncias na função jurisdicional, a hierarquia dos funcionários na Administração, asseguram, na medida do possível, a obe-

Posto isto, verifiquemos o que pode abrigar o conceito de discricionariedade administrativa, ainda que de maneira singela.

A Administração Pública — como já afirmado — só pode agir em estrita conformidade com o comando normativo. A Escola Alemã seguida depois pela Espanhola com autores da nomeada de García de Enterría e Sainz Moreno, encarregaram-se de fazer retornar o problema a seu justo dimensionamento.

Refere-se essa Escola a conceitos determinados ou indeterminados.[9] Diante dos primeiros (os determinados), nenhuma dúvida: vinculação completa. Entretanto, frente aos segundos (os indeterminados), não se pense que aflora a discricionariedade sempre. Poderá ocorrer ou não.

Os conceitos indeterminados, para esses eméritos autores, podem ser passíveis de determinação a lume do caso concreto. Trazem à colação, a título de exemplo, conceitos como "nocivos à saúde", "interesse público", "saúde pública", "urgência".

Todos esses conceitos denominam-se "pragmáticos", na linguagem do professor português Afonso Queiró, precitado, e "indeterminados", na linguagem da Escola Alemã e da Moderna Escola Espanhola, representada pelos ilustres professores anteriormente mencionados.

É necessário lembrar que todo conceito há de ser finito, exatamente por ser conceito. Assim averba, com ênfase, Celso Antônio Bandeira de Mello.

De conseguinte, a Administração Pública não se pode furtar do crivo do Judiciário mesmo quando prolata atos diretamente debaixo da Constituição como, *v.g.*, as declarações de estado de sítio ou de emergência, bem como, também, ao decretar as chamadas medidas de emergência.

---

diência a esses princípios. Na obediência a eles é que consiste efetivamente o sentimento do direito, *das Rechtsgefühl*, que, deste modo, não é assim um ilimitado subjetivismo".

9. V. Eduardo García de Enterría e Tomás-Ramón Fernandez, *Curso de Derecho Administrativo*, v. I/267-291, e Fernando Sainz Moreno, *Conceptos Jurídicos. Interpretación y Discrecionalidad Administrativa*. Deste último autor, todo o livro fere o problema. Entretanto, a ênfase maior atinente aos conceitos jurídicos indeterminados está contida nos Caps. VII, VIII e IX.

Todavia, nesses casos, a margem de liberdade administrativa é bem mais elástica. Assim como tem o legislador margem de liberdade muito grande (sua única baliza é a Constituição), obviamente também o administrador, ao praticar ato infraconstitucional, terá margem de liberdade muito maior do que a desfrutada ao praticar atos infralegais.

Só para relembrar: no topo da pirâmide, como concebida por Kelsen,[10] encontra-se a Constituição. Imediatamente em seguida, as leis e, depois, as formas normativas concretas — as normas individuais. Nestas, sediados estão os atos administrativos e as sentenças.

Os atos administrativos — quer sejam vinculados ou discricionários — devem estar ajustados, afinados, às normas legais.

Os conceitos indeterminados — conceitos, estes, que podem ensanchar atos discricionários, consoante o pensamento de Sainz Moreno —, têm um halo de certeza e outro de incerteza.

Explica o autor com o seguinte exemplo: suponha-se norma contendo, em seu bojo, a expressão "cosmético nocivo à saúde". Neste caso, afirma o emérito mestre, a questão de nocividade à saúde tem halo de certeza, isto é, um núcleo conhecido, sem possibilidade de dúvida. Entretanto, terá, ademais, halo de incerteza. É dizer, algo que deverá ser destrinçado, para a completa intelecção do conceito.

Poderíamos figurar dois círculos, inserindo-se no maior o halo de certeza, e no menor o de incerteza.

5.3 Discricionariedade judicial

Impende, depois de brevemente dissertar-se acerca da discricionariedade administrativa, abordar, apartando, se caso for, a discricionariedade judicial, que nos está imediatamente a interessar, para claramente definir a possibilidade de concessão de liminares.

García de Enterría, enfrentando o tema, faz importante afirmação, retomada por Sainz Moreno,[11] que é a seguinte: o juiz, uti-

---

10. *Teoria Pura do Direito*, v. II, pp. 64-162, item 35 ("A estrutura escalonada da ordem jurídica").

11. *Conceptos Jurídicos, Interpretación y Discrecionalidad*, p. 117.

lizando de sua competência controladora, deverá trazer o conceito da zona de incerteza para a de certeza.

Caminhando para a doutrina italiana, encontramos Philippo Satta, emérito professor de Padova, que elabora interessante resenha das correntes existentes sobre a discricionariedade administrativa.[12]

Alinha, de um lado, as posições fundamentais, expressadas por Giannini e Mortati. Averba, em conseqüência, que Giannini encarta a discricionariedade em termos de valorização dos vários interesses secundários, concorrentes com o interesse principal, enquanto que Mortati, doutra parte, reduz a discricionariedade.

Destarte, configura como verdadeiras normas jurídicas, as regras técnicas ou da experiência, ou, ainda, as ditadas pela eqüidade, que a Administração, ordinariamente, assume ou deve assumir a seu talante.

Criticando as opiniões examinadas, ao longo de sua dissertação sobre a atividade discricionária do administrador, faz o mestre italiano uma síntese, da qual impende trazer à colação os seguintes excertos:

"(...). A possibilidade de diversas valorações é exatamente a mesma que pode acontecer entre dois juízos diversos, quando se encontram na posição de enfrentar o juízo, isto é, a valoração do fato para aplicar uma norma. A integração subjetiva da norma — ou integração subjetiva do fato — própria pela subjetividade, que lhe está inserida, deixa esta possibilidade. Mas, o procedimento mental, desenvolvido pelos dois funcionários, é o mesmo; sem mais, se pode dizer que consiste na determinação do valor de um fato (ou de uma pluralidade de fatos) em relação à previsão normativa. Mas é *circunscrito, limitado à determinação deste valor*; nasce do fato 'em si', pela exigência da ação imposta ao administrador. (...).

"A regra desta valoração é então, ainda, a imparcialidade. Os abusos perpetrados, no determinar o âmbito da valoração discricionária, são aqueles que o nome mesmo revela — abusos — motivados de mil modos, mas sempre abusos. (...).

---

12. Philippo Satta, *Introduzione ad un Corso di Diritto Amministrativo*, pp. 117 e ss. e 201-222. Os textos retirados, respectivamente, de pp. 204, 205 e 208.

"Como sempre, o poder é poder-dever e, como tal, ligado a um juízo técnico-jurídico exatamente determinado" (tradução nossa).

Conclui o emérito administrativista que a doutrina diferencia a atividade do juiz e a do administrador, eis que a do primeiro estaria inteiramente balizada, enquanto a do administrador envolveria valorações não jurídicas, como, por exemplo, de oportunidade, *o estabelecimento de uma ligação entre o fato e a norma.*

Entretanto, vai afirmar que ambos, administrador e juiz, praticam a mesma atividade. E, de conseguinte, nem o juiz nem a Administração são livres.[13]

Podemos concluir, na esteira do pensamento do autor, a inexistência de discricionariedade — como habitualmente é tratado o conceito — quer na atividade administrativa, quer na jurisdicional. Esta exatamente a que de perto vai nos interessar, para verificar se a outorga de liminar insere-se na atividade discricionária do magistrado.

Asseveramos, pois, a existência, em ambas as situações, de uma competência ligada, não em termos abstratos, mas sim no caso concreto. Diante deste, falece, quanto ao administrador quanto ao juiz, capacidade de escolha. Incumbe-lhes atrelar o fato à norma, utilizando-se para tal fim de todos os esquemas de interpretação possíveis, bem como de linhas vetoriais de topo constitucional e dos princípios gerais do Direito.

5.4 Concessão da liminar

Feita a colocação inicial, negada a discricionariedade judicial, nos termos em que usualmente concebida, necessária é a afirmação de que a concessão da liminar não se coloca — como soem afirmar doutrina e jurisprudência — "ao prudente arbítrio do juiz".

A concessão da liminar exsurgirá da situação posta ao magistrado. Presentes seus pressupostos, tais sejam, relevância do fundamento e perigo da demora e sua inocuidade se concedida a ordem a final, o magistrado só dispõe de uma possibilidade: concedê-la.

---

13. V. todo o capítulo do autor, que se intitula *Un'Ipotesi sulla Discrezionalità*, pp. 195-221.

Aclare-se, ainda: ao se falar em irreparabilidade do dano se concedida a final a segurança, há de ser pertinente à irreparabilidade do bem jurídico tutelado.

Óbvio é que a reparabilidade, por meio de indenização, não é o de que se está a cogitar. A irreparabilidade há de ser do bem jurídico ameaçado, enquanto tal, mercê de uma conduta antijurídica.

Da possibilidade de se converter o bem jurídico em indenização, dúvida alguma acode. Deve, entretanto, ficar suficientemente claro que o texto constitucional, a par da responsabilidade por danos produzidos pelos agentes do Estado (art. 37, § 6º, da CF), também outorgou ao indivíduo outro remédio para evitar o perecimento do próprio bem jurídico: o mandado de segurança, insculpido no art. 5º, LXIX e LXX.

Veja-se, a propósito, importante texto de Clóvis Beznos, o primeiro autor nacional que, em monografia, acentuou o direito à medida liminar com a contrapartida — como é óbvio — do dever do magistrado de concedê-la.[14]

5.4.1 Temperamentos à concessão da liminar

Assente o princípio de que a liminar é independente do destino final do *mandamus*, pois se condiciona, tão-somente, a seus pressupostos, cabe enfrentar, doutra parte, os temperamentos necessários à sua concessão.

---

14. "Em conclusão, relevante será o fundamento possível dentro do ordenamento jurídico, capaz de levar à conclusão pedida pelo impetrante. Assim, *v.g.*, ao se impetrar uma segurança visando obstar uma ilegítima exigência de tributo, ilegítima em razão da inconstitucionalidade da exigência, reduz-se, no nosso entendimento, a relevância do fundamento apenas à possibilidade albergada no ordenamento jurídico de, via do *writ*, fulminar-se a exigência tributária ilegítima, em razão de uma relação de adequação aparentemente lógica, entre os fatos narrados e a providência pedida.

"De qualquer sorte, presente essa relação de adequação aparentemente lógica entre os fatos narrados e a providência pedida, deve, em nosso modo de ver, o juiz atentar muito mais nitidamente sobre o *periculum in mora*, pena de, em muitas circunstâncias, aniquilar o direito constitucional, de defesa, pelo *writ*.

"Finalmente, considerado o caráter autônomo da liminar, parece-nos mesmo vedado ao juiz analisar o mérito da segurança para aferir da relevância da impetração" ("A liminar em mandado de segurança — Limites à discricionariedade do juiz", *RDP* 65/56).

É dizer: se não há propriamente problema de discricionariedade, como vulgarmente conotado o conceito, há de se colocar, todavia, o problema de valoração dos princípios em jogo.

O interesse público — também despido de sua conotação habitual — pode clamar pela não outorga da liminar sob pena de perecimento, já, agora, não de bem individual, mas de bem coletivo.

A propósito de interesse público, chame-se à colação, ainda uma vez mais, Satta: "*Interesse público* não pode, pois constituir uma noção genérica, como se se tratasse do interesse escolhido pelo sujeito, mas sim qualificado por sua natureza pública: ao contrário é desenhado um interesse enquanto objeto de uma previsão normativa, portanto disciplinado por uma norma, no âmbito da qual a Administração deve, em concreto, prover. Entre norma e provimento, portanto, entre uma e outro, não há espaço para qualquer coisa de diverso. Isto é, da proposição geral à disciplina concreta do ato (pelo provimento). A Administração, com sua valoração (e não um identificado interesse público), cria o nexo entre norma e provimento, entre proposição geral ou abstrata e disciplina concreta" (tradução nossa).

É ainda o brilhante administrativista quem fala, à p. 175: "Em conclusão, pode-se dizer que com a fórmula *interesse público* exprimem-se dois conceitos profundamente diversos. O primeiro é aquele genérico do interesse da coletividade; em termos jurídicos, significa interesse *lato sensu* político que, para o Estado atual, não pode ser satisfeito; e que, portanto, deve superar o longo e complexo *iter* de sua transformação em disciplina jurídica positiva".[15]

Recorrendo, ainda uma vez, à terminologia de Kelsen: "interesse público" é o interesse enquanto disciplinado por uma norma. Tal assertiva traduz, em palavras simples, o pensamento do mestre citado acima, deixando claro que "interesse público" só é aquele convertido em norma.

Um exemplo há de clarear melhor a assertiva. Suponhamos que, diante de uma ameaça efetiva de colapso da iluminação pública, a Administração faça contratação direta visando impedir a concretização desse colapso.

---

15. *Introduzione ad un Corso di Diritto Ammnistrativo*, pp. 173 e 175.

Imagine-se que tivesse havido licitação, ainda com sua tramitação incompleta, porém já com adjudicatário. Certo licitante, sentindo-se lesado, dirige-se ao Poder Judiciário por meio de um mandado de segurança e, alegando seu direito líquido e certo à contratação, pede a suspensão do contrato já efetivado pela Administração.

Ora, o interesse público maior, tutelado de forma nuclear pela norma, não é, no momento, o cumprimento da regra jurídica que obriga à licitação, precedendo toda e qualquer contratação estatal (exceto nos casos de dispensa ou inexigibilidade).

In casu, há de se sobrepor o interesse imediato da coletividade na obtenção daquele bem jurídico essencial sem qualquer entrave ou tropeço.

Não se diga que a legislação já estaria a amparar a contratação direta, por tal hipótese já estar contemplada com dispensa ou inexigibilidade de licitação nas várias legislações.

Estamos a imaginar exatamente uma hipótese em que: 1º) sequer houvesse a legislação; 2º) embora existente a legislação, a Administração Pública já dispunha de um adjudicatário, embora todos os trâmites burocráticos não se tivessem completado.

De conseguinte, percebe-se que é importante deixar claro: temperamentos se fazem necessários à concessão da medida liminar, uma vez que podem estar em jogo, em aparente contradição, o interesse particular violado e o interesse público postulando tutela.

Tais temperamentos, entretanto, não se atrelam ao poder discricionário do juiz, mas sim à capacidade de saber escolher e sopesar a norma legal compatível, para ser aplicada àquele determinado fato. Deve decidir, pois, em situação de compatibilidade entre fato concreto e norma.

Imagine-se um processo de desapropriação em que não houvesse sido ainda deferida a imissão provisória na posse do imóvel.[16] Entretanto, havendo um colapso total no abastecimento de

---

16. Embora entendamos — na maioria dos casos — inconstitucional a imissão provisória na posse do imóvel, acreditamos que o exemplo formulado traz, em seu bojo, as situações em que os temperamentos à liminar são indispensáveis.

água a determinada região, urge o alagamento da área exproprianda, sem que se completem as formalizações procedimentais.

A expropriada vai a juízo requerendo, poucas horas antes, liminar para que a medida — que lhe parece agressiva — não se concretize.

Diante de um interesse público, que não pode ser reparado juridicamente (as reparações material e econômica não interessam, como já o afirmamos), surgem os temperamentos referidos à concessão.

Sempre que nos referirmos à reparação, há de estar presente a conotação de reparação do próprio bem jurídico.

5.4.2 A relevância do fundamento e a ineficácia da medida

A norma legal estabeleceu peremptoriamente que, ao despachar a inicial, o juiz ordene:[17] "que se suspenda o ato que deu motivo ao pedido, quando for *relevante o fundamento* e do ato impugnado puder resultar a ineficácia da medida" (grifamos).

O ato, por hipótese, a ensejar mandado de segurança é a existência de *norma legal*, em sentido amplo, aplicável desde logo, e que estaria em dissonância com a Constituição.

De conseguinte, o *fundamento do pedido*, a dar azo ao mandado de segurança, *é de ver afastada constrição*, entendida como *inconstitucional*, a atritar com direitos fundamentais, estabelecidos na Lei das Leis, sobretudo no concernente à *segurança e/ou certeza jurídica dos direitos assentados no ordenamento jurídico*.

Daí se infere que, se *realmente o fundamento for relevante* (um dos pressupostos da concessão da liminar), aliado à ineficácia da medida, deverá o juiz, por *imposição da lei específica* (o juiz ordenará), determinar a suspensão do ato coator, a fim de afastar a ameaça que paira sobre o administrado.

Permitimo-nos fazer digressão sobre o problema da ameaça. A legislação infraconstitucional, às expressas, às abertas, já possibilitava a impetração do *writ* se houvesse ameaça de lesão, "justo receio" (art. 1º da Lei 1.533/51).

---

17. Art. 7º, II, da Lei 1.533/51.

Depois da Constituição de 1988, a possibilidade de ser impetrada a ação judicial por ameaça de lesão não é mais legal, é constitucional.

Deveras, o inciso XXXV do art. 5º é expresso ao afirmar que "a lei não excluirá da apreciação do Poder Judiciário *lesão* ou *ameaça* a direito". De conseguinte, a simples ameaça de lesão já é tutelada pelo ordenamento constitucional.

Destarte, se o juiz verificar o relevante fundamento deverá conceder a liminar se, aliada àquele, estiver a possibilidade de ineficácia da medida.

5.4.3 O relevante fundamento

Examinemos, pois, o que pode ser *relevante fundamento.*

Relevante é conceito indeterminado, mas não discricionário. Na verdade, *relevante* não encerra *qualquer possibilidade de conotação subjetiva* de valor.

Conceitos indeterminados há que não prescindem, para sua determinação, de certa carga valorativa, como, por exemplo, "estado de necessidade", "pobre", "pai de família". *Relevante*, porém, é conceito com carga valorativa a ser extraída diretamente do ordenamento jurídico.

Note-se, ademais, que os "conceitos jurídicos são predominantemente indeterminados, pelo menos em parte".[18] É, ainda, Engisch quem afirma ser o domínio da livre discrição pequeno e limitado.

Diz Engisch — e permitimo-nos citá-lo na íntegra:

"A chamada discricionariedade jurídica em grande parte não é livre. Trata-se, antes, na maioria dos casos, de conceitos normativos que exigem na verdade uma valoração, a qual, todavia não é uma valoração pessoal, mas uma valoração objetivamente válida, com um só sentido. (...).

"A valoração que aqui se realiza não precisa ser necessariamente uma valoração estritamente pessoal do julgador.

---

18. Karl Engisch, *Introdução ao Pensamento Jurídico*, 3ª ed., p. 173.

"Pode antes significar que este (o órgão apreciador do Direito) deve indagar e determinar valorações prévias da generalidade das pessoas ou de determinados círculos. (...).

"Quando assim feito, falaremos de valoração objetiva. A valoração própria pessoal é, portanto, apenas uma parte integrante do material do conhecimento."

Essa citação do autor visou a demonstrar que a decodificação do conceito *relevante fundamento* não estará ao arbítrio ou à discrição do juiz. Porém, de imediato, para buscar a determinação do conceito deve-se perquirir o sentido da lei, que, via de regra, utiliza linguagem comum.

Relevante, singelamente, na acepção três encontrada no *Novo Dicionário Aurélio*,[19] é o que é *importante, de grande valor, grande conveniência ou interessante*. No *Dicionário de Língua Portuguesa*, de Antonio Moraes, *relevante* é *importante*. De onde se verifica que, sequer, o sentido do adjetivo se modificou em dicionário clássico ou no moderno *Aurélio*.

Se *relevante* quer dizer importante, parece-nos inequivocamente que, se a tese apresentada reunir estrutura sólida e discutir direitos fundamentais, *garantidos constitucionalmente*, estará estribada em *relevante fundamento*.

Nada será mais relevante em Direito que a garantia da atuação constitucional de preservação de direitos constitucionalmente garantidos.

De conseguinte, *relevante não é o que se apresenta ao juiz como tal, sem objetividade*. Não são os "*standards* pessoais" *do juiz* que estão em jogo. Relevante não pode ser condicionado subjetivamente. Pelo menos não no que tange a garantias fundamentais da Constituição.

No Estado de Direito o respeito à Constituição é sempre *relevante*. A obediência à legalidade, mais ainda à constitucionalidade, *é de suma relevância* (não para nós ou para qualquer outro). *A relevância deflui como conseqüência inarredável*. O cumprir ou o descumprir a Constituição não constituem indiferentes jurídicos. Por-

19. *Novo Aurélio, Século XXI*.

tanto, se a tese discute direitos fundamentais, o cumprimento da Constituição, certamente é *relevante*.

Não importa que o julgador, a final, possa até reconhecer que a inconstitucionalidade inexiste. Isto é decisão de mérito que, à primeira cognição do magistrado, não há de se colocar.

Não vemos, pois, como entender *relevante fundamento* como algo aleatório e passível de existir para este ou aquele outro magistrado, em caráter subjetivo.

Passemos, pois, à verificação do que possa ser *ineficácia da medida*. Ineficácia da medida, singelamente, só pode significar a possibilidade de a decisão de mérito, no mandado de segurança, quedar-se inócua.

Ora, o fim do mandado de segurança não é a reparabilidade da lesão; sua finalidade é a de obstaculizar que a lesão persista ou se verifique.

A ordem no mandado de segurança consiste sempre em determinação de fazer ou de abster-se de fazer. De conseguinte, se a ordem concedida não puder se executar porque o constrangimento já foi perpetrado, inócua será.

Alguns exemplos podem aclarar. Alguém pede lhe seja concedida liminar para poder prestar concurso cuja inscrição lhe vem sendo negada. Se não concedida a liminar, realizado o concurso, só restará ao impetrante outra via judicial, a da reparação. Não lhe restará *a preservação do bem da vida pretendido*, tal seja, direito de se candidatar, de disputar o cargo público.

Em exemplos ocorridos no passado, já longínquo, facilmente se aquilata a veracidade da afirmação.

Quando da exigência dos "encargos financeiros" nas passagens aéreas, se não concedida a liminar, o objeto do mandado de segurança deixaria de existir. Pelo menos os efeitos típicos a que a sentença se dirige. O mesmo se diga do empréstimo compulsório na compra de veículos, do empréstimo-calamidade, da correção monetária do imposto de renda, e de tantos outros tributos inconstitucionais, em que se lançaria o contribuinte ao *solve et repete*.

A *ineficácia da medida* consiste em não mais ser possível afastar a lesão que se pretendia ver afastada, a não ser pela repetição. Ora, *solve et repete* não é sucedâneo do mandado de segurança.

Doutra parte, ninguém pode ser compelido a ficar inadimplente. O fim do ordenamento jurídico é a *pacificação social, a certeza e a segurança do direito*, não a atuação da norma secundária, como concebida por Kelsen, a norma sancionadora.[20]

Nas palavras de Maria Helena Diniz: "O Poder Executivo ou qualquer autoridade poderia deixar de cumprir lei, por entendê-la inconstitucional? Não existiria razão para tal questão, pois, se se permitisse o não cumprimento da norma inconstitucional, quebrar-se-iam os *princípios da legalidade, autoridade, certeza e segurança jurídica*. A raiz dessa problemática está, *principalmente, no apelo à idéia de segurança jurídica*. Por isso o sistema normativo absorverá a norma inconstitucional, ou ilegal, dando a impressão de que a validade subsistiria, tão-somente, por tolerância sua, prestigiando assim a autoridade jurídica, *até que se processe a declaração oficial de sua inconstitucionalidade*, mantendo dessa forma sua unidade e coerência lógica. Daí conter, lógica e implicitamente, a regra de regulagem: '*Não se pode deixar de obedecer, ou cumprir, comando de poder público, alegando sua invalidade*', inferida dedutivamente do princípio da presunção *juris tantum* da veracidade e legitimidade dos atos do Poder Público. (...)"[21] (grifamos).

A finalidade específica da garantia constitucional é a de que os indivíduos não se submetam a constrições indevidas, como *v.g.*, a pagamento de exações ditas inconstitucionais.

5.4.4 A necessidade de interpretação adequada da lei

Destarte, será a prudência do magistrado, e, sobretudo, a adequada interpretação do ordenamento jurídico, nesses casos extremos, que deverá sopesar o fato concreto e a norma para fim de verificar quais são efetivamente os perigos de conceder a liminar, ou de sua denegação. Não quer isto, contudo, dizer que a medida esteja ao "arbítrio do juiz", mas sim ao amplo conhecimento da intensidade dos valores albergados no ordenamento jurídico.

Cite-se, aqui, Larenz:

---

20. Kelsen, em seu *Teoria Geral das Normas*, mudou de posição, para entender como primária a norma de conduta, e secundária a sancionadora.

21. *Norma Constitucional e seus Efeitos*, 1989, pp. 135-136.

"Para além desta função geral do contexto, proporcionadora da compreensão, o contexto significativo da lei desempenha, ainda, um amplo papel em ordem à sua interpretação, ao poder admitir-se uma *concordância objetiva* entre as disposições legais singulares. Entre várias interpretações possíveis segundo o sentido literal, deve por isso ter prevalência aquela que possibilita a garantia de concordância material com outra disposição. (...).

"A questão relativa à conexão de significado da lei não pode nem desligar-se completamente da questão relativa ao sentido literal possível, nem ser respondida com a questão relativa a outros critérios de interpretação. A conexão de significado da lei, e também a sistemática conceptual que lhe é subjacente, só é compreensível quando se tomam também em consideração os fins da regulação. (...).

"A conexão de significado da lei, por seu lado, só pode plenamente compreender-se, em muitos casos, quando se retorna à teleologia da lei e ao 'sistema interno', que lhe subjaz, das opções valorativas e princípios rectores. A questão relativa à conexão de significado conduz então aos critérios teleológicos. Com o que se confirma a observação de Friedrich Müller de que 'as regras tradicionais de interpretação' não podem ser individualizadas como 'métodos' independentes em si. Ao invés, manifestam-se no processo de concretização 'não só complementando-se e apoiando-se umas às outras, mas sempre entrelaçadas materialmente umas com as outras, logo desde o princípio'. Isto deveria dar que pensar àqueles que pretendem que o intérprete pode escolher entre diferentes métodos."[22]

5.5 Concessão da liminar subordinada à garantia

Se afirmarmos que, presentes os pressupostos, deverá o juiz conceder a liminar, também será necessário asseverar que não se pode condicionar a medida liminar à garantia, à caução, prática reiteradamente consumada por nosso Judiciário.

A medida liminar corresponde a uma suspensão do ato constritivo *si et in quantum*. Se, apenas e tão-somente, suspende-se a

22. Karl Larenz, *Metodologia da Ciência do Direito*, 5ª ed., pp. 391, 393, 394, 395.

eficácia do ato original, despautério seria obrigar a parte a caucionar para obtenção da medida.[23]

Não se pode pretender, por meio de caução, ou afastar a possibilidade de impetração do *mandamus* ou, então, pretender a satisfação da pretensão administrativa, afastada provisoriamente pela medida liminar.

Tem a Administração Pública poderes e meios de executar suas obrigações sem ter de recorrer a vias indiretas. Nada justifica a obrigatoriedade de caução, a não ser em condições excepcionalíssimas.[24]

Vejamos. Ou o administrado possui os pressupostos de concessão da medida — quando, então, é de ser concedida — ou, de reverso, não os possui — e, em conseqüência, deverá o juiz denegá-la.

Ou, ainda que presentes os pressupostos, determinado interesse público relevantemente qualificado impediria a concessão (os temperamentos a que já nos referimos no item anterior).

Destarte, não há previsão normativa para caução, nem sequer se poderá afirmar que esta defluiria dos princípios cardeais do instituto.

Muito pelo contrário. Por sua origem histórica e por sua própria topografia constitucional, há de se entender o instituto do mandado de segurança da maneira mais ampla possível. Coarctamentos infraconstitucionais não se justificam.[25]

Quadra ressaltar: a linha vetora da interpretação há de ser sempre no sentido de que o mandado de segurança é proteção constitucional e, de, conseguinte, só pode encontrar peias e amarras no próprio texto constitucional.

---

23. É certo, entretanto, que, tratando-se de atos omissivos, a concessão da liminar consubstancia-se na própria prestação do direito sob condição resolutória — tal seja, a denegação do *writ* a final.

24. Tais condições excepcionalíssimas poderiam se afigurar na hipótese de a Administração vir a sofrer grave lesão, sem possibilidade de ressarcimento ulterior. As hipóteses seriam as mesmas que obrigariam a caucionar a medida liminar, obtida *inaudita altera parte*, casos previstos no art. 804 do Código de Processo Civil.

25. Note-se a inconstitucionalidade das Leis 4.348/64 (art. 5º) e 2.770/56, e do art. 5º, II e III, da Lei 1.533/51.

Mesmo para os que entendem ser a liminar uma medida cautelar, em tudo e por tudo igual às cautelares inominadas precedentes ou incidentes, deve-se atentar para dois pontos essenciais.

Veja-se o primeiro. O juiz não substitui os pressupostos de sua outorga pela caução. Cite-se, a propósito, Galeno Lacerda: "O poder que a lei lhe confere de impor a caução não lhe deve, contudo, obliterar o dever de vigiar pelos requisitos da ação cautelar e pela conveniência concreta e efetiva da tutela inicial em prol do autor. *Se esta não se justificar, que o dever do veto não se anestesie e compense pela ordem de caução condicionante*"[26] (grifamos).

Doutra parte, é o mesmo art. 804 do Código de Processo Civil, possibilitador da concessão de liminar em cautelares, que enseja a determinação ao requerente de prestar caução, a fim de ressarcir os danos que serão suportados pelo requerido.

Deve-se atentar, todavia, a que a lei não prescreveu a caução, deixou-a a critério do juiz, ao afirmar, a norma, "poderá o juiz". Claro, entretanto, que o juiz apenas a determinará se perceber, a lume do caso concreto, a possibilidade de a outra parte sofrer dano.

Ora, não é o que normalmente acontece, na hipótese, por exemplo, de discussão em matéria tributária, pois, se o tributo não for pago, feita a inscrição da dívida, imediatamente conseqüências refluem, sendo a menor delas a impossibilidade de obter-se certidão negativa, com visíveis prejuízos ao contribuinte.

5.5.1 Diferenças entre a liminar no mandado de segurança e na cautelar

De toda sorte, releva ressaltar nossa posição acerca da diferença entre a liminar no mandado de segurança e no processo cautelar.

Cite-se Galeno Lacerda: "Têm de comum a possibilidade de liminar, e a do mandado de segurança assume nítida feição de cautela, ou seja, de resguardo imediato e provisório mediante suspensão do ato (art. 7º, II, da Lei 1.533). Mesmo aqui, porém, ocorrem diferenças: a liminar na segurança se reveste de caráter imperativo para o juiz (ao despachar a inicial o juiz ordenará — art.

26. *Comentários ao Código de Processo Civil*, v. VIII, t. I, p. 346.

7º), quando for relevante o fundamento e do ato impugnado puder resultar a ineficácia da medida, caso seja deferida (inciso II, citado), isto é, em caso de *periculum in mora*, condição também da cautelar. Para o exercício desta, contudo, não se requer a liquidez e certeza, bastando a mera aparência do direito, nem o juiz está vinculado à concessão obrigatória da liminar, se existentes os requisitos que a imporiam no mandado. Além da justificação prévia, poderá exigir a contracautela prevista no art. 804. Em outras palavras, a liminar na ação cautelar pertence à discrição do juiz, discrição nem sempre possível na do mandado de segurança (...)".[27]

Cabe dizer que não entendemos que o magistrado tenha inteira discrição, como dá a supor o autor, mesmo para concessão de liminares em cautelares.

5.5.2 A necessidade de fundamentar a exigência da caução

Em resumo: é lícito ao juiz exigir caução se verificar que a outra parte será prejudicada. De toda sorte, deverá *fundamentar objetivamente sua necessidade*, vale dizer, a medida não poderá estar balizada em "*standards* pessoais" do juiz. Ao contrário, o critério vetor deve ser objetivo, e, da mesma forma, deve preceder a aferição entre o *periculum in mora* das partes conflitantes.

Parece-nos que a caução trará maiores prejuízos à impetrante do que benefícios à União, ou à pessoa política, parte no mandado de segurança ou na cautelar, tornando-se, portanto, inócua a liminar concedida.

Com efeito, indeferida a final a ordem, poderá a pessoa pública utilizar-se de mecanismos eficazes à satisfação do crédito.

Ainda, no mandado de segurança, por ser garantia especial, a caução só poderá se justificar em circunstâncias *especialíssimas*, sob pena de se empecer o direito público subjetivo do indivíduo, a garantia do rito sumariíssimo, em determinadas situações.

Anote-se, ainda, como bem diz Calmon de Passos: "Em que consiste a discricionariedade? Todos são unânimes em distingui-la da arbitrariedade. Aqui, o juízo subjetivo de quem, dotado de

27. Ob. e loc. cits.

poder de decidir atende a seus próprios valores volta-se para os interesses que entende, subjetivamente, devam prevalecer, e as opções que faz escapam de qualquer controle ou contenção. Na discricionariedade, é a própria lei quem deixa em branco espaço para que a valoração seja feita por quem com poder de decidir, *mas não uma valoração subjetiva*, sim aquela que lhe cumpre fazer como indivíduo (nisso a dimensão inafastável da subjetividade), abstraindo de seus prejuízos e convicções, mas ponderando socialmente o que lhe cumpre valorar captando (e nisso a objetividade corretiva dos riscos da subjetividade) o que no grupo em que atua é aceito e tido como operante, porque mais conveniente e mais oportuno. E essa adequação, ao social, do juízo de conveniência e de oportunidade da autoridade, a valoração, enfim, por ela consumada, só existe quando, mediante suficiente e expressa motivação, *o decisor demonstra que se fez arauto da vontade geral e não de seu querer pessoal, por mais nobre que seja a inspiração em que assente* (...)"[28] (grifamos).

Deveras, a retirada da disponibilidade de numerário da beneficiária da liminar vai vulnerar, de maneira oblíqua, os princípios constitucionais da livre iniciativa, da valorização do trabalho e do pleno emprego se levarmos em conta que, com a oneração da pessoa jurídica, pode haver, por exemplo, corte de pessoal, em conseqüência mais desemprego, e, de revés, proporcionará lucros à depositária. E à pessoa política, ou qualquer outra de direito público, nenhum benefício advirá.

5.5.3 Jurisprudência dos tribunais

A jurisprudência dos tribunais vem dando guarida a esse entendimento, conforme os arestos abaixo colacionados:

• *"Processual civil — Mandado de segurança — Liminar — Condicionamento de depósito ou caução — Impossibilidade — Precedentes.*

"1. A jurisprudência atual e dominante do Superior Tribunal de Justiça não admite o condicionamento de realização de depósito ou prestação de caução pelo impetrante para o deferimento de liminar em manda

28. *Mandado de Segurança Coletivo, Mandado de Injunção, "Habeas Data"*, pp. 50-51.

do de segurança, devendo ser apreciados, apenas, os pressupostos previstos na Lei 1.533/51.

"2. Correta a decisão que indeferiu a conversão do depósito judicial em renda da União.

"3. Recurso especial improvido" (STJ, 2ª T., REsp 249.647-SP, rela. Min. Eliana Calmon, *DJU* 18.2.2002).

• *"Embargos de divergência — Mandado de segurança — Liminar — Satisfação dos requisitos legais exigidos — Concessão, independente de condições — Votos vencidos.*

"Satisfeitos os pressupostos essenciais, pela presença dos requisitos exigidos, a liminar é de ser, normalmente, concedida, independente de condições ou novas exigências. Não conhecimento dos embargos" (STJ, 1ª S., REsp 90.225-DF, rel. Min. Hélio Mosimann, *DJU* 14.12.98).

• *"Mandado de segurança — Exigência de contracautela como condição da eficácia de liminar — Lei 1.533/51 (art. 7º, II).*

"1. Presentes os requisitos necessários à liminar (art. 7º, II, da Lei 1.533/51), de regra, os seus efeitos imediatos e imperativos não podem ser obstados pela contracautela, exigida como condição para garantia de índole constitucional. 2. Multiplicidade de precedentes. 3. Recurso provido" (STJ, 1ª T., REsp 94.0052881-RJ, rel. Min. Mílton Luiz Pereira, j. 9.8.95, v.u., *DJU* 25.9.95, p. 31.077).

• *"Processual — Mandado de segurança — Liminar — Exigência de caução — Lei 1.533/51, art. 7º, II.*

"Verificados os pressupostos inscritos no art. 7º da Lei 1.533/51, impõe-se ao juiz conceder a segurança. Não é lícito — salvo em casos expressamente previstos em lei — subordinar a eficácia da medida liminar em mandado de segurança à prestação de caução" (STJ, 1ª T., ROMS 90.0000269-SP, rel. Min. Humberto Gomes de Barros, j. 27.10.93, v.u., *DJU* 22.11.93, p. 24.890).

• *"Processual civil — Mandado de segurança — Ato judicial — Concessão de liminar — Exigência de caução — Pressupostos essenciais (art. 7º, II, da Lei 1.533/51) — Atendimento.*

"Atendidos os pressupostos essenciais insculpidos no inciso II do art. 7º da Lei 1.533, de 1951, e concedida liminar, em sede de mandado de segurança, não cabe, salvo nos casos expressamente previstos em lei, condicionar a eficácia da medida *initio litis* à prestação de caução. Precedentes. Recurso improvido, sem discrepância" (STJ, 1ª T., REsp 95.0073675-CE, rel. Min. Demócrito Reinaldo, j. 6.11.95, v.u., *DJU* 27.11.95, p. 40.861).

• *"Mandado de segurança — Concessão de liminar — Subordinação da eficácia da medida à prestação de caução — Inadmissibilidade — Maioria — Votos vencidos.*

"Desde que satisfeitos os pressupostos essenciais e uma vez concedida, por isso, a liminar, não é lícito subordinar a eficácia da medida a outras condições" (STJ, 2ª T., ROMS 93.0003043-RJ, rel. Min. Antônio de Pádua Ribeiro, rel. p/ o acórdão Min. Hélio Mosimann, j. 17.4.95, m.v., *DJU* 22.5.95, p. 14.384).

• *"Mandado de segurança — Medida liminar — Caução.*

"A exigência de caução, condicionada à eficácia da liminar, inserese no poder cautelar real do juiz. Inexistência de ilegalidade ou abuso de poder na espécie. Recurso improvido" (STJ, 2ª T., ROMS 90.0000439-SP, rel. Min. Américo Luz, j. 16.12.92, v.u., *DJU* 24.5.93, p. 9.953).

• *"Constitucional e Processual Civil — Mandado de segurança — Liminar — Exigência de caução.*

"1. A jurisprudência desta Corte já se pacificou no sentido de que, presentes os requisitos da liminar, não é certo condicioná-la à prestação de caução. 2. Ressalva do ponto de vista do Relator, que entende que a exigência é deferida ao poder geral de cautela do juiz" (TRF-1ª R., 4ª T., Ag. 93.0111982-DF, rel. Juiz Eustáquio Nunes da Silveira, j. 20.2.95, v.u., *DJU* 30.3.95, p. 17.143).

• *"Processo civil — Mandado de segurança — Concessão de liminar condicionada a depósito do valor do tributo questionado.*

"A decisão que defere liminar condicionada a depósito do tributo discutido na ação de segurança pode ser impugnada através de mandado de segurança, por isso que dela não cabe recurso. De outro lado, verificando-se os pressupostos previstos no art. 7º, II, da Lei 1.533/51, a concessão da liminar é obrigatória, e não pode depender de qualquer condição. Recurso provido" (STJ, 1ª T., ROMS 90.0001347-SP, rel. Min. Armando Rollemberg, j. 3.9.90, *DJU* 5.11.90, p. 12.416, *RSTJ* 15/175).

• *"Processo civil — Mandado de segurança — Concessão de medida liminar condicionada à prestação de garantia.*

"É cabível mandado de segurança contra ato judicial que nega medida liminar em outra segurança. Por ser garantia especial, a caução só se justifica em circunstâncias especialíssimas. De outra parte, no mandado de segurança, verificando-se os pressupostos contidos no art. 7º, II, da lei de regência, a concessão da liminar é imperativa, independente de qualquer condição. Recurso provido" (STJ, 1ª T., ROMS 90.0002557-5-SP, rel. Min. José de Jesus Filho, j. 22.4.92, m.v., *RSTJ* 26/204).

• *"Processo civil — Mandado de segurança — Liminar — Concessão — Depósito — Exigência — Ilegalidade — Agravo de instrumento — Dispensa.*

"1. O despacho que, em mandado de segurança, apesar de reconhecer a ocorrência dos pressupostos autorizativos da concessão de liminar, a condiciona a depósito dos valores questionados é manifestamente ilegal e abusivo, por contrariar a Lei 1.533, de 1951, art. 7º, II, dispensando, assim, a interposição do recurso próprio para possibilitar a impetração de mandado de segurança. 2. Segurança concedida" (TRF-1ª R., 2ª S., MS 93.01.18439-7-MG, rel. Juiz Tourinho Neto, j. 5.4.94, v.u., *DJU* 25.4.94, p. 17.743).

• *"Mandado de segurança — Liminar — Concessão condicionada ao depósito do valor em discussão — Ilegalidade.*

"1. A Lei 1.533, de 31.12.51, em seu art. 7º, II, ao cuidar da concessão da medida liminar, exige, apenas, a verificação da ocorrência dos requisitos referentes à relevância do pedido e à possibilidade de a medida se tornar ineficaz, caso deferida a final. 2. O depósito do valor em discussão resulta de construção jurisprudencial e somente em casos excepcionais, demonstrados em decisão fundamentada, poderá ser exigido, sob pena de ilegalidade. 3. Precedentes do TFR e do TRF-1ª Região. 4. Segurança concedida" (TRF-1ª R., 2ª S., MS 103965/91-MG, rel. Juiz Fernando Gonçalves, j. 25.6.91, v.u., *DJU* 19.8.91, p. 19.133).

• *"Tributário e processual civil — Mandado de segurança — Guia de importação — Taxa prevista na Lei 7.690/88 — Reconhecimento dos pressupostos de liminar, condicionada, todavia, a depósito judicial.*

"I — O juiz impetrado, após reconhecer a existência simultânea dos dois pressupostos para a concessão da liminar (LMS, art. 7º, II), condicionou sua efetivação ao depósito, em juízo, da taxa exigida pela Lei 7.690/88. Em princípio, a concessão da liminar, presentes os pressupostos, é de direito de quem bate às portas do Judiciário. Se o próprio juiz reconheceu a existência dos pressupostos e não motivou a necessidade de caução (a taxa tida como inconstitucional), não se tem como negar a liminar. Precedentes da Seção. II — Segurança concedida" (TRF-1ª R., 2ª S., MS 109.071-91-DF, rel. Juiz Adhemar Maciel, j. 17.12.91, v.u., *DJU* 17.2.92, p. 2.790).

Também o Tribunal Regional da 3ª Região tem jurisprudência forte nesse sentido.[29]

---

29. • *"Agravo regimental — Mandado de segurança originário — Depósito judicial como condição à eficácia da medida liminar concedida em writ aforado em primeiro grau — Desnecessidade da caução.*

"Verificados os pressupostos autorizadores à concessão da cautela, desnecessário o depósito judicial da exigência em discussão, como condição à eficácia da liminar. Agravo regimental improvido" (TRF-3ª R., 2ª S., AgMS 9203039370-SP, rela. Juíza Annamaria Pimentel, j. 14.9.92, *DJE* 14.12.92, pp. 109-110).

• *"Mandado de segurança — Ato judicial — Lei 8.200/91 — Condicionamento de medida liminar à caução — Preliminares — Não conhecimento do 'writ' — Nulidade do mandamus pela não integração à lide do litisconsorte passivo necessário — Contestação da Fazenda Nacional sem a exposição das razões do inconformismo — Ordem concedida.*

Assim concluímos pela impossibilidade de caução, se não houver critério objetivo a justificar sua necessidade. Também se procedido depósito voluntariamente, entendemos que poderá ser levantado, se assim entender quem desejou prestá-lo.

Com efeito, o depósito caracteriza-se por ser faculdade da parte, feito por sua iniciativa, para se excluir dos percalços de futura improcedência.

A manutenção do valor do depósito traz evidente onerosidade ao patrimônio do impetrante.

Doutra parte, quanto ao perigo da demora, é certo que o ordenamento jurídico não pode desejar percorra o jurisdicionado caminho mais árduo para conquistar seus direitos constitucionais ofendidos desde logo. É dizer, qualquer delonga na possibilidade de desfrute de direito, delonga, esta, ensejadora de oneração do patrimônio, conduz à ineficácia da medida.

Calha esclarecer, entretanto: se for considerado devido o tributo, o contribuinte estará desabrigado contra os efeitos da mora, vale dizer, o débito do contribuinte ficará sujeito a correção monetária, multas e demais encargos, desde a data da inadimplência.

Releva enfatizar não ser a caução exigência substitutiva dos pressupostos da concessão da liminar. Ou há, ou não, o direito de consegui-la porque presentes seus pressupostos.

"(...). III — Existe contradição em se conceder liminar e determinar o depósito. No mandado de segurança, por ser garantia incomum, a caução só poderá se justificar em circunstâncias especialíssimas, sob pena de empecer o direito público subjetivo do contribuinte. IV — Ordem que se concede" (TRF-3ª R., 2ª S., MS 9203054406-SP, rela. Juíza Lúcia Figueiredo, j. 6.4.93, *DJE* 18.10.93, p. 114).

• *"Medida cautelar inominada — Liminar concedida mediante depósito — Mandado de segurança contra ato judicial — Liminar indeferida — Agravo regimental.*

"1. É ilegítima a exigência de caução para suspender a exigibilidade do crédito tributário em sede de medida cautelar inominada (CTN, art. 151, II; Lei 6.830/80, art. 38; STJ, Súmula 112). 2. Os exatos limites da apreciação, em sede de agravo regimental, estão circunscritos à possibilidade do juiz constranger indevidamente ao agir em desconformidade com a lei, ou com abuso de poder, ou, ainda, ante a ocorrência de lesão irreparável para o impetrante. 3. Ilegalidade ou abuso de poder não configurados na decisão que indeferiu a liminar. 4. Agravo regimental improvido" (TRF-3ª R., 2ª S., AgRMS 95.03034222-SP, rel. Juiz Homar Cais, j. 23.5.95, *DJU* 14.6.95, p. 37.456).

Se concedida, porque presentes seus pressupostos legais, como enfatizado, a exigência de caução somente se justificará dentro de hipóteses estritas, como afirmado, e não poderá ser desmotivada.[30]

Importa refrisar: a motivação há de ser objetiva para o caso concreto.

5.6 "Quid juris" se negada a liminar?

Afirmamos, peremptoriamente, que a concessão da liminar, dentro de certos parâmetros, é direito do jurisdicionado, em conseqüência, devemos perquirir *quid juris* se negada a liminar.

Se cabe recurso da decisão que concede a liminar,[31] não teria cabida negar sua impossibilidade na hipótese de denegação da liminar. Por que não caberia?

Por certo, pelo vezo de se afirmar que a concessão da liminar está "no prudente arbítrio do juiz", têm os tribunais entendido pelo descabimento do recurso.

Nenhuma razão assistia a este posicionamento, consoante se nos afigura. A própria Lei 1.533/51 (Lei básica do Mandado de Segurança) remete os casos omissos ao Código de Processo Civil.

Ora, é de plena aplicabilidade o recurso de agravo em decisões não terminativas do feito. Quanto mais não seja, para que se configure o inconformismo da parte e, destarte, não ocorra a preclusão.

5.6.1 O agravo de instrumento

Do agravo de instrumento afirmou-se, muito tempo, não ser medida adequada, porque privada da agilidade necessária. Entretanto, se há recurso disponível às partes quando houver decisão não terminativa do feito, não se poderia proscrevê-lo.

---

30. A respeito do tema, consulte-se, dentre outras, a monografia coordenada por Teresa Celina de Arruda Alvim, *Liminares*, e Betina Rizzato Lara, *Liminares no Processo Civil*, 2ª ed., 1994.

31. O egrégio Tribunal Federal de Recursos, embora conhecendo do recurso, denegou provimento ao agravo de instrumento interposto de concessão da liminar em casos em que era ré, litisconsorte com o BNH, a Caixa Econômica Federal.

Em edição anterior, questionamos se seria útil ou não o agravo de instrumento interposto diretamente aos Tribunais e, ainda, afirmamos que somente no caso concreto poderia haver a aferição. Entretanto o que temos verificado é a enorme utilidade do agravo de instrumento como disposto na Lei 9.139/95, embora congestione os tribunais.

Também, em edições anteriores, já averbamos que sempre entendemos ser cabível o agravo de instrumento nas hipóteses de concessão ou denegação da liminar.[32] E assim nos pronunciamos, enquanto Desembargadora do Tribunal Regional Federal da 3ª Região, na Uniformização de Jurisprudência no AI 6.320 (reg. 91.03.30957-6), em que fomos relatora, bem antes da Lei 9.139/95, que modificou o art. 524 do Código de Processo Civil.[33]

Na verdade, o antigo Tribunal Federal de Recursos, por inúmeras decisões, conheceu de agravos, embora lhes tenha negado provimento. Ora, o conhecer implica entender cabível o agravo.

Citem-se, como exemplos, os seguintes arestos:

• "*Processual civil — Mandado de segurança — Agravo de instrumento.*

"1. O Código de Processo Civil contém regras que devem ser aplicadas na sua generalidade, a todas as ações, mesmo às de ritos especiais, exceto naquilo em que estas possuem regras próprias. Assim, perfeitamente cabível o agravo de instrumento. 2. '*Seria despótico deixar sem recurso as decisões incidentais, somente atacáveis por via de correição ou reclamação.*' 3. Não se conhece de agravo de instrumento interposto fora do prazo legal, ou de decisão que extingue o processo" (TFR, 2ª T., AI 44.330-RJ, rel. Min. Jesus Costa Lima, j. 30.4.85, *v.u.*, *DJU* 13.6.85).

• "*Mandado de segurança — Recursos cabíveis.*

"A adaptação da Lei 1.533, de 1951, ao novo Código de Processo Civil limitou-se à simples atualização de correspondência entre institutos, não implicando a substituição do sistema próprio de recursos da-

---

32. O agravo de instrumento, na prática, está sendo convertido pelos juízes, em sua grande maioria, em agravo retido, em virtude das alterações trazidas pela Lei 11.187/2005.

33. Atualmente o Superior Tribunal de Justiça entende, por suas 1ª, 2ª e 3ª Turmas, ser cabível o agravo de instrumento, enquanto a 5ª e a 6ª Turmas entendem descaber. Esta informação foi obtida no *site* do Superior Tribunal de Justiça, em "Jurisprudência Comparada".

quela, pelo sistema geral de recursos deste. Precedente do Supremo Tribunal Federal" (TFR, 3ª T., AI 45.285-BA, rel. Min. Carlos Madeira, j. 15.5.84, v.u., *DJU* 14.6.84).

• *"Processual — Mandado de segurança.*

"Embora incabível agravo na fase de conhecimento do mandado de segurança, dito recurso pode ser manifestado contra despacho interlocutório proferido em incidente surgido após o trânsito em julgado de sentença concessiva. A pretensão posta no agravo é inviável, porque contraria a Súmula 269 do Alto Pretório. A todo modo, a sentença concessiva não condenou o impetrado a promover a devolução de valores recolhidos a maior. *Conheceu-se do agravo* e se lhe negou provimento" (TFR, 5ª T., AI 46.180-RJ, rel. Min. Sebastião Reis, j. 29.4.85, v.u., *DJU* 23.5.85).

• *"Processual civil — Mandado de segurança — Agravo de instrumento — Garantia de juízo.*

"I — É cabível agravo de instrumento de decisão interlocutória em mandado de segurança. II — É legítima a garantia de juízo, mediante fiança bancária. Inteligência do art. 9º, II, da Lei 6.830/80. Agravo desprovido" (TFR, 4ª T., AI 50.589-SP, rel. Min. Ilmar Galvão, j. 5.11.86, v.u., *DJU* 4.12.86).

• *"Processual civil — Mandado de segurança — Agravo de instrumento — Decisão interlocutória.*

"I — Cabimento de agravo de decisão interlocutória em mandado de segurança. Divergências a respeito. II — Mandado de segurança. Efeitos patrimoniais. Impossibilidade de abranger período pretérito (Súmulas 269 e 271 do STF). III — Agravo provido" (TFR, 3ª T., AI 53.760-PI, rel. Min. Assis Toledo, j. 20.10.87, v.u., *DJU* 26.11.87).

• *"Processual — Agravo de instrumento em mandado de segurança — Cabimento — Efeito devolutivo.*

"I — É cabível agravo de instrumento em mandado de segurança. É que as normas do Código de Processo Civil aplicam-se a todas as ações, inclusive às de ritos especiais, salvo quando tiverem elas regras próprias. II — Em mandado de segurança os efeitos são meramente devolutivos dado o caráter urgente do *mandamus*, excetuando-se, apenas, os casos previstos nos arts. 5º e 7º da Lei 4.384/64, consoante jurisprudência no ponto. III — Agravo desprovido" (TFR, 5ª T., AI 54.890-MS, rel. Min. Geraldo Sobral, j. 8.6.88, m.v., *DJU* 29.5.89).

Acrescente-se que, no primeiro aresto ementado, o Relator, Min. Jesus Costa Lima, afirmou até "ser despótico o descabimento do agravo".

Esta já era nossa posição anteriormente à vigência da Lei 9.139/95, que deu outro perfil ao agravo de instrumento, e apenas a trouxemos de volta com a jurisprudência colacionada, porque alguns Tribunais continuaram, ainda, a entender o descabimento do agravo de instrumento em mandado de segurança, em decisões denegatórias da liminar. Assim, por exemplo, o egrégio Tribunal de Justiça de São Paulo,[34] e, como vimos, parcialmente o Superior Tribunal de Justiça.

Importante ressaltar, como já acentuamos, que o agravo de instrumento tem sido convertido em agravo retido, salvo nas hipóteses de a decisão agravada causar à parte lesão grave e de difícil reparação, ou nos casos de inadmissão da apelação e nos relativos aos efeitos em que a apelação é recebida, alterações trazidas pela Lei 11.187/2005.

Isso porque o agravo retido tem sido considerado a regra, sendo o agravo de instrumento utilizado somente nos casos previstos na lei, acima mencionados.

5.6.2 O agravo interposto diretamente aos tribunais

A jurisprudência acolheu melhor o novo agravo, uma vez que o maior óbice — tal seja, o de que lhe faltaria a possibilidade de efeito suspensivo, e, portanto, haveria inocuidade — deixou de existir.

Deveras, o efeito suspensivo, mercê do art. 527, III, com redação dada pela Lei 10.352/2001, poderá ser concedido pelo juiz. E, ademais disso, nos casos dos atos omissivos, a doutrina e a jurisprudência mais liberais aceitaram que se dê a própria providência postulada na primeira instância.[35]

---

34. O Órgão Especial do Tribunal de Justiça de São Paulo manifestou-se sobre o assunto, em 12.8.2002, no julgamento do AI 82.722-0/5-00, prolatando a seguinte ementa: "Agravo de instrumento em mandado de segurança. Não se concebe recurso de agravo de instrumento em mandado de segurança, interposto com base no art. 522 do Código de Processo Civil, porquanto os recursos cabíveis em primeira instância são previstos nos arts. 8º e 12 da lei de regência. (...)"

35. Já é copiosa a jurisprudência no sentido de dar ao agravo o chamado efeito ativo, é dizer, dar, nos casos de atos omissivos, a própria providência postulada na instância inferior. E, quanto a isso, a situação afigura-se de maneira muito mais tranqüila porque não há necessidade de existência de ilegalidade judicial, porém de entendimento diverso da instância recursal. V. acórdão do Tribunal da 4ª Região que bem espelha o novo posicionamento jurisprudencial: *"Agravo de instrumento — Interposição de decisão interlocutória em mandado de segurança — Admissibilidade — Recurso que propicia, além do efeito suspensivo, a obtenção*

Assim decidiu, por sua imensa maioria, o Tribunal Regional Federal da 3ª Região, por sua 2ª Seção. Inclusive, com tal possibilidade diminuem-se, e sensivelmente, os mandados de segurança contra atos judiciais.[36]

5.7 *Possibilidade de interposição de agravo regimental do indeferimento da liminar pelo relator, nos tribunais*

E, nos tribunais, se os relatores não concederem a medida liminar, caberá agravo regimental. Também nos pronunciamos, em nossa judicatura, e nos primórdios do Tribunal Regional Federal da 3ª Região, quanta à ampla possibilidade de reexame da decisão do relator.

Concluíamos que a decisão do relator seria sempre provisória. O órgão colegial poderia e deveria modificá-la se entendesse de outra forma, independentemente da existência de *error in procedendo* ou de decisão teratológica.[37]

A jurisprudência encaminhou-se no sentido de que ao relator foi dada a competência para decidir monocraticamente.

---

de medida antecipatória negada pela decisão agravada — Inteligência da Lei 9.139/95. A partir da vigência da Lei 9.139, de 30.11.95, que deu nova configuração ao agravo de instrumento, não há mais substância alguma no argumento de que esse recurso é incompatível com a índole do mandado de segurança. Pelo contrário: é a via recursal mais afinada com a celeridade que se pretende impor à ação constitucional. Trata-se de recurso que propicia o mais pronto e completo reexame da decisão recorrida. Interposto diretamente no Tribunal, é ele imediatamente distribuído ao relator que, sendo relevantes os fundamentos e ante risco de ineficácia, poderá determinar as providências consistentes na antecipação do futuro e provável juízo de provimento do recurso, não só para o efeito de suspender o cumprimento do ato agravado, como também, sendo ele omissivo ou indeferitório, para adiantar a tutela negada. Assim, as decisões interlocutórias em mandado de segurança estão sujeitas, atualmente, a agravo de instrumento, recurso que propicia, além do efeito suspensivo, a obtenção de medida antecipatória negada pela decisão agravada. Desse modo, o ajuizamento de novo mandado de segurança contra ditas decisões, além de dispensável por desnecessário, é incabível, nos termos do art. 5º, II, da Lei 1.533, de 1951" (TRF-4ª R., T. de Férias, MS 96.04.36426-0-PR, rel. Juiz Teori Albino Zavascki, j. 4.7.96, v.u., ementa *Boletim AASP* 1.986).

36. Consulte-se, a propósito, o excelente livro de Teresa Celina Arruda Alvim, *O Novo Regime do Agravo*, 2ª ed., 1993.

37. Essa, todavia, não é a posição do Supremo Tribunal Federal, que entende pelo descabimento do agravo regimental contra as decisões monocráticas de

5.8 Possibilidade de reparação se negada indevidamente a liminar

Impende perquirir se a ausência de concessão da medida liminar enseja qualquer espécie de reparação. Assim findaria completamente respondido o *quid juris* levantado anteriormente.

Como corolário lógico de todo o exposto, a resposta deve ser afirmativa.

Se o perecimento do direito deu-se em virtude da não concessão da medida — que seria devida —, exsurge ao jurisdicionado o direito de haver reparação.

Não distingue o art. 37, § 6º, do texto constitucional se o dano causado deu-se por culpa de "agente público"[38] da Administração ou do Judiciário.

Definimos agente público da seguinte forma:

"Agentes públicos são todos aqueles investidos em funções públicas, quer permanente, quer temporariamente.

"No conceito de agente público estão incluídos todos aqueles que desempenham, de qualquer modo, função pública. Mesmo os que, embora exerçam atividade privada, também prestam função pública, como os delegados ou concessionários de serviço público. O § 6º do art. 37 da Constituição é bastante claro quando diz: 'As pessoas jurídicas de direito público e as de direito privado prestadoras de serviços públicos responderão pelos danos que seus agentes, nessa qualidade, causarem a terceiros, assegurado o direito de regresso contra o responsável, nos casos de dolo ou culpa'."[39]

Ambas as autoridades aplicam a lei, devendo-lhe obediência, subserviência mesmo.

Não é a atividade do magistrado mais livre do que a do administrador. A discricionariedade, como amplamente já discutido (por isso mesmo o discurso sobre discricionariedade foi tão longo), não existe quer para um, quer para outro.

---

seus relatores. A propósito, o Supremo Tribunal Federal editou a Súmula 622, que assim dispõe: "Não cabe agravo regimental contra decisão do relator que concede ou indefere liminar em mandado de segurança".

38. O termo "agente público" deve ser entendido dentro da abrangência dada por Celso Antônio Bandeira de Mello em seu *Curso de Direito Administrativo*, 25ª ed., 2ª tir., Parte II, Cap. V, pp. 242 e ss.

39. Lúcia Valle Figueiredo, *Curso de Direito Administrativo*, 9ª ed., pp. 596-597.

Há o cumprimento da lei, que, no caso concreto, poder-se-á apresentar de maneira menos nítida ou menos demarcada. Mas, de qualquer forma, dentro dos lindes do razoável deverá se colocar a decisão tomada.

Se dois administradores podem divergir, também podem dois magistrados. De qualquer sorte, a divergência deverá se pautar pela razoabilidade das decisões, obrigatoriamente encartáveis nos comandos normativos, ou na principiologia do ordenamento jurídico e do instituto examinado.

É, pois, de se enfatizar: havendo prejuízo pela não concessão da medida liminar, pode haver responsabilidade, obrigando à reparação.

5.9 A suspensão da liminar se desaparecerem seus pressupostos

Por outro lado, se aparentemente se encontravam presentes os pressupostos da medida e, no curso da lide, desaparecerem, deve haver a suspensão da mesma.

Note-se que não dizemos revogação. Parece-nos — dada a conotação que possui — o termo *revogação* impróprio, quando se está a falar na suspensão da medida liminar.

Ora, se a medida não foi concedida, consoante critério de conveniência e oportunidade do juiz — como já dissertado —, mas atendendo ao mandamento legal, não se pode cogitar de revogação.

Revogação, consoante seu trânsito costumeiro, próprio do Direito Administrativo, consiste em provimento *ex novo* em matéria já provida e, ademais, que continue à disposição da autoridade competente.

É dizer: a utilização do termo tem, em Direito Administrativo, o sentido da supressão de ato administrativo por não ser sua manutenção conveniente e/ou oportuna, em dado momento, em decorrência de motivo superveniente.

Utilizando-nos de terminologia mais moderna: no momento presente, a autoridade administrativa verifica se há novo interesse público qualificado, e se tal interesse estaria a postular supressão do primeiro ato.

Não é o que se passa com o problema da suspensão da medida liminar. Suspende-se (e não se revoga), no presente, a medida concedida pois inexistentes os pressupostos que a suportaram, quer seja por erro inicial do magistrado, muita vez induzido pela parte, quer seja em virtude de as circunstâncias fáticas terem deixado de existir.

Vale dizer: no primeiro momento havia aparência de direito (*fumus boni juris*), aliada ao *periculum in mora*, que teriam levado o magistrado a conceder a medida.

Posteriormente, por força das informações, ou por outro qualquer elemento novo trazido ao bojo do processo, verifica-se que não há fundamento de validade para a manutenção da medida, que, assim, é suspensa.

Suspensa a medida, quer no curso do processo, ou por sentença denegatória da ordem, a situação retorna ao *statu quo* anterior.

Isto é, a eficácia do ato coator retirado, por força da liminar, *si et in quantum*, é revigorada. E é revigorada a partir do momento em que lhe foi subtraída a eficácia. De conseguinte, suprimido o hiato em que vigorou a medida, todas as implicações jurídicas ressurgirão.

Assim, por exemplo, se o pagamento de um imposto fosse obstaculizado por força de liminar, cessada esta, há de ser o pagamento com todos seus consectários legais decorrentes da mora.

Doutra parte, tratando-se do cumprimento de obrigação administrativa cujo retardamento implicasse multa, esta deverá ocorrer.

Todavia, nos termos da Lei 9.430, de 27.12.96, art. 63, quando denegada a sentença, ou suspensa a liminar, a multa não será devida, caso a suspensão da exigibilidade do crédito tributário tenha se dado antes de qualquer procedimento de ofício por parte do Fisco.

Como já afirmamos, a liminar é independente da sentença de mérito e com ela não se confunde.

É medida provisória, que pode ou não ser confirmada. E, se não o for, deverá seu beneficiário arcar com os ônus naturais da decisão final contrária.

5.9.1 A cassação da liminar ou sua absorção por sentença denegatória

Queremos enfatizar e deixar limpidamente claro. Revogada a liminar, ou melhor dizendo, *cassada*, uma vez que revogação, quer na Teoria Geral do Direito, quer no Direito Administrativo, tem sentido absolutamente diferenciado, ou, então, absorvida por sentença denegatória, volta-se ao *statu quo ante*.

É dizer, o ato administrativo revigora, recobra sua eficácia, como se nunca a tivesse perdido. Isso implica em conseqüências sérias. Exemplos curiais podem ser dados, como, *v.g.*: aluno, mercê de liminar, faz as provas; cassada a liminar ou denegada a segurança, não se argumente com situação consolidada. A prova teria sido feita por conta, riscos e perigos do beneficiário, que está ciente da provisoriedade da liminar.

Figure-se a prestação de provas de concurso público para admissão em determinado cargo. As provas efetuadas e, até mesmo, a eventual aprovação de nada valerão. Se assim não fosse estar-se-ia dando caráter de definitividade e não de provisoriedade à liminar.

5.9.2 Suspensão da exigibilidade do crédito tributário por ordem judicial

Verifiquemos, agora, situação inteiramente diversa da anteriormente citada.

Comumente se afirma que, cassada a liminar, quer seja por denegação da ordem, improcedência da ação ou julgamento de recurso, a situação anterior ressurge com toda sua eficácia. Ocorre que é necessário meditar, sobretudo nos casos concretos, como, por exemplo, de suspensão da exigibilidade do crédito tributário, o que irá significar a volta ao *statu quo ante*.

Consoante se nos afigura, significa a possibilidade de o Fisco proceder ao lançamento dos *consectários legais relativos à disponibilidade do dinheiro*, provisoriamente subtraída do Fisco, tais sejam, *juros* e, eventualmente, *correção monetária* (muito embora os juros sejam contestados por parcela da doutrina, inclusive por Alberto Xavier[40]).

Todavia, impossível a cobrança da *multa moratória*, consoante entendemos, pois a *multa*, no Código Tributário Nacional, é *san-*

---

40. *Do Lançamento. Teoria Geral do Ato, do Procedimento e do Processo Tributário*, 2ª ed., p. 462.

ção administrativa por descumprimento de obrigação. E, se assim é, jamais poderia ser aplicada em razão de não recolhimento ou, porventura, *recolhimento menor efetuado sob amparo de ordem judicial.*

Portanto, necessário é que se verifique o conceito de *multa moratória*, que nada mais é, consoante entendemos, e já assinalado, do que *sanção administrativa* pela inadimplência do contribuinte. Também, mister se faz enfatizar ser a sanção administrativa não uma compensação, como, por exemplo, são os juros moratórios, porém *punição pela inadimplência*. Ou, por outro giro, a sanção administrativa tem por objetivo evitar que se consume a infração.

Realmente, não se pode afirmar, *data venia* dos que pensam em contrário, que a multa moratória não seja sanção. Se não se entendê-la como sanção, os juros devidos (esses, sim, constituem-se em autêntica compensação pela mora) seriam *bis in idem*, situação repelida pelo Direito.

Nesse mesmo sentido (de que a multa moratória é sanção e nada tem a ver com recomposição), o renomado jurista Aliomar Baleeiro, em sua obra *Direito Tributário Brasileiro*, ensina, embora a se referir à denúncia espontânea e à multa: "Qualquer espécie de multa supõe a responsabilidade por ato ilícito. Assim, a multa moratória tem, como suporte, o descumprimento tempestivo do dever tributário. (...)".[41]

Tanto a multa moratória é considerada sanção que não é cobrada da massa falida, conforme reiterada jurisprudência (da qual nos permitimos citar um acórdão do Ministro Delgado).[42]

5.10 Distinção entre sanções administrativas e penais

Deveras, a diferença fundamental entre as *sanções administrativas* e as *penais* está apenas na gravidade da infração.

Enfatizamos que as sanções administrativas têm caráter repressivo, porém para infrações consideradas pelo legislador como

---

41. 11ª ed., atualizada por Misabel Abreu Machado Derzi, pp. 764 e 769.

42. REsp 219.768-MG, rel. Min. José Delgado, j. 14.9.99 — "*Ementa*: (...) *não se inclui no crédito habilitado em falência a multa fiscal moratória, por constituir pena administrativa* (Súmulas 192 e 565 do STF). Recurso especial provido. Votação: unânime" (grifamos).

potencialmente menos agressivas. O ilícito administrativo é punido, por isso mesmo, com sanções administrativas, e não com penas privativas de liberdade ou penas alternativas, como modernamente também se pode utilizar, quando se tratar de sanções penais.

Afirmam a propósito García de Enterría e Tomás-Ramón Fernandez: "Por sanção entendemos aqui um mal infligido pela Administração a um administrado como conseqüência de uma conduta ilegal. Este mal (fim aflitivo da sanção) consistirá sempre na privação de um bem ou de um direito, *imposição de uma obrigação de pagamento de uma multa* (...)"[43] (tradução e grifos nossos).

Da mesma maneira pensa Gian Antonio Micheli:

"Em particular, as sanções administrativas (...).

"A pena pecuniária é a sanção estabelecida pela lei, quando esta não foi considerada como reação ilícita conseqüente da violação de normas tributárias. Essa consiste na obrigação de pagar uma soma de dinheiro a favor do Estado e tal obrigação tem caráter civil. (...).

"A norma que vemos confirma que a pena pecuniária tem natureza de sanção aflitiva e não meramente ressarcitória (...)"[44] (tradução nossa).

Estabelecido que a multa é sanção, naturalmente não se poderia falar em sancionar contribuinte que se socorrer do Judiciário, infligindo-lhe pena pecuniária pelo fato de não ter ainda adimplido sua obrigação tributária, ou tê-la adimplido da forma permitida pela ordem judicial.

---

43. *Curso de Derecho Administrativo*, 5ª ed., v. 2, p. 159: "Por sanción entendemos aquí un mal infligido por la Administración a un administrado como consecuencia de una conducta ilegal. Este mal (fin aflictivo de la sanción) consistirá siempre en la privación de un bien o de un derecho, *imposición de una obligación de pago de una multa* (...)" (grifos nossos).

44. *Corso di Dirito Tributario*, pp. 247-248: "In particolari, le sanzioni amministrative (...). a) La pena pecuniaria è la sanzione stabilita dalla legge, quando questa non ha considerato quale reato illecito conseguente alla violazione di norme tributarie. Essa consiste nell'obbligo di pagare una somma di denaro a favore dello Stato e talle obligazione 'ha carattere civile'. *Le norme che si vedrano confermano che la pena pecuniaria ha natura di sanzione afflitiva e non meramente risarcitoria* (...)" (grifos nossos).

5.10.1 *Uma leitura adequada da Súmula 405 da Suprema Corte e a inafastabilidade do controle jurisdicional*

O enunciado da Súmula 405 do Supremo Tribunal Federal, e que tem levado a equívocos, é o seguinte: "*Súmula 405*. Denegado o mandado de segurança pela sentença, ou no julgamento do agravo, dela interposto, fica sem efeito a liminar concedida, retroagindo os efeitos da decisão contrária" (decisão 1.6.1964, *anterior ao Código Tributário Nacional*).

Verificados seus precedentes formadores,[45] expressamente referidos pela remissão sumular, chega-se ao entendimento de que suas conclusões são outras.

Verifica-se que dois deles são do mesmo relator e do mesmo dia. *E a única pretensão foi, a nosso ver, no sentido de esclarecer que a medida liminar não continuaria em vigor quando a sentença tivesse decidido de forma diferente*, ou, ainda, se a sentença fosse reformada pelo Tribunal de Apelação ou, então, por Tribunal Superior.

Quanto a esse fato, dúvida alguma acode. Se houver pretensão de se manter a liminar, nas hipóteses de sentença em outro

---

45. 1) RMS 0011.412 (ano 1963, UF: SP):

• "*Ementa*: *Liminar. Mesmo na hipótese de haver a segurança sido concedida na primeira instância e conseqüentemente ter sido ali mantida a liminar,* a decisão do Tribunal de Justiça, negando a segurança, impediria a subsistência daquela liminar, porque seria subversiva da hierarquia e prevalência do ato do juiz sobre a decisão do Tribunal Superior. *E dar ao recurso contra a decisão deste a força de produzir tal prevalência seria atribuir-lhe não apenas efeito* suspensivo, *mas efeito* restaurador e subversivo. (nossos os primeiros realces)

"Nem efeito *suspensivo* tem o recurso do art. 101, II, 'a', da Constituição. Não se pode conceder, com base em presunção, mandado de segurança, que supõe direito líquido e certo. Recurso desprovido.

"Distrito Federal, 10 de junho de 1963 — *Luiz Gallotti*, pres. e relator."

2) RMS 0011.106 (ano 1963, UF: SP):

• *Ementa*: *Mandado de segurança — Liminar: como medida provisória* não pode prevalecer sobre a sentença e, muito menos, sobre a decisão de segunda instância *(...). Recurso do mandado de segurança* não provido.

"Brasília, 6 de novembro de 1963 — *Evandro Lins e Silva*, relator" (realces nossos).

3) RMS 0011.115 (ano 1964, UF: SP):

• "*Ementa*: *Mandado de segurança — Liminar: como medida provisória* não pode prevalecer sobre a sentença e, muito menos, sobre a decisão de segunda instância (...). *Recurso do mandado de segurança* não provido.

"Brasília, 6 de novembro de 1963 — *Evandro Lins e Silva*, relator."

sentido, atualmente, após a Lei 8.952, de 13.12.94, que reformulou vários artigos do Código de Processo Civil, deve haver pedido cautelar ao Tribunal *ad quem* para que a mantenha.

Todavia, o fato de haver *retroação de efeitos*, nos termos da Súmula 405 do Supremo Tribunal Federal, não implica dizer que se deva sancionar o contribuinte, até então sob amparo de ordem judicial.

Assim não se poderá entender, porque seria menoscabo das decisões judiciais.

Deveras, estruturam o Estado de Direito *a efetiva separação de Poderes, uma tábua de direitos e garantias fundamentais* e *a inafastabilidade de jurisdição.*[46]

Portanto, proceder ao lançamento de multa (com fundamento na cassação das liminares) por falta ou suposto recolhimento do tributo a menor, por exemplo, fora de prazo, quando o contribuinte assim proceder sob amparo de medidas judiciais, importa restringir, de modo transverso, o acesso ao Poder Judiciário, em manifesta violação aos direitos e garantias individuais, especialmente ao *princípio da inafastabilidade da jurisdição.*

Deveras, o jurisdicionado não pode ser apenado em razão de se ter socorrido do Poder Judiciário, ainda que não lhe tenha sido reconhecido finalmente o direito, cuja tutela jurisdicional pretendia.

5.10.2 Providências fiscais se cassada a liminar

Demais disso, não mais vigente a liminar, quer por ter sido cassada, quer por ter sido reformada a sentença ou acórdão, compete ao Fisco, para exigir os encargos legais: 1) *efetuar o lançamento (se não tiver ainda assim procedido)*; 2) *notificar o contribuinte*, (2.1) *esclarecendo a diferença a ser paga e* (2.2) *o prazo para o pagamento*; e 3) *possibilitar o direito de defesa, após o lançamento e a notificação (especial-*

---

46. V. os seguintes autores: Gomes Canotilho, *Direito Constitucional*, 6ª ed., Coimbra, Livraria Almedina, 1993; Jorge Miranda, *Manual de Direito Constitucional*, t. IV, Coimbra, Coimbra Editora, 1993; Geraldo Ataliba, *República e Constituição*, São Paulo, Ed. RT, 1985, ou a 2ª ed., atualizada por Rosolea Miranda Folgosi, 4ª tir., São Paulo, Malheiros Editores, 2007.

mente na hipótese do cálculo efetuado, totalmente desconhecido do contribuinte, como, por exemplo, nos casos de imputação, como concebida na legislação do Estado de São Paulo).

Note-se ainda ter sido o Código Tributário Nacional recebido como *lei complementar*, e, como tal, devendo dispor sobre *lançamento, obrigação* e *créditos tributários* (com fundamento no art. 146, III, e, em especial, letra "b", da Constituição da República).

5.10.3 *Impossibilidade de se atribuir efeitos retroativos às sentenças*

Alberto Xavier,[47] constitucionalista e tributarista dos mais iluminados e ilustres, averba: "As sentenças proferidas em *mandado de segurança* e em *ações anulatórias* não têm efeito retroativo, produzindo apenas efeitos *ex nunc*, mantendo intactos os efeitos suspensivos operados no passado pelas medidas liminares, que cessam apenas *ex nunc*, por caducidade".

Todavia, logo em seguida adverte:

"Sendo originariamente uma decisão válida e eficaz — e não uma decisão ilegal, 'contrária' à sentença de mérito —, razão alguma existe para a destruição retroativa dos seus efeitos. Se a lei permitiu que o efeito suspensivo da exigibilidade do crédito tributário fosse dado por uma decisão fundada em *summaria cognitio*, não pode logicamente pretender a destruição dos seus efeitos em razão de uma cognição plena superveniente, que não se considerou necessária para a atribuição daquele seu efeito. (...).

"A resposta está em que, por puros motivos de inércia, se tem procedido a uma interpretação literal da Súmula 405 do Supremo Tribunal Federal, atribuindo-lhe um significado que não tem. De acordo com essa Súmula, 'denegado o mandado de segurança pela sentença, ou no julgamento do agravo, dela interposto, fica sem efeito a liminar concedida, *retroagindo os efeitos da decisão contrária*'. A verdade, porém, é que esta Súmula não pode ser invocada em matéria de suspensão da exigibilidade do crédito tributário, por dois motivos distintos. Em primeiro lugar, os acórdãos que lhe deram origem são todos de 1963, anteriores portanto ao Códi-

47. *Do Lançamento. Teoria Geral do Ato, do Procedimento e do Processo Tributário*, 2ª ed., pp. 456-462.

go Tributário Nacional (1966) — que atribuiu às liminares em mandado de segurança efeito suspensivo da exigibilidade do crédito tributário — e ao Código de Processo Civil (1973), que pacificou o entendimento de que os motivos e questões prejudiciais não integram o caso julgado. Em segundo lugar, nos casos concretos que a originaram não se discutiam os efeitos da cessação da eficácia no que concerne à exigibilidade do crédito tributário, mas tãosomente a questão de saber se, face a decisão de mérito desfavorável, a liminar poderia subsistir até decisão final proferida no recurso ou *se cessava imediatamente a sua eficácia tão logo proferida a decisão de primeiro grau.* (...).

"A não produção das conseqüências da mora — multas de mora e juros de mora — resulta singelamente da não existência de causa suscetível de as provocar. Se a mora é uma conseqüência da exigibilidade não pode logicamente haver mora em relação a pretensões inexigíveis. E se não há mora sem exigibilidade, não pode haver multa de mora e juros de mora na hipótese de as medidas liminares suspenderem o início da mora ou o curso da mora, conforme tenham sido obtidas antes ou após o prazo do vencimento do imposto. Neste último caso, ao contrário do primeiro, ocorre efetivamente a mora, pelo quê a multa e os juros são devidos; mas o curso da mora é posteriormente suspenso, o que determina a suspensão, a partir de então, da fluência da multa e dos juros"[48] (grifamos).

Com a vênia devida pela longa citação, porém achamos imprescindível trazê-la para que se possa integralmente compreender o pensamento do magnífico autor.

Hugo de Brito Machado[49] é do mesmo pensar, inclusive também Eduardo Pellegrini Arruda Alvim.[50]

5.10.4 A solução dada pela Lei federal 9.430, de 27.12.1996

A Lei federal 9.430, de 27.12.96, em consonância com o Código Tributário Nacional, em seu art. 63, pôs, *na esfera federal*, uma pá de cal nas discussões instauradas, determinando peremptoriamente:

---

48. Ibidem, pp. 456-462.
49. *Mandado de Segurança em Matéria Tributária*, 2ª ed., pp. 163-164.
50. *Mandado de Segurança no Direito Tributário*, pp. 221-224.

"Art. 63. Na constituição de crédito tributário destinada a prevenir a decadência, relativo a tributo de competência da União, cuja exigibilidade houver sido suspensa na forma dos incisos IV e V do art. 151 da Lei n. 5.172, de 25 de outubro de 1966, não caberá lançamento de multa de ofício. *(Redação dada pela Medida Provisória 2.158-35, de 2001)*

"§ 1º. O disposto neste artigo aplica-se, exclusivamente, aos casos em que a suspensão da exigibilidade do débito tenha ocorrido antes do início de qualquer procedimento de ofício a ele relativo.

"§ 2º. A interposição da ação judicial favorecida com a medida liminar interrompe a incidência da multa de mora, desde a concessão da medida judicial, até 30 (trinta) dias após a data da publicação da decisão judicial que considerar devido o tributo ou contribuição."

Ademais, também é de se observar que na hipótese de consulta administrativa (considerada eficaz) não se aplica a multa moratória enquanto pendente de apreciação. E se pendente a consulta não se aplica a multa moratória, qual seria a razão de aplicá-la quando pendente ação judicial, expressamente beneficiada com a suspensão da exigibilidade do crédito tributário?

Se o contribuinte estiver sempre calcado em ordens judiciais que, temporariamente, lhe permitiram manter seu entendimento a respeito da exação tributária, ou, então, fez pagamentos antecipados da forma que lhe foi permitida judicialmente, extinguiu o respectivo crédito tributário (sob condição resolutória), de forma que, com a cassação da liminar, a diferença possivelmente devida ao Fisco só poderia corresponder ao ganho financeiro (juros e eventual correção monetária) decorrente do recebimento a destempo do valor nominal a final entendido como devido.

Nada mais poderá ser exigido do contribuinte a título de multa, pois não se lhe poderá imputar sanção, na medida em que agiu amparado por medidas judiciais.

5.11 Motivação das decisões

Como último tópico, somente queríamos enfatizar que as decisões devem ser necessariamente motivadas. Dizer, por exemplo, que o magistrado motivou sua decisão quando afirmou não existir *periculum in mora*, ou não existir *fumus bonis iuris* ou não estarem presentes os requisitos do art. 7º, II, da Lei 1.533/51, significa, na verdade, que o juiz não disse nada. *Isso não é motivação.*

O juiz tem de explicitar por que não está presente o *fumus boni iuris*, porque não está presente o *periculum in mora*. Remeter-se, apenas, ao texto legal não é motivar, é ausência de motivação judicial.

Também ocorre o mesmo quando o administrador pratica ato fundado no artigo tal, inciso tal, da lei tal. *Na verdade, não houve fundamentação. É ato desmotivado, em franca agressão ao princípio constitucional que obriga a motivação.*

A motivação não se encontra expressa no art. 37 da Constituição da República; todavia, está expressa no art. 93, X, quando se refere às decisões administrativas do Judiciário. Assim, não seria crível obrigar-se o Judiciário a motivar, e não o administrador. Deveras, o art. 5º, XXXV, dá amplo acesso à jurisdição, e seu inciso LV diz que o processo administrativo terá as mesmas garantias do judicial.

Ora, ampla defesa e contraditório serão totalmente impossíveis, como totalmente impossível será questionar-se judicialmente, se motivação não houver.

Portanto, a motivação, quando vem arrimada tão-somente no dispositivo legal, é absolutamente insuficiente. A motivação deve ser expressa, é dizer, deve ser referida qual a hipótese fática que se subsumiu à norma. Somente assim haverá motivação, somente assim o juiz poderá ver a adequação entre o pressuposto fático e o ato emanado, quer seja no mandado de segurança contra ato de autoridade administrativa ou judicial. Somente assim será possível avaliar a razoabilidade, a proporcionalidade do ato ou da decisão.

Somente assim terá cumprido o devido processo legal, satisfazendo a determinação do art. 93, X, da Constituição.

6
A Suspensão da Liminar e/ou da Sentença Proferida em Mandado de Segurança (Artigo 4º da Lei 4.348/64)

6.1 Considerações introdutórias: 6.1.1 Conceito de grave lesão à saúde, à ordem e segurança públicas — 6.1.2 Conceito de grave lesão à economia pública — 6.1.3 Impossibilidade do exame da legalidade da decisão de primeira instância. 6.2 Possibilidade de pedido de suspensão: 6.2.1 Breve nota sobre a discricionariedade — 6.2.2 A decisão suspensiva e a motivação. 6.3 A avaliação técnica (interpretativa) dos pressupostos fáticos difere do mérito do ato. 6.4 O afastamento da possibilidade da lesão grave: 6.4.1 A via ressarcitória. 6.5 O pedido de suspensão e a interposição do agravo. 6.6 A interposição do agravo em face de decisão que indefere o pedido de suspensão. 6.7 A duração dos efeitos da suspensão de segurança.

6.1 Considerações introdutórias

A medida liminar ou a sentença poderão ser suspensas nos termos do *caput* do art. 4º da Lei 4.348, de 26.6.64, que dispõe: "Quando, a requerimento de pessoa jurídica de direito público interessada e para evitar grave lesão à ordem, à saúde, à segurança e à economia públicas, o presidente do tribunal, ao qual couber o conhecimento do respectivo recurso (Vetado) suspender, em despacho fundamentado, a execução da liminar, e da sentença, dessa decisão caberá agravo, sem efeito suspensivo, no prazo de cinco dias, contados da publicação do ato".

Portanto, verifica-se que, para suspensão da liminar ou da sentença, o pedido deverá ser feito com a prova inequívoca de que esses valores encontram-se fortemente ameaçados. Não bastará, como é óbvio, a mera alegação. Far-se-á mister, sem sombra de qualquer dúvida, a demonstração cabal da possível violação a esses valores.

A primeira questão a enfrentar — desde logo — versa sobre a competência de pessoa jurídica que não a União, Estados, Municípios e Distrito Federal, para postular suspensão de liminar.

O tema merece alguma meditação.

Parece-nos que a economia pública há de se referir, fundamentalmente, à pessoa de direito público. Entendíamos — embora fôssemos vencidos em nossas decisões judiciais — que não podem as pessoas privadas, ainda que exercentes de atividades delegadas, postular a suspensão. Nossa posição continua a ser esta; entretanto, a jurisprudência, mesmo a do Supremo Tribunal Federal, não compactua com esse entendimento.

E não podem porque os valores envolvidos são de tal grandeza, que apenas visão globalizada das conseqüências danosas, sobretudo para a economia, poderia ensejar o pedido de suspensão.

Se não, vejamos.

O art. 4º da Lei 4.348/64,[1] já citado, descende diretamente do regime de exceção no qual o País mergulhou por mais de 20 anos. Sua compatibilidade com a Constituição de 1988 há de ser, pois,

---

1. Esse artigo foi seriamente modificado pela Medida Provisória 1.984/2000, reeditada inúmeras vezes, posteriormente com o n. 2102, seguido, ainda, do n. 2.180, até setembro de 2001. Foram acrescentados dois parágrafos a esse art. 4º, de teor seguinte:

"§ 1º. Indeferido o pedido de suspensão ou provido o agravo a que se refere o *caput*, caberá novo pedido de suspensão ao Presidente do Tribunal competente para conhecer de eventual recurso especial ou extraordinário.

"§ 2º. Aplicam-se à suspensão de segurança, de que trata esta Lei, as disposições dos §§ 5º a 8º do art. 4º da Lei n. 8.437, de 30 de junho de 1992" (esta lei é a que trata das cautelares interpostas contra a Fazenda Pública).

A intenção clara é a de limitar o mais possível, *e de forma absolutamente inconstitucional*, as liminares, e atribuir, cada vez mais, o controle dessas liminares aos Presidentes dos Tribunais. V. as críticas contundentes de Cássio Scarpinella Bueno no *site* da Editora Max Limonad, na atualização do seu livro *O Poder Público em Juízo*. Rosa Nery e Nélson Nery, em seu *Código de Processo Civil Comentado*, 7ª ed., apontam, pelas razões impostas nas notas correspondentes, as inconstitucionalidades dessas alterações. É verdade que essas medidas ainda não foram aprovadas pelo Congresso Nacional, que deverá examiná-las mercê da Emenda Constitucional 32; porém, até o exame, ficarão devidamente "congeladas".

verificada com grande acuidade. Ainda assim, os pressupostos para suspensão são categoricamente limitados.

De sua simples leitura verifica-se que o pedido de suspensão da liminar e da sentença se há de fundamentar em, pelos menos, uma das situações arroladas: grave lesão à ordem, à saúde, à segurança e à economia públicas, como já afirmamos.

Vejam-se os valores sociais protegidos. São de tal grandeza, tal magnitude, que necessariamente teria o art. 4º da Lei 4.348, de 26.6.64, já mencionado, de ser recebido pela Constituição.[2]

Entrechocam-se, a merecer exame acurado, garantias individuais com coletivas, tuteladas na mesma Constituição.

Portanto, como já afirmado, o pedido de suspensão deverá ser examinado com a maior detença, e, ao que se nos afigura, embora a jurisprudência seja em sentido contrário, não poderia ser feito pelos entes privados delegados ou concessionários de serviço público, embora saibamos ser nossa posição minoritária.[3]

6.1.1 Conceito de grave lesão à saúde, à ordem e segurança públicas

É claro que, sem a defesa da ordem pública, não há sequer possibilidade de continuar existindo o Estado de Direito. Lesão

---

2. A propósito, mencione-se o voto proferido pelo Min. Sepúlveda Pertence no julgamento do Ag. na SS 1.149-9, em que foi argüida a incompatibilidade do instituto da suspensão de segurança com a Constituição Federal de 1988:

"Verdadeiramente inconciliável com o Estado de Direito e a garantia constitucional da jurisdição seria o impedir a concessão ou permitir a cassação da segurança concedida, com base em motivos de conveniência política e administrativa, ou seja, a superposição ao direito do cidadão das *razões de Estado*.

"Não é o que sucede com a suspensão de segurança, que não tem por objeto a sustação do cumprimento de decisão transitada em julgado, mas apenas a da execução provisória de decisão irrecorrível" (grifos do original).

Há que se dizer que esta decisão se deu em 3.4.97, tendo sido unanimemente acolhida pelo Plenário.

3. Sobre o entendimento do Órgão Pleno do Supremo Tribunal Federal quanto à legitimidade das empresas delegadas e concessionárias de serviço público para interpor suspensão de segurança, v. a ementa redigida no julgamento da SS 202-3, *in verbis*: "( ) Empresa pública, órgão da Administração indireta do Distrito Federal, legalmente incumbida de típico serviço público, a CAESB está legitimada para interpor pedido de suspensão de segurança, quando os pressupostos da medida sejam pertinentes à sua área de atuação. (...)".

grave, pois, à ordem pública é ameaça às próprias instituições e ao próprio Estado de Direito.

Grave lesão à segurança pública também poderia ter o mesmo catastrófico efeito. Aliás, o direito à segurança descende diretamente do art. 5º do texto constitucional.

Grave lesão à saúde pública, valor priorizado pelo texto constitucional, atentaria, até mesmo, contra a dignidade da pessoa humana, erigida como fundamento do Estado Democrático de Direito (art. 1º, III, da CF).

6.1.2 Conceito de grave lesão à economia pública

Quanto à *grave lesão à economia pública*, ***o que mais fundamenta os pedidos de suspensão da liminar ou da sentença***, há de se perquirir, no texto constitucional, a quem cabe a tutela desse bem jurídico.

Nos arts. 21, VII e VIII, 22, VI, VII e XIX, e 174, §§ 1º e 2º, vê-se nitidamente a competência da União:

> "Art. 21. Compete à União: (...) VII — emitir moeda; VIII — administrar as reservas cambiais do País e fiscalizar as operações de natureza financeira, especialmente as de crédito, câmbio e capitalização, bem como as de seguros e de previdência privada; (...)".
>
> "Art. 22. Compete privativamente à União legislar sobre: (...) VI — sistema monetário e de medidas, títulos e garantias dos metais; VII — política de crédito, câmbio, seguros e transferência de valores; (...) XIX — sistemas de poupança, captação e garantia da poupança popular; (...)."
>
> "Art. 174. Como agente normativo e regulador da atividade econômica, o Estado exercerá, na forma da lei, as funções de fiscalização, incentivo e planejamento, sendo este determinante para o setor público e indicativo para o setor privado.
>
> "§ 1º. A lei estabelecerá as diretrizes e bases do planejamento do desenvolvimento nacional equilibrado, o qual incorporará e compatibilizará os planos nacionais e regionais de desenvolvimento.
>
> "§ 2º. A lei apoiará e estimulará o cooperativismo e outras formas de associativismo.
>
> "(...)."

Começamos, entretanto, a examinar algumas alegações comumente feitas nesses pedidos, tais sejam: a) proibição de serem concedidas liminares em certas matérias; b) no precedente criado pela concessão para novas impetrações de segurança de valores altíssimos com o mesmo objeto; c) e, finalmente, que a decisão do Judiciário em determinadas matérias, como, por exemplo, nas decisões econômicas, seria invasão da competência do Legislativo e Executivo, *regulação sub-reptícia da economia*.

Ademais, a pretexto da existência de lesão grave à economia, pretende-se, também, às vezes, que se examine a legalidade ou ilegalidade da decisão, liminar ou de mérito, proferida monocraticamente.

6.1.3 *Impossibilidade do exame da legalidade da decisão de primeira instância*

Ora, a *legalidade da decisão, matéria de mérito*, somente pode ser conhecida em sede da apelação, ou, então, em mandado de segurança contra ato judicial ou, quando for o caso, em agravo de instrumento, nos termos da Lei 9.139, de 30.11.95, ou, ainda, na cautelar a ser requerida diretamente aos tribunais. Não é, pois, o caso de ser examinada pelo presidente do tribunal.[4]

Quanto à sucessão de mandados de segurança que possa ocorrer (alegação também constante), caso prevaleçam as decisões, nada tem a ver com o fundamento do art. 4º da Lei 4.348/64.

Enfatize-se: esse art. 4º da Lei 4.348/64 deve ser interpretado à luz do art. 5º, XXXV, da Constituição da República, que dilargou, às abertas, o controle pelo Judiciário, tanto para prevenir lesão quanto para repará-la. De conseguinte, *lei alguma poderá proibir o poder cautelar do juiz*, sob pena de negar eficácia a uma norma constitucional, sob pena de se inviabilizar a tutela cautelar.

---

4. Deve-se ressaltar que o Supremo Tribunal Federal tem entendido que a decisão que examina o pedido de suspensão da segurança deve observar um mínimo de "delibação" da matéria discutida na segurança. A propósito, do julgamento do Ag. na SS 1.272-4 resultou a seguinte ementa: "(...). II — Mérito da causa — Delibação — Necessidade de, na decisão que examina o pedido de suspensão da segurança, observar-se um mínimo de delibação da matéria discutida na segurança. É que, se para a concessão da cautelar examina-se a relevância do fundamento, o *fumus boni juris* e o *periculum in mora* — Lei 1.533/51, art. 7º, II —, na sua suspensão, que constitui contracautela, não pode o Presidente do Tribunal furtar-se a um mínimo de apreciação daqueles requisitos. Precedente do STF: SS 846-DF (AgRg), Pertence, Plenário, 29.5.96, *DJU* 8.11.96. (...)".

Ainda, os argumentos de que o Judiciário estaria regulando a economia, ou nela se intrometendo, também não servem a alicerçar pedido de suspensão de segurança.

Esse argumento, de escassíssima juridicidade, desconhece que, quando o Judiciário decide, fá-lo sob o pálio de sua função típica constitucional de dizer o direito no caso concreto, de funcionar como freio e contrapeso dos outros Poderes, concepção clássica de Montesquieu. Constitui-se, sem sombra de dúvida, tal afirmação em argumento *ad terrorem*.

De outra parte, também se há de refutar que a decisão do presidente do tribunal *ad quem* possa ser ato discricionário,[5] por ficar a seu critério a valoração da conveniência e oportunidade de concedê-la.

Também "a complexidade do caso a demandar o desate do mérito", tantas vezes alegada, não pode estribar suspensão de liminar, uma vez que os limites a fundamentar o pedido, com esteio no art. 4º da precitada lei, são estritíssimos e estreitíssimos.

6.2 Possibilidade de pedido de suspensão

Verifica-se, em conseqüência, que apenas se houver *interesse público qualificado* pela norma, consistente na tutela dos valores *ordem pública, segurança pública, saúde pública* e *economia pública,* adjetivados pela *ameaça de grave lesão,* pode haver suspensão.

Em sentido contrário, *não pode haver a suspensão* se estes valores não estiverem ameaçados gravemente.

Impende, pois, averiguar o que é interesse público, se pode ser qualquer um alegável pelo ente público, ou se, antes pelo contrário, somente aquele efetivamente qualificado pela norma.

Interesse público é conceito *indeterminado, todavia determinável,* conceito a ser trazido à zona de certeza.

Diz García de Enterría[6] que, na história das garantias jurídicas, verifica-se confusão nas normas a aplicar pela Administração

---

5. No capítulo anterior abordamos amplamente o tema *discricionariedade.*

6. Eduardo García de Enterría e Tomás-Ramón Fernandez, *Curso de Derecho Administrativo,* v. I, Cap. VIII, *Las Luchas Contra las Imunidades del Poder.*

quando há, nessas normas, conceitos indeterminados. Afirma exatamente que a peculiaridade desses conceitos jurídicos é ter *qualificação única em determinadas circunstâncias concretas*. Os exemplos que traz a contexto são urgência, circunstâncias excepcionais, ordem pública etc.

De conseguinte, *na qualificação dos fatos não há nem pode haver discricionariedade*, caracterizável, esta última, a discricionariedade, pela pluralidade de soluções possíveis albergadas pela norma.

Não há nos autores modernos — quer alemães, que se encontram em nítida superioridade no trato do tema, quer espanhóis ou italianos, quer nos nossos autores brasileiros, conhecedores das modernas escolas administrativistas — aceitação de que na interpretação de conceitos indeterminados possa caber qualificação discricionária quanto ao conteúdo do conceito.

Antes, todavia, devem atender, por parte dos intérpretes, quer sejam administrador ou juiz, ao processo de apreensão dos fatos para posterior subsunção.

O conceito de subsunção é dado por Engisch: "De conformidade com esta idéia, um trabalho recente sobre a estrutura lógica da aplicação do Direito acentua: a subsunção dum caso a um conceito jurídico representa uma relação entre conceitos: *um facto tem de ser pensado em conceitos, pois que de outra forma — como facto — não é conhecido, ao passo que os conceitos jurídicos, como o seu nome o diz, são sempre pensados na forma conceitual*".[7]

São, portanto, subsumidos *conceitos de fatos a conceitos jurídicos*. Não podemos deixar-nos arrastar, aqui, para indagações de lógica formal e de teoria do conhecimento. Deve-se, no entanto, acentuar que a subsunção de uma situação de fato concreta e real a um conceito *pode* ser entendida como enquadramento desta situação de fato, do "caso", na *classe* dos casos designados pelo conceito jurídico ou pela hipótese abstrata da regra jurídica, ditado pelas circunstâncias reais, pelos princípios vetores do ordenamento jurídico, pelo texto legal e por todo contexto em que inserida a norma.

---

7. *Introdução ao Pensamento Jurídico*, 6ª ed., p. 95.

6.2.1 Breve nota sobre a discricionariedade[8]

A *discricionariedade*, de seu turno, *se houver*, não está, pois, *na determinação do conceito* — esta não existe nem no Direito Privado, nem no Direito Público —, mas, sim, na *oportunidade e conveniência, no caso concreto*. Determinado, por exemplo, o que possa ser, em face de nosso ordenamento jurídico, *grave lesão à economia pública*, no caso concreto, repito, *e só nele* (não abstratamente considerada), deverá a autoridade competente escolher qual a melhor solução para preservar o valor jurídico já qualificado. É dizer, qualificam-se fatos, subsume-se-os à hipótese abstrata. *Depois, aplica-se a solução mais adequada*.

Claro, ainda, que, ao fazê-lo, deverá ponderar, a autoridade, entre o sacrifício de outros valores do ordenamento jurídico. Deverá verificar se está a tutelar o interesse primário da Administração (Renato Alessi).

Não me posso furtar de trazer a contexto o festejado Barbosa Moreira a propósito dos conceitos indeterminados. São suas palavras:

"Na fixação dos conceitos juridicamente indeterminados, abre-se ao aplicador da norma, como é intuitivo, certa margem de liberdade. Algo de subjetivo quase sempre haverá nessa operação concretizadora, sobretudo quando ela envolva, conforme ocorre com freqüência, a formulação de juízos de valor. (...).

"Os conceitos indeterminados integram a descrição 'do fato', ao passo que a discricionariedade se situa toda no campo dos efeitos. Daí resulta que, no tratamento daqueles, a liberdade do aplicador se exaure na fixação da premissa: uma vez estabelecida, *in concreto*, a coincidência ou a não coincidência entre o acontecimento real e o modelo normativo, a solução estará, por assim dizer, predeterminada. Sucede o inverso, bem se compreende, quando a própria escolha da conseqüência é que fica entregue à decisão do aplicador.

"(...) mas averiguar, antes de tudo, o *fim* a que se ordena o instrumento de controle (recurso, as mais das vezes), e assentar se

8. Já discorremos largamente sobre o tema no Cap. 5, referente à *Liminar no Mandado de Segurança*.

a extensão da controlabilidade à aplicação da regra de experiência se *harmoniza ou não* com semelhante fim. Em resumo, a chave do enigma seria a interpretação *teleológica*.".[9]

6.2.2 *A decisão suspensiva e a motivação*

Hely Lopes Meirelles afirma depender a decisão suspensiva de motivação. Concordamos, claro está, com a necessidade de motivação, a fim de ser possível aferir ter *sido deferida a suspensão da liminar dentro dos contornos da legalidade, dos fundamentos permitidos pela lei.*

E o saudoso autor, em seu *Direito Administrativo Brasileiro*, averba, acerca da motivação: "Nos atos vinculados ou regrados, e especialmente nos que importem atividade de jurisdição (decisões administrativas), mais se acentua o dever de motivar porque em tais casos, *a ação administrativa está bitolada estreitamente pela lei ou pelo regulamento, impondo ao administrador a obrigação de demonstrar a conformação de sua atividade com todos pressupostos de direito e de fato que condicionam a eficácia e validade do ato*"[10] (grifamos).

Também é do autor a seguinte passagem:

"A faculdade discricionária distingue-se da vinculada pela maior liberdade de ação que é conferida ao administrador. Se para a prática de um ato vinculado a autoridade pública está adstrita à lei em todos os seus elementos formadores, para praticar um ato discricionário é livre, no âmbito em que a lei lhe concede essa faculdade.

"Por aí se vê que a discricionariedade é sempre relativa e parcial, porque, quanto à *competência*, à *forma* e à *finalidade* do ato, a autoridade está subordinada ao que a lei dispõe, como para qualquer ato vinculado."

E, mais ainda:

"Mesmo quanto aos elementos discricionários do ato há limitações, impostas pelos princípios gerais do Direito e pelas regras da boa administração, que, em última análise, são preceitos de moralidade administrativa.

---

9. *Temas de Direito Processual*, pp. 65-67.

10. *Direito Administrativo Brasileiro*, 17ª ed., São Paulo, Malheiros Editores, 1992, p. 181.

"(...).

"*Erro é considerar-se o ato discricionário imune à apreciação judicial, pois só a Justiça poderá dizer da legalidade da invocada discricionariedade e dos limites de opção do agente administrativo.*".[11]

Como se verifica, é imprescindível a motivação para que se possa averiguar ter ficado a suspensão, quando deferida, dentro da competência do presidente do tribunal.

6.3 A avaliação técnica (interpretativa) dos pressupostos fáticos difere do mérito do ato

De toda forma, como assinalado, a doutrina mais moderna recusa-se a aceitar como assemelháveis a *avaliação técnica dos pressupostos fáticos e o mérito do ato*, ou o campo de ação, resíduo deixado após a interpretação.

Aprofunda-se, por óbvio, toda temática da interpretação, consoante se pode verificar, a propósito do tema, em língua estrangeira, nos autores Luigi Benvenuti, Massimo Severo Giannini, Philipo Satta, García de Enterría, Gordillo, Sainz Moreno, Otto Bachoff e, em língua nacional, Celso Antônio Bandeira de Mello, Adílson Dallari, Sérgio Ferraz, Maria Sylvia Zanella di Pietro, dentre tantos outros que enfrentaram o tema, não pelo prisma autocrático do Estado, mas pelo prisma do Estado de Direito, do Estado curvado ao *devido processo legal* (San Thiago Dantas,[12] Carlos Roberto de Siqueira Castro,[13] Geraldo Ataliba[14]).

6.4 O afastamento da possibilidade da lesão grave

Enfrentamos, outrossim, argumento também repetidamente utilizado de que há possibilidade de reparação (art. 37, § 6º, da CF) e, por assim ser, a liminar e a sentença podem ser suspensas, pois em jogo estão interesses públicos e não individuais.

---

11. *Direito Administrativo Brasileiro*, 34ª ed., pp. 121-122.

12. *Problemas de Direito Positivo*, Forense, 1953.

13. *O Devido Processo Legal e a Razoabilidade das Leis na Nova Constituição*, Forense, 1988.

14. *República e Constituição*, 2ª ed., 4ª tir., 2007.

A Constituição brasileira, das mais modernas do mundo no atinente aos direitos e garantias individuais e coletivos, às escâncaras, sem qualquer cerimônia ou subterfúgio, consagrou valores fundamentais ao homem e à coletividade. Abriu-lhes a porta do primado da jurisdição ampla, plena, até para prevenir ameaça de lesão.

Deu-lhes — pois quem dá os fins, deve dar os meios — amplas garantias para defesa desses direitos individuais e coletivos (sem exauri-los em sua enumeração, nos termos do art. 5º, § 2º), e, sobretudo, as garantias céleres do mandado de segurança, individual e coletivo, do *habeas corpus*, do *habeas data*, do mandado de injunção, especialmente para evitar preditas lesões.

6.4.1 A via ressarcitória

Ora, a via ressarcitória aparece no texto constitucional no capítulo referente à Administração Pública. O *caput* do art. 37 arrola os princípios expressos pelos quais se há de pautar a Administração Pública. A esses somem-se a *motivação*, defluída do art. 93, X, a *razoabilidade das decisões*, inferida do controle interno, externo pelo Congresso e Tribunais de Contas e pelo controle jurisdicional, e os *princípios implícitos*, lealdade e boa-fé, descendentes diretamente da moralidade administrativa.

Somem-se, ainda, os princípios vetores de qualquer ordenamento jurídico — portanto, de qualquer Estado de Direito —, *certeza e segurança do Direito* vigente à época em que as relações jurídicas são travadas.

A respeito desses valores, assim se pronuncia Bobbio: "A uma prescrição abstrata, enfim, vem atribuída, em oposição à prescrição concreta, a capacidade de atuar um fim, ao qual cada ordenamento jurídico progressivo não pode renunciar: o fim da certeza. Por certeza do direito entende-se, pelo menos, a determinação, de uma vez para sempre, dos efeitos que o ordenamento jurídico atribui a um certo tipo de ato ou fato, de modo que o cidadão esteja com a possibilidade de saber com antecipação, as conseqüências das próprias ações e de regular-se de acordo com as normas estabelecidas. Não é difícil entender qual aspiração humana este procedimento jurídico satisfaz: para resumir, pode-se acenar ao desejo de segurança e de estabilidade".[15]

Ora, bem por isso, como consectário constitucional de sobreditos princípios, deve haver, em contrapartida, o remédio, também constitucional, para sua violação, tal seja, a responsabilidade extracontratual do Estado.

Evitar a lesão é diverso de repará-la. O novo texto constitucional brasileiro — e não apenas a legislação infraconstitucional — visa a afastar até a mera ameaça.

É claro que, se não se puder evitar a lesão, também há meio corretivo — a indenização. Todavia, o lançar o jurisdicionado às vias mais dificultosas, quando postula bem de vida *in natura, in specie*, é violar preceito constitucional.

Como dizia Seabra Fagundes em seu clássico e indispensável *O Controle dos Atos Administrativos pelo Poder Judiciário*, a propósito do tema: "Assegura-se o *exercício* do direito e não a *reparação econômica*, forma indireta de sanar a lesão".[16]

E remete, ainda, o autor, a Castro Nunes, clássico no tema *mandado de segurança*, que averba: "O mandado de segurança dá ao titular do direito a prestação *in natura*. É um procedimento *ad ipsam rem*, que não comporta a substituição da prestação devida. O direito é assegurado, no seu *exercício* e não pela forma *indireta* da equivalência econômica, princípio pelo qual se define o ressarcimento da inexecução da obrigação, *scilicet* vinculação da lei".

De conseguinte, há de ser examinado, para suspensão da liminar ou sentença, se ocorrem, de fato, ou não, as hipóteses apontadas pela norma, tais sejam, *a lesão à economia, à ordem pública, à saúde e à segurança públicas*, e/ou se há prova suficiente de que possam vir efetivamente a acontecer, lesões, estas, adjetivadas pelo "grave", pois, se graves forem, não podem nem devem ser suportadas pela coletividade.

Deveras, a Administração deve defender os interesses públicos primários, e o Judiciário assegurá-los, prestigiando o sentido da norma.

---

15. *Studi per una Teoria Generale del Diritto*, p. 26.
16. 6ª ed., p. 296.

Não tem, todavia, o presidente do tribunal outra liberdade para conceder ou não a suspensão. Não há discricionariedade, como se costuma afirmar. Há competência-dever para suspensão dentro de balizas estritas, estreitas e nitidamente demarcadas. Ampliar a interpretação para incluir, por exemplo, a hipótese *de grave lesão à ordem administrativa*, como tem acontecido, é, segundo se me afigura, enfraquecer a garantia constitucional do mandado de segurança.

Enfatize-se: não pode o Presidente do tribunal ampliar as hipóteses em que efeitos tão importantes como a execução imediata da sentença ou mesmo a execução da liminar fiquem empecidos ou protraídos.

O Tribunal Regional Federal da 3ª Região, ao qual pertencemos até o final de 1998, desde seus albores, percorreu essa trilha, por sua maioria. Se mudanças vêm sendo efetuadas, somente temos de lamentá-las e atribuí-las ao clima provocado pela enxurrada de medidas provisórias, produzidas, muitas delas, em função de decisões judiciais, tal seja, no sentido de tentar impedir a possibilidade de controle jurisdicional sobre os atos administrativos.

Trazem-se a contextos algumas decisões, assinalando-se, também, outras em sentido contrário:

• "*Mandado de segurança — Suspensão — Agravo regimental — Legitimidade de partes — Lesão à economia pública.*

"I — O Ministério Público Federal é parte legítima para opor agravo regimental em pedido de suspensão de segurança. II — A Caixa Econômica Federal é parte legítima para requerer suspensão de segurança, ainda que não aja como delegada do Poder Público, ressalva do ponto de vista do Relator. III — A suspensão de segurança somente pode ser deferida se o requerente demonstrar que, da sua execução, resultará grave lesão à ordem, à saúde, à segurança ou à economia públicas (Lei 4.348/64, art. 4º). IV — Preliminares rejeitadas. Agravo regimental provido" (TP, AgSS 90.03.22271-SP, rel. Juiz Mílton Luiz Pereira, rel. p/ o acórdão Juiz Oliveira Lima, j. 25.10.90, v.u., *DJE* 6.5.91, p. 77).

• "*Agravo regimental — Lei 4.348/64, art. 4º.*

"I — A grave lesão à economia pública deve ser amplamente demonstrada na exordial do pedido de suspensão da execução da liminar, ou da sentença. II — Não havendo tal demonstração, não é de ser deferido o pedido. III — Valores em litígio de pequena monta, pertencentes a pessoas físicas. IV — Agravo regimental a que se dá provimento" (TP,

AgSS 90.03.32442-SP, rel. Juiz Mílton Luiz Pereira, rel. p/ o acórdão Juiz Américo Lacombe, j. 26.11.90, m.v., *DJE* 14.1.91, p. 61).

• *"Agravo regimental em suspensão de segurança — Art. 4º da Lei 4.348/64 — Ativos financeiros retidos por força da Medida Provisória 168/90 (Lei 8.024/90).*

"I — Deferimento do pedido de suspensão de execução de sentença que causa grave lesão ou ameaça de grave lesão à economia pública. II — Verificando o empate na votação do agravo regimental, mantém-se a decisão agravada (art. 242, § 1º, do RI-TRF-3ª R.). III — Agravo improvido" (TP, AgSS 90.03.024832-SP, rel. Juiz Mílton Luiz Pereira, j. 26.11.90, m.v., *DJE* 18.3.91, p. 63).

• *"Leis 8.076/90 e 4.348/64 — Pedido de liminar deferido — Agravo regimental (arts. 241 e 242 do RITRF).*

"I — Lei 8.076/90. O poder cautelar do juiz não é mais matéria legal, mas constitucional, e não pode ser abolido por lei alguma. II — Lei 4.348/64. O pedido de suspensão da liminar deve demonstrar de forma incontroversa a existência de grave lesão à ordem, à saúde, à segurança e à economia pública. III — A noção de grave lesão à economia pública não confere nenhuma margem de liberdade ao aplicador da norma; em conseqüência, o fato deve estar perfeitamente fixado e amplamente demonstrado no pedido de suspensão. IV — Não tendo o Banco Central logrado em sua peça exordial demonstrar a ocorrência do fato que autoriza a suspensão da liminar, cumpre denegar o pedido. V — Agravo regimental a que se dá provimento" (TP, AgSS 90.03.039952-SP, rel. Juiz Mílton Luiz Pereira, rel. p/ o acórdão Juiz Américo Lacombe, j. 26.11.90, m.v., *DJE* 22.4.91, p. 89).

• *"Agravo regimental — Lei 7.777/89 — BTNs cambiais — Opção para resgate.*

"I — Nos termos da legislação vigente, 'na data do vencimento dos BTNs cambiais, o titular poderá exercer opção de seu resgate pelo índice que mais lhe convier'. II — A grave lesão à economia pública não está amplamente demonstrada na exordial do pedido de suspensão da segurança. III — Agravo regimental a que se dá provimento" (TP, AgSS 90.03.40178-SP, rel. Juiz Mílton Luiz Pereira, rel. p/ o acórdão Juiz Américo Lacombe, j. 19.12.90, m.v., *DJE* 18.3.91, p. 64).

• *"Constitucional — Mandado de segurança — Medida liminar — Suspensão — Entidade fechada de previdência privada — Certificados de privatização — Aquisição.*

"I — Entidade fechada de previdência privada, cujos recursos têm destinação constitucionalmente prevista (CF, arts. 194 e ss.). II — Certificados de privatização, que se destinam exclusivamente à compra de ações de empresas públicas deficitárias (Lei 8.018/90, art. 2º). III — A aquisição desses certificados, pelas entidades de previdência privada, implica na transferência de recursos da Seguridade Social para financiar o insucesso da máquina estatal. IV — Grave lesão à economia causada pela má administração das empresas estatais e não pela não aquisição dos certificados de privatização. V — Agravo regimental provido" (TP, AgSS 90.03.30346-SP, rel. Juiz Mílton Luiz Pereira, rel. p/ o acórdão Juiz Oliveira Lima, j. 14.2.91, m.v., *DJE* 18.3.91, p. 64).

• *"Processo civil — Agravo de decisão suspensiva de execução de liminar — Lei 8.437/92, art. 4º.*

"Estando demonstradas nos autos, por meio de laudos oficiais, as péssimas condições fitossanitárias dos produtos encontrados no estabelecimento agravante, mantém-se a decisão que suspendeu a liminar que o desinterditou ante a grave lesão à saúde pública. Agravo a que se nega provimento" (AgSS 92.03.058164-SP, rel. Juiz Homar Cais, j. 25.2.93, v.u., *DJE* 15.3.93, p. 86).

• *"Lei 7.347/85, art. 12, § 1º — Agravo de decisão suspensiva de execução de medida liminar concedida em ação civil pública.*

"1. Não obstante seja a Caixa Econômica Federal uma empresa pública, imputando-se-lhe na ação principal, como agente da Administração, todos os ônus do cumprimento da medida liminar, está legitimada a requerer a suspensão de sua execução. 2. Subsistentes as razões determinantes da suspensão da execução da medida liminar, cujo cumprimento ocasionaria grave lesão à ordem e à economia públicas, nega-se provimento ao agravo" (TP, Ag 93.3.25522-SP, rel. Juiz Homar Cais, j. 29.4.93, m.v., *DJE* 17.5.93, p. 113).

• *"Suspensão de segurança — Agravo regimental improvido.*

"A suspensão de execução liminar não é sede para pedido de atualização monetária. Ausente qualquer lesão à ordem, à saúde, à segurança ou à economia públicas. Agravo improvido" (TP, AgSS 94.03.049468-SP, rel. Juiz Homar Cais, j. 29.9.94, m.v., *DJU* 18.10.94, p. 59.215).

• *"Processual civil — Suspensão de execução de liminar — Pedido deferido — Agravo regimental.*

"1. Justifica-se a suspensão da execução da liminar ou da sentença proferida em mandado de segurança se da mesma resultar grave lesão à saúde, à ordem, à segurança e à economia pública (Lei 4.348/64, art. 64). 2. Segundo a jurisprudência do Plenário desta Corte, cabe ao requerente demonstrar que da execução da liminar ou da sentença advirá lesão a qualquer daqueles valores, pois não basta mera alegação, desacompanhada de elementos de convicção. 3. Agravo regimental provido" (TP, AgSS 94.03.100161-SP, rel. Juiz Américo Lacombe, j. 30.3.95, m.v., *DJU* 26.4.95, p. 24.172).

• *"Suspensão de segurança — Agravo, aplicabilidade do art. 203, V, da Constituição Federal — Improvido.*

"1. Não é pertinente ao Judiciário obstaculizar o livre acesso dos jurisdicionados aos seus pleitos. 2. Ausente qualquer grave lesão à economia pública. 3. Agravo improvido" (TP, AgSS 95.03.020287-MG, rel. Juiz Américo Lacombe, j. 27.4.95, v.u., *DJU* 23.5.95, p. 30.984).

• *"Processual civil — Suspensão de execução de liminar — Contradição constatada — Julgamento anulado — Agravo provido.*

"1. Havendo no voto oralmente proferido sido invocado precedente do Plenário para negar provimento ao agravo e constatando seu prolator, antes de lavrado o acórdão, que o mesmo era em sentido oposto, o que configura contradição, acolhe-se questão de ordem para anular-se o julgamento anterior, renovando-se-o. 2. Justifica-se a suspensão da execução da liminar ou da sentença proferida em mandado de segurança se da mesma resultar grave lesão à saúde, à ordem, à segurança e à economia públicas. (Lei 4.348/64, art. 4º). 3. *Segundo jurisprudência do Plenário desta Corte, cabe ao requerente demonstrar que da execução da liminar ou da sentença advirá lesão a qualquer daqueles valores, não bastando mera alegação, desacompanhada de elementos de convicção.* 4. Agravo provido" (TP, AgSS 95.03.015800-1-SP, rel. Juiz Américo Lacombe, j. 11.5.95, v.u., *DJU* 30.5.95, p. 32.917) (grifamos).

• *"Agravo — Suspensão de segurança — Sentença monocrática — Mandado de segurança — Exigência de profissional farmacêutico em dispensário hospitalar — Dano à saúde inexistente.*

"1. Sentença de primeira instância que afastou a incidência do Decreto 793/93 (art. 27 e §§), ordenando à autoridade coatora que se abstivesse de formalizar exigência com fundamento na aludida norma e eximiu o impetrante da obrigação do pagamento da multa relacionada à ausência do profissional farmacêutico no dispensário do hospital. 2. O número de leitos hospitalares é fator condicionante da dispensa do profissional farmacêutico no dispensário, por retratar o grau de atividade nele desenvolvida (entendimento da Súmula 140 do ex-TFR). 3. A inexistência, nos autos, de qualquer documento revelador do efetivo número de leitos implica em ausência de respaldo da pretensão, o que impede o deferimento do pedido. 4. Não demonstrada pela agravante, como lhe competia, a possibilidade da ocorrência de lesão à ordem ou à saúde públicas resultante do cumprimento da sentença. 5. Agravo improvido" (TP, AgSS 95.03.044090-4-SP, rel. Juiz Oliveira Lima, j. 8.2.96, v.u., *DJU* 5.3.96, p. 11.830).

• *"Agravo regimental — Suspensão de segurança — Sentença monocrática — Mandado de segurança — Levantamento de depósitos do FGTS — Lesão à economia pública não demonstrada.*

"1. O Plenário desta Corte já firmou orientação no sentido de que no juízo de suspensão de segurança, seja de liminar ou de sentença, avalia-se tão-somente a possibilidade de grave lesão à ordem, à saúde, à segurança ou à economia públicas, em decorrência do cumprimento da ordem concedida. Cuida-se, portanto, de um provimento de urgência em favor dos interesses públicos a serem atingidos, militando, por conseqüência, em favor da coisa pública apenas o *periculum in mora*, não sendo necessária a análise do *fumus boni juris*. 2. À agravante compete demonstrar a grave lesão à economia pública proveniente do cumprimento da sentença. 3. O fato de dois servidores públicos municipais levantarem os depósitos efetuados em sua conta, com amparo em decisão judicial que não se apresenta abusiva e nem ilegal, não acarreta prejuízo às finanças públicas ou aos programas sociais 'alimentados' com os recursos do FGTS. 4. Agravo improvido" (TP, AgSS 95.03.093760-4-SP, rel. Juiz Oliveira Lima, j. 8.2.96, v.u., *DJU* 5.3.96, p. 11.831).

• "*Agravo — Suspensão de sentença — Mandado de segurança — Auxiliar de farmácia — Registro negado pelo órgão regulador da profissão — Grave lesão à ordem e à saúde públicas — Inexistência.*

"1. A suspensão da liminar ou dos efeitos da sentença somente se justifica quando a decisão for manifestamente gravosa à ordem, à saúde, à segurança e à economia públicas (Lei 4.348/64, art. 4º). 2. Razões que não infirmam o *decisum* ou afastam a motivação do ato impugnado. 3. Pretendido reexame dos fundamentos da sentença e a antecipação do resultado postulado na apelação interposta. Sentença proferida há mais de 14 meses, da qual foi interposto o recurso adequado, urgência do pedido que não se reconhece. 4. Agravo improvido" (TP, AgSS 95.03.049023-5-SP, rel. Juiz Oliveira Lima, j. 29.2.96, v.u., *DJU* 30.4.96, p. 27.735).

Assinale-se que o ilustre Min. José Celso de Mello Filho, enquanto Presidente do egrégio Supremo Tribunal Federal, foi extremamente parcimonioso e cuidadoso ao decidir os pedidos de suspensão.[17]

---

17. Trazemos a contexto, somente para exemplificar, uma decisão do Min. José Celso de Mello:

"*Suspensão de segurança — Potencialidade danosa do ato decisório — Necessidade de comprovação inequívoca de sua ocorrência — Excepcionalidade da medida de contracautela (Lei 4.348/64, art. 4º).*

"Em tema de suspensão de segurança não se presume a potencialidade danosa da decisão concessiva do *writ* mandamental.

"A existência da situação de grave risco ao interesse público, alegada para justificar a concessão da drástica medida de contracautela, há de resultar cumpridamente demonstrada pela entidade estatal que requer a providência excepcional autorizada pelo art. 4º da Lei 4.348/64. Não basta, para esse efeito, a mera e unilateral declaração de que, da execução da decisão concessiva do mandado de segurança, resultarão comprometidos os valores sociais protegidos pela medida de contracautela (ordem, saúde, segurança e economia públicas). Pedido indeferido. (...).

Verificamos[18] ter tido o ilustre Ministro da Suprema Corte Carlos Velloso o mesmo posicionamento em algumas de suas decisões, de que se faz preciso *demonstrar, e*, não, apenas, simplesmente, *alegar* a grave lesão à economia. Neste sentido é relevante a ementa da decisão proferida nos autos da Suspensão de Segurança n. 1.185-5, abaixo transcrita:

São suas palavras:

"Suspensão de segurança — Potencialidade danosa do decisório — Necessidade de comprovação inequívoca de suas ocorrência — Excepcionalidade — Medida de contracautela (Lei 4.348/64). Em tema de suspensão de segurança, não se presume a potencialidade danosa da decisão concessiva do *writ* mandamental ou daquela que defere liminar em mandado em sede de mandado de segurança.

"A existência da situação de grave risco ao interesse público, alegada para justificar a concessão da drástica medida de contracautela há de

---

"Quero acentuar, finalmente, tendo presente as razões anteriormente expostas, que interpreto, de maneira estrita, a norma consubstanciada no art. 4º da Lei 4.384/64, recusando-me — sempre em obséquio à garantia superior representada pelo remédio constitucional do mandado de segurança — a frustrar-lhe a eficácia jurídica e a converter o pedido de medida de contracautela em verdadeiro (e inaceitável) sucedâneo recursal, destinado a rediscutir, prematuramente, no âmbito do Supremo Tribunal Federal, teses ainda dependentes de resolução em instância jurisdicional inferior.

"Somente situações extraordinárias (e plenamente comprovadas) — cuja ocorrência não vislumbro na espécie — podem justificar a medida radical fundada no art. 4º da Lei 4.348/64, cabendo ter presente, neste ponto, a advertência contida no magistério de Hely Lopes Meirelles, para quem: 'Sendo a suspensão da liminar ou dos efeitos da sentença uma providência drástica e excepcional, *só se justifica quando a decisão possa afetar de tal modo a ordem pública, a economia, a saúde ou qualquer outro interesse da coletividade*, que aconselhe sua sustação até o julgamento final do mandado' (*Mandado de Segurança, Ação Popular, Ação Civil Pública, Mandado de Injunção e 'Habeas Data'*, pp. 61-62, 14ª ed., 1992, Malheiros — grifei).

"Sendo assim, e pelas razões expostas, indefiro o pedido ora formulado pelo Município de São Paulo.

"Arquivem-se os presentes autos.

"Brasília, 7 de abril de 1998 — *Min. Celso de Mello*, presidente" (SS 1.266-4-SP, rel. Min. Celso de Mello, pres.; reqte.: Município de São Paulo; reqdo.: Tribunal de Justiça do Estado de São Paulo (AC 278.267-2-9); impte.: Sindicato dos Médicos de São Paulo).

18. Sirvam de exemplos os pedidos de SS 1.626-PR (j. 16.11.99), 1.634-PR (j. 16.11.99) e 1.561-RN (j. 3.12.99).

resultar cumpridamente demonstrada pela entidade estatal que requer a providência excepcional autorizada pelo art. 4º da Lei 4.348/64. Não basta, para esse efeito, a mera e unilateral declaração de que, da execução da decisão concessiva do mandado de segurança ou daquela que deferiu a liminar mandamental, resultarão comprometidos os valores sociais protegidos pela medida de contracautela (ordem, saúde e economia públicas). Pedido indeferido" (SS 1.185-5-PA, *DJU* 4.8.98, p. 7).

O ilustre Min. Marco Aurélio, que sempre demonstrou posições de extrema vanguarda, conseguiu seguir linha firme no sentido de impedir os abusos do Executivo, como, por exemplo, na decisão monocrática proferida nos autos da SS 2.172-9:

"(...).

"Conforme entendimento pacífico desse egrégio Supremo Tribunal Federal, o requerente deve, necessariamente, demonstrar efetivamente a potencialidade danosa do ato decisório, comprovando-o de forma inequívoca e segura, face ao caráter excepcional da medida.

"(...).

"9. No presente caso, o Estado requerente não logrou demonstrar o alegado prejuízo a ser provocado com a manutenção da liminar conferida, *cingiu-se apenas a alegar um possível risco à ordem jurídica e administrativa*, e mera suposição não enseja a excepcionalidade da medida de contracautela.

"10. Ademais, vale ressaltar que o deferimento do pleito de contracautela acarretaria o chamado *periculum in mora* inverso aos substituídos pela ora impetrante, e, entre o perigo de dano irreparável aos impetrantes e o questionável perigo de dano ao Estado, há que se optar por prestigiar aquele. Até porque, na hipótese dos autos, não se criou nova despesa para o Estado, apenas se restabeleceu o pagamento de gratificação de serviço extra que ocorria desde o ano de 1998.

"Pelos motivos acima, indefiro o pedido" (grifamos).

6.5 O pedido de suspensão e a interposição do agravo

Problema importante vem se colocando com a possibilidade do pedido de suspensão — que tem pressupostos absolutamente demarcados, como se demonstrou — e a interposição do agravo.

Visa-se com a interposição do agravo a modificar decisão na instância *ad quem. Portanto, visa-se a novo provimento judicial.* De seu turno, o pedido de suspensão pretende também afastar decisão emanada que estaria, em tese, atritando com os graves valores, pressupostos do pedido.

Ora, a decisão de agravo está afeta à Turma Julgadora e a decisão da suspensão ao Presidente, o que cria dificuldades no tocante à competência, isso porque o Presidente não é revisor dos atos do relator.

Tal competência — a revisora —, na hipótese de haver ato judicial de relator do Tribunal, acoimado de ilegal ou abusivo, é do Órgão Especial ou Plenário.

Assim, na prática — e já sucedeu —, interpõe-se agravo, pede-se ao relator efeito suspensivo, não se obtendo, pode-se interpor agravo regimental, e, na hipótese de não se conseguir modificar a decisão do relator, apela-se para a suspensão.

Consoante entendemos, tal conduta, por via oblíqua, afronta o juiz natural, *se o agravo encontrar-se "sub judice" ou pendente de decisão da Turma Julgadora*, o que possibilitaria, a nosso sentir, interposição de mandado de segurança contra ato do Presidente do Tribunal que decidir[19] pela suspensão.

---

19. Tal ocorreu em mandado de segurança de minha relatoria, enquanto judicava no Tribunal Regional Federal da 3ª Região, contra ato do Presidente do Tribunal.

Encontrava-se *sub judice* de uma das Turmas Julgadoras do Tribunal agravo, inclusive com pedido de efeito suspensivo, efeito este negado pelo relator. Inconformada, interpôs a União agravo regimental, que se encontrava pendente para ser levado à próxima sessão.

Não obstante, foi requerida ao Presidente do Tribunal, utilizando-se da possibilidade do art. 4º da Lei 4.348, a suspensão do ato do magistrado de primeira instância, que concedera liminar. Interposto mandado de segurança contra ato do Presidente, concedi a liminar. Minha decisão foi a seguinte:

"MS 177.149 — Registro 96.03.094972-8

"(...).

"Alegam as impetrantes que o ato do Presidente viola seu direito líquido e certo, como também a competência da 6ª Turma deste Colegiado.

"Relatam que interpuseram ação pelo rito ordinário contra a União, em que deduziram seu direito de exportar açúcar para os Estados Unidos dentro da 'quota americana'.

"Dizem ter-lhes sido deferida tutela antecipada nos termos seguintes:

"'(...).

"'Deveras, na ação de rito ordinário, interposta na primeira instância, lograram as autoras a obtenção de tutela antecipada, nos termos reproduzidos no relatório.

E ao afrontar o juiz natural estará entrando em testilhas com o devido processo legal, tão caro ao Estado Democrático de Direito.

Além disso, como aduzido na decisão, escolhido um caminho processual, vedado estará o outro por força da preclusão consumativa do interesse de agir e, também, sob pena de afronta ao juiz natural, princípio tão caro ao Estado Democrático de Direito. Prin-

---

"'Em face dessa decisão, houve a interposição de agravo de instrumento, neste Tribunal, agravo este que se encontra, como já assinalado, submetido à 6ª Turma e pendente de agravo regimental, por ter S. Exa., o Relator, negado o efeito suspensivo pretendido.

"'(...).

"'Comunicada a decisão deste Tribunal à primeira instância, peticionaram as autoras, ora impetrantes, dando conta ao juízo do descumprimento da liminar.

"'(...).'"

Pedida a suspensão, foi esta deferida por S. Exa., o Presidente, quando, então, foi impetrado o mandado de segurança, que me coube por distribuição no Órgão Especial.

Decidi, nos termos abaixo transcritos:

"A questão colocada *sub judice* é estritamente processual por envolver matéria de competência e princípios constitucionais do processo. Na verdade do devido processo legal.

"Vejamos. Com efeito, não satisfeita a União com a decisão proferida, interpôs o competente agravo de instrumento para este Tribunal, a quem cabe a revisão da decisão monocrática. Requereu, ainda, conforme já noticiado, efeito suspensivo da decisão prolatada.

"Enquanto aqui se processava o agravo, a autoridade impetrada não cumpriu a liminar, *não obstante não tivesse sido notificada de ter sido deferida suspensão.*

"Descumprindo a ordem judicial, que era de atribuir cotas também às usinas do sul, recebeu do Juízo, a autoridade coatora, atendendo à reclamação das autoras, já após a decisão do Relator neste Tribunal, a determinação de não continuar a expedir os registros de venda e exportação, *enquanto não estivessem asseguradas as cotas das autoras*. Tal decisão visava assegurar a eficácia da tutela, pois, se continuassem a ser expedidos tais registros de venda e de exportação, a quota americana exaurir-se-ia, quedando-se a tutela absolutamente ineficaz. Vazia completamente. Inócua. E, note-se que a decisão concessiva da tutela fora proferida em 20.9.96.

"Portanto, como se verifica, com límpida clareza, a matéria estava totalmente submetida ao juízo singular de primeira instância, *com decisão mantida por Relator deste Tribunal*.

"Assim, se é verdade que da decisão concessiva da tutela, poderia, em tese, caber quer o pedido de suspensão, se presentes os pressupostos do artigo 4º da Lei 8.437/92, quer o agravo de instrumento, na verdade a União entendeu de percorrer a segunda trilha, tal seja, a do agravo de instrumento, fixando-se, dessarte, a competência da 6ª Turma deste Tribunal, que tem ainda *sub judice* agravo regimental.

cípio essencial para que se cumpra o devido processo legal, também instrumento inarredável do Estado Democrático de Direito.

Releva notar e devidamente frisar: tanto a disposição do art. 4º da Lei 4.348/64 quanto a da Lei 8.437/92 (art. 4º) visavam, *à míngua de possibilidade, suspender desde logo o ato judicial, supostamente possibilitador de "grave lesão à ordem, à saúde, à segurança e à economia públicas"*.

Verifica-se, *e sem sombra de qualquer dúvida*, que ambos os dispositivos, *antes da existência das reformas do Código de Processo Civil* — que possibilitaram, de um lado, a atribuição do efeito suspen-

---

"Releva notar que a possibilidade do pedido de suspensão de segurança foi previsto antes da edição do novo agravo de instrumento, exatamente para que a decisão do Tribunal fosse suficientemente aprestada para elidir a possibilidade de grave lesão a valores tão importantes, como são a grave lesão à ordem, à saúde, à segurança e à economia públicas.

"Todavia, o Juiz Presidente, *que não é Órgão de Revisão das Turmas*, não teria competência para conhecer pedido de Suspensão de Segurança, quando a decisão de primeira instância já estivesse sob o crivo deste Tribunal, da Turma à qual coubera por distribuição o exame do recurso.

"Escolhido um caminho processual, vedado estará o outro por força da preclusão lógica, que também é consumativa, sob pena de afronta ao juiz natural, princípio tão caro ao Estado Democrático de Direito. Princípio essencial para que se cumpra o devido processo legal, também instrumento inarredável do Estado Democrático de Direito.

"Deveras, a respeito da preclusão lógica, manifesta-se Arruda Alvim in *Manual de Direito Processual Civil*, v. I, 4ª ed., Ed. RT, 1992, p. 299:

"'Diz-se *lógica* a preclusão quando um ato não mais pode ser praticado, pelo fato de se ter praticado outro ato que, pela lei, é definido como incompatível com o já realizado ou quando esta circunstância deflua inequivocamente do sistema. A aceitação da sentença envolve uma preclusão lógica de não recorrer. Assim, quando a parte toma conhecimento da sentença, vindo até a pedir sua liquidação, aceita-a tacitamente, não mais lhe sendo dado recorrer.

"'Fala-se, finalmente, em preclusão *consumativa*, quando se pratica o ato processual previsto na lei. Não será possível, depois de consumado o ato, praticá-lo novamente.

"'A preclusão lógica, rigorosamente, é também consumativa. Vale dizer, a circunstância da prática de um ato processual se ter verificado envolve consumação. Tal consumação (no contexto da preclusão lógica), quer dizer que o mesmo ato não pode ser repetido e que, ainda, outro ato ou outros atos, que pudessem ter sido praticados, no lugar daquele, não mais poderão ser praticados.'

"No mesmo sentido a Juíza Annamaria Pimentel ao votar no AgRg em MC 327, acórdão publicado no *DJU*-II de 6.11.96, no que foi acompanhada na 3ª Turma pelos Juízes Baptista Pereira e Eva Regina.

"São suas palavras:

sivo diretamente pelo Tribunal *ad quem*, art. 527, II (*possibilidade atribuída diretamente ao relator*) e passível de agravo regimental, como todas as outras decisões monocráticas de relator; e, de outro, a interposição de cautelares diretamente ao Tribunal, quando interposta apelação (art. 800, parágrafo único) —, *tinham, única e exclusivamente, a finalidade de impedir que se concretizassem danos*, quando esses altos valores (grave lesão à saúde, à segurança, à ordem e à economia públicas) estivessem em jogo.

Ora, se possível a atribuição do efeito suspensivo, não poderia o Poder Público, já utilizadas as novas possibilidades dadas

---

"'(...).

"'A preclusão consumativa, originada do art. 473 do Código de Processo Civil, segundo a melhor doutrina, consiste num fato jurídico processual impeditivo da prática de um ato, não porque decorrido o prazo legal para fazê-lo (preclusão temporal) mas, porque o ato objetivado — reconsideração da decisão de fls. 47 — já foi praticado.

"'Houve, na espécie, efetiva perda da capacidade processual da parte para a prática ou renovação do ato já apreciado judicialmente, não podendo, destarte, renová-lo, visando nova apreciação.'

"Se não fora assim, haveria de forma transversa a escolha do juiz. Deveras, tantos caminhos poderiam ser trilhados quantos fossem necessários até à obtenção do provimento jurisdicional da forma como desejado. E o juiz natural, o juiz aleatório e não escolhido pela parte, um dos direitos e garantias fundamentais, erigido em cerne fixo da Constituição, seria afrontado.

"Não entro, e nem posso entrar, no exame do mérito da decisão judicial da concessão da tutela, porque essa encontra-se *sub judice* da 6ª Turma. Se me vertesse sobre a decisão estaria — sem dúvida — praticando usurpação de competência do juízo natural para o conhecimento do recurso.

"O exame preambular, que ora faço, cinge-se, exclusivamente à aferição se houve ou não ato aparentemente coator de S. Exa., o Sr. Presidente, e se desse ato estaria havendo lesão às impetrantes, por força do perigo da demora da execução da tutela pleiteada, concedida e mantida por este Tribunal, utilizando-se o Relator Pérsio Lima da competência, que lhe é outorgada pelo Regimento desta Corte, no art. 33, V.

"Demais disso, imperioso assinalar-se que a decisão de S. Exa., o Presidente, suspende não a nova decisão do juiz de primeira instância, porém a complementação da decisão da tutela, proferida a última para constranger ao cumprimento da original, enquanto aquela não fosse executada, ao que se depreende do próprio pedido das autoras. Pretendeu, pois, S. Exa. (o Juiz de primeira instância) não inovar, porém que não fosse esvaziada a ordem judicial por manejos da autoridade coatora.

"De nada adiantará ficar íntegra a tutela concedida sem possibilidade de execução, porque exaurida a cota americana de exportação. A continuação da pelo ordenamento processual vigente, fazer uso de outra prerrogativa excepcional que lhe era outorgada. *Escolhido um caminho, impede-se o outro, sob pena, como já afirmamos, de atrito aos princípios constitucionais, sobretudo do juiz natural.*[20]

Todavia, em desrespeito a este basilar princípio constitucional, consoante pensamos, a Medida Provisória 2.180-35, de 27.8.2001, acrescentou o § 2º ao art. 4º da Lei federal 4.348/64, determinando a aplicação dos §§ 5º a 8º do art. 4º da Lei federal 8.437/92 no âmbito das suspensões de segurança.[21]

---

expedição das guias, sem haver antes a inclusão das usinas autoras, torna de total ineficácia a ordem judicial, desmoralizando o Judiciário.

"Em face de todo exposto, concedo a liminar pleiteada na forma do pedido, *ad referendum* do Órgão Especial, a quem submeterei esta decisão na próxima sessão.

"Suspendo, pois, o ato do Presidente, voltando a prevalecer a decisão de S. Exa. o Juiz Pérsio Lima (decisão cuja cópia encontra-se anexada a fls. 42-45 destes autos), que, de seu turno, prestigiou o decidido pelo juiz singular da 20ª. Vara."

O Órgão Especial manteve a decisão, tendo, então, a União impetrado mandado de segurança ao Superior Tribunal de Justiça e a liminar foi concedida pelo Presidente em exercício, que não enfrentou a questão processual levantada.

Posteriormente, o Presidente do Superior Tribunal de Justiça restabeleceu em parte a liminar, para, finalmente, o mérito da impetração ficar prejudicado em face da matéria fática. Portanto, não houve pronúncia do Superior Tribunal de Justiça no que tange à matéria processual.

20. Infelizmente, como já acentuado, permitiu-se, por medida provisória, com a introdução dos parágrafos no art. 4º da Lei 4.348/64, que, denegado o agravo, se interponha o pedido de suspensão. Como se isso não bastasse, ainda se poderá interpor o pedido de suspensão para os Presidentes do Superior Tribunal de Justiça e do Supremo Tribunal Federal, se denegado pelos Presidentes e confirmada a denegação em agravo regimental.

21. Cumpre-nos, a título de esclarecimento, reproduzir os dispositivos pertinentes da Lei federal 8.437/92:

"Art. 4º. Compete ao Presidente do Tribunal, ao qual couber o conhecimento do respectivo recurso, suspender, em despacho fundamentado, a execução da liminar nas ações movidas contra o Poder Público ou seus agentes, a requerimento do Ministério Público ou da pessoa jurídica de direito público interessada, em caso de manifesto interesse público ou de flagrante ilegitimidade, e para evitar grave lesão à ordem, à saúde, à segurança e à economia públicas.

"(...).

"§ 3º. Do despacho que conceder ou negar a suspensão, caberá agravo, no prazo de cinco dias, que será levado a julgamento na sessão seguinte a sua interposição.

"§ 4º. Se do julgamento do agravo de que trata o § 3º resultar a manutenção ou o restabelecimento da decisão que se pretende suspender, caberá novo pedi-

Não desconhecemos que autores de porte, como Marcelo Abelha,[22] criticaram nossa posição, afirmando que os pressupostos do pedido de suspensão e do agravo são diferentes. Enquanto no agravo se argüiria a ilegalidade, na suspensão o fundamento seria a lesão grave, ainda que estivesse o ato legal.

Todavia, talvez porque tenhamos perfilado a judicatura por tanto tempo, na prática víamos que o único objetivo, quer de um instrumento, quer de outro, era suspender a ordem do juiz, solicitando-se o efeito suspensivo no agravo.

6.6 *A interposição do agravo em face de decisão que indefere o pedido de suspensão*

Em 10.12.69 foi publicada a Súmula 506 do Supremo Tribunal Federal, com a seguinte redação: "O agravo a que se refere o art. 4º da Lei 4.348, de 26.6.64, cabe, somente, do despacho do Presidente do Supremo Tribunal Federal que defere a suspensão da liminar, em mandado de segurança, não do que denega".

Muito tempo depois, o Superior Tribunal de Justiça, em 3.2.99, editou a Súmula 217,[23] com conteúdo similar, *in verbis*: "Não cabe agravo de decisão que indefere o pedido de suspensão da execução da liminar, ou da sentença em mandado de segurança".

---

do de suspensão ao Presidente do Tribunal competente para conhecer de eventual recurso especial ou extraordinário.

"§ 5º. É cabível também o pedido de suspensão a que se refere o § 4º, quando negado provimento a agravo de instrumento interposto contra a liminar a que se refere este artigo.

"§ 6º. A interposição do agravo de instrumento contra liminar concedida nas ações movidas contra o Poder Público e seus agentes não prejudica nem condiciona o julgamento do pedido de suspensão a que se refere este artigo.

"§ 7º. O Presidente do Tribunal poderá conferir ao pedido efeito suspensivo liminar, se constatar, em juízo prévio, a plausibilidade do direito invocado e a urgência na concessão da medida.

"§ 8º. As liminares cujo objeto seja idêntico poderão ser suspensas em uma única decisão, podendo o Presidente do Tribunal estender os efeitos da suspensão a liminares supervenientes, mediante simples aditamento do pedido original.

"(...)."

22. *Suspensão de Segurança*, 2000.

23. A Súmula 217 do STJ foi cancelada em 23.10.2003, na sessão de julgamento do AgRg na SS 1.204-AM.

Ambas as Cortes, surpreendentemente, não se mantiveram fiéis a esta linha de pensamento, principalmente após a edição da Lei federal 8.437/92, que dispõe sobre a concessão de medidas cautelares contra atos do Poder Público e cujo art. 4º, § 3º, admite a interposição de agravo em face de decisão que indefere o pedido de suspensão das cautelares. Foi assim que, no julgamento da Questão de Ordem na SS 1.945-7, o Supremo Tribunal Federal afastou a aplicação da Súmula 506, considerando que deve haver simetria entre as disciplinas dos ritos mandamental e cautelar.

A propósito, em seu voto vencedor, o Min. Gilmar Mendes assim se manifestou:

> "Afigura-se difícil justificar, de qualquer sorte, a disciplina assimétrica da matéria, afetando, tão-somente, a recorribilidade da decisão que nega o pedido de suspensão em mandado de segurança. É inequívoco, igualmente, que isto pode levar a resultados diversos em questões absolutamente idênticas: sobre a mesma matéria, o Plenário do Tribunal pode conhecer e prover o agravo interposto contra decisão indeferitória de pedido de suspensão em qualquer processo, e estaria impedido de fazê-lo no mandado de segurança.
>
> "É o bastante para justificar a revisão da jurisprudência concernente ao tema, especialmente a Súmula 506 desta Corte."

A ementa deste julgado ficou redigida da seguinte forma:

> "*Suspensão de segurança — Agravo regimental* — 2. Completa reformulação da legislação, quanto à suspensão das liminares nos diversos processos, até mesmo na ação civil pública e na ação popular — 3. Disciplina assimétrica na legislação do mandado de segurança — Recorribilidade, tão-somente, da decisão que nega o pedido de suspensão em mandado de segurança — Súmula 506 — 4. Configuração de lacuna de regulação superveniente — Necessidade de sua colmatação — Extensão da disciplina prevista na Lei 8.437, de 1992, à hipótese de indeferimento do pedido de suspensão em mandado de segurança — 5. Admissibilidade do agravo nas decisões que deferem ou indeferem a suspensão de segurança — Questão de ordem resolvida no sentido do conhecimento do agravo — Revogação da Súmula 506 — 6. No mérito, em face da grave lesão causada à economia pública, o agravo foi provido, para deferir a suspensão de segurança".

A Corte Especial do Superior Tribunal de Justiça, por sua vez, em 23.10.2003, decidiu, por unanimidade de votos, cancelar sua

Súmula 217. Cuidou-se do julgamento de uma questão de ordem, levantada pelo Min. Ari Pargendler, no julgamento do AgRg na SS 1.204. Aliás, na mesma esteira do Supremo Tribunal Federal, entendeu-se, na ocasião, que a Lei federal 8.437/92 exerce influência sobre o rito das ações mandamentais, não obstante ter por objetivo precípuo reger o procedimento das ações cautelares.

6.7 A duração dos efeitos da suspensão de segurança

O Supremo Tribunal Federal, no julgamento da Recl. 1.251-4, decidiu que "a suspensão da liminar em mandado de segurança persiste até o trânsito em julgado da decisão final concessiva ou daquela que implicar o indeferimento da segurança — art. 297, § 3º, do Regimento Interno do Supremo Tribunal Federal e precedentes, a saber: AgRg nas SS 780-PI, 761-PE e 846-DF, todos relatados pelo Min. Sepúlveda Pertence e com acórdãos publicados no *Diário Oficial da Justiça*, respectivamente, em 20.9.96, 22.3.96 e 8.11.96".

A teor destes e de outros precedentes, o Supremo Tribunal Federal editou a Súmula 626, com a seguinte redação: "A suspensão da liminar em mandado de segurança, salvo determinação em contrário da decisão que a deferir, vigorará até o trânsito em julgado da decisão definitiva da concessão da segurança, ou, havendo recurso, até a sua manutenção pelo Supremo Tribunal federal, desde que o objeto da liminar deferida coincida, total ou parcialmente, com o da impetração".

Evidentemente, não podemos concordar com a posição de nossa Suprema Corte, pois, principalmente, se houver já não uma decisão liminar, mas uma sentença concessiva na primeira instância, ou a confirmação na apelação, não se justifica — e de forma alguma — que se protraia a execução da sentença do mandado de segurança até o trânsito em julgado da decisão final, o que sabemos poderá demorar muito tempo, e fazer com que a prestação *in natura*, que se pede, possa se esvair.

Por isso, parece-nos mais correta a decisão proferida pela 2ª Turma do Superior Tribunal de Justiça nos autos do REsp 184.144-CE, relatado pelo Min. Franciulli Netto, no que foi seguido, de forma unânime, pelos seus pares, o Sr. Min. Francisco Peçanha Martins e as Sras. Minis. Laurita Vaz e Eliana Calmon. Cumpre-nos transcrever um trecho de seu voto:

"Ora, se a sentença que julga procedente ação de mandado de segurança constitui-se em ordem para cumprimento imediato pela autoridade coatora — por isso que contra ela recurso não pode ter efeito suspensivo —, é inconcebível ampliar-se a eficácia de decisão suspensiva de liminar para momento após a solução final do litígio, ainda que, porventura, não tenha ocorrido o trânsito em julgado.

"Nunca se pode esquecer que a liminar proferida em mandado de segurança, por sua própria índole, só tem vida útil até a sentença, momento em que será definida a questão jurídica discutida no processo.

"Nesse sentido, permita-se transcrever a preciosa lição de Seabra Fagundes, para quem, *verbis*: 'Afirmar-se, indistintamente, que a liminar subsiste sempre até o trânsito em julgado da sentença denegatória é retirar do juiz o poder de revogá-la quando verifique sua inconveniência ou desnecessidade. É tornar irrevogável uma decisão caracteristicamente precária e provisória' (in *O Controle dos Atos Administrativos pelo Poder Judiciário*, 4ª ed., Forense, p. 316).

"Da mesma forma, é escusado dizer que a suspensão da liminar não pode vigorar sempre até o trânsito em julgado da sentença concessiva da ordem, sob pena de prestigiar decisão *precária* e *provisória* em detrimento da sentença que julgou, de fato, o *writ*.

"É de bom conselho, também, a transcrição da advertência de Eduardo Arruda Alvim, *verbis*:

"'(...). Se ao impetrante foi concedida a liminar, é porque existe perigo na demora, a ter reclamado a concessão da liminar (que, como visto, deita raízes no próprio texto constitucional), sob pena de poder restar inviabilizado o *mandamus* como meio de lhe proporcionar a garantia *in natura* pleiteada. Da mesma forma, a sentença na segurança deve ser executada imediatamente, tanto que a lei não confere efeito suspensivo à apelação de sentença concessiva da ordem.

"'Ora, a eficácia da concessão da segurança apenas com o trânsito em julgado (com a suspensão da sentença concessiva até o julgamento da apelação) muito provavelmente não será de nenhuma utilidade ao impetrante, e o seu interesse (direito líquido e certo), juridicamente protegível, com respaldo em lei, não terá sido adequadamente tutelado. O mesmo se diga quanto à suspensão da sentença, tanto que, como dito, o legislador atribuiu à apelação da sentença concessiva da segurança efeito meramente devolutivo (art. 12, parágrafo único, da Lei 1.433/51)' (in *Mandado de Segurança no Direito Tributário*, Ed. RT, 1998, pp. 198-199).

"Mesmo o renomado Hugo de Brito Machado, que defende posicionamento contrário ao exposto neste voto, ressalta o ensinamento de Agapito Machado, de que 'o prolongamento da suspensão da liminar para até depois da própria concessão da segurança atenta contra o juízo natural' (in *Mandado de Segurança em Matéria Tributária*, 4ª ed., São Paulo, Dialética, p. 134).

"Nesse sentido, *mutatis mutandis*, já decidiu esta egrégia Corte, consoante se pode observar pela leitura da seguinte ementa:

"'Processual civil — Ação cautelar — Liminar — Suspensão — Limites temporais dos efeitos antes da sentença — Código de Processo Civil, arts. 804 e 806 — Lei 8.437/92 (art. 4º e § 1º).

"'1. O ato judicial de suspensão de liminar é de reconhecida natureza política, não se questionando o mérito da ação, apenas reclamando a presença dos pressupostos legais (art. 4º da Lei 8.437/92).

"'2. Os efeitos temporais da suspensão amoldam-se às hipóteses de liminar seguida, ou não, de sentença favorável à parte autora. Os efeitos extinguem-se sobrevindo o título sentencial, dependendo a suspensão de nova provocação do interessado. Antes da sentença os efeitos da suspensão fluem enquanto pender o curso processual da ação.

"'3. No caso, como a sentença ainda não foi proferida, o recurso é provido' (REsp 97.838-RS, rel. Min. Mílton Luiz Pereira, *DJU* 25.8.97).

"É oportuna a transcrição de pequeno excerto do voto condutor, *verbis*:

"'Para a resposta, caso existisse sentença favorável no pedido cautelar, no meu sentir, somente um novo pedido de suspensão poderia obstar à sua eficácia e executoriedade do título sentencial ou de acórdão confirmatório, porque estariam exauridos os efeitos da suspensão. Essa compreensão, inclusive, ajusta-se às disposições do art. 4º, *caput*, da Lei 8.437/92, por referirem-se apenas 'a execução *da liminar*' (grifos nossos), seqüencialmente, agregando o § 1º do artigo referido a igual possibilidade da suspensão da 'sentença'. Parece-me, assim, que a lei não favorece a interpretação de que a decisão suspendendo a *liminar*, sem provocação da parte interessada, estende os seus efeitos toldando a sentença final, enquanto não transitada em julgado. (...).

"'Demais a mais, mesmo se agravada regimentalmente a decisão que suspendeu a liminar, o recurso não tem efeito suspensivo (logo, a suspensão continua eficaz).'

"Vale lembrar, por último, que considerações a respeito do teor da decisão suspensiva da liminar, para saber se continha ela determinação expressa de que a suspensão se estendia até o trânsito em julgado da ação, não podem ser discutidas nesta instância especial, seja por absoluta ausência de prequestionamento, seja porque não foi providenciada, perante o Tribunal *a quo*, sequer cópia da referida decisão.

"Ante o exposto, não conheço do presente recurso especial.

"É como voto".[24]

---

24. REsp 184.144-CE, j. 19.3.2002.

7
Possibilidade de Impetração do Mandado de Segurança por Pessoa de Direito Público (a União)

7.1 O Estado de Direito é garantia do cidadão. 7.2 Possibilidade de impetração de mandado de segurança pela pessoa de direito público. 7.3 Pressupostos para impetração do mandado de segurança: 7.3.1 Alargamento no texto constitucional do conceito de autoridade coatora. 7.4 O mandado de segurança contra ato judicial. 7.5 O mandado de segurança típico, como historicamente concebido. 7.6 O mandado de segurança atípico contra ato judicial: 7.6.1 Objetos diferentes do mandado de segurança típico e atípico. 7.7 A União como impetrante. 7.8 A suspensão da liminar ou da sentença. 7.9 A autoridade coatora e o sujeito passivo no mandado de segurança contra ato judicial. 7.10 Conclusões.

7.1 O Estado de Direito é garantia do cidadão

O Estado de Direito, Estado de legalidade, é garantia do cidadão, que, indispensavelmente, deve contar com a separação dos Poderes, separação, esta, exatamente para que se viva no devido processo legal. Se não houver curvatura do próprio Estado à legislação, a obediência do Estado à legislação, não haverá possibilidade de se estar num Estado de Direito.

Quando dizemos "Estado" e falamos em "Poder", evidentemente, todos sabemos que o Poder é uno, apenas dividido em funções estatais, isto considerando-se a tricotomia clássica de Montesquieu, que se refere a Poderes. Na verdade, todos os constitucionalistas endossam a idéia de que não estamos diante de Poderes, mas de três funções estatais convivendo harmonicamente. Cada uma dessas funções é independente da outra e tem a finalidade de cumprir competências constitucionais, pelo próprio princípio da separação.

7.2 *Possibilidade de impetração de mandado de segurança pela pessoa de direito público*

O ilustre jurista e professor Hugo de Brito Machado apóia suas conclusões acerca da impossibilidade de impetração de mandado de segurança contra ato judicial pela União, e, sobretudo, contra ato de juiz federal, exatamente fulcrando-se em ser o mandado de segurança garantia do indivíduo, e que nós mesmos teríamos inserido no capítulo *Da Garantia dos Administrados*, em nosso *Curso de Direito Administrativo*.

É verdade; e assim o fizemos porque o mandado de segurança tipicamente foi concebido como instrumental da cidadania, como instrumental do indivíduo contra exatamente a atuação estatal indevida, contra atos de autoridade, quer ilegais, quer abusivos. Esta é toda a concepção inicial do mandado de segurança. Porém, ao longo de sua evolução, tivemos algumas transformações que, a breve passo, abordaremos.

Deveras, o parágrafo introdutório acerca do Estado de Direito teve a finalidade de demonstrar que a concepção de Estado de Direito sempre foi no sentido de que as funções estatais estariam divididas para que a tirania não se instalasse. Os pesos e contrapesos, a que aludia Montesquieu.

Devemos justificar algumas posições nossas, para não parecer que entramos, neste passo, em contradita com o já afirmado anteriormente — pois vamos concluir, ao fim e ao cabo, com todo o respeito pela opinião dos que pensam em contrário, que *o Poder Público pode impetrar mandado de segurança contra ato judicial*.

7.3 *Pressupostos para impetração do mandado de segurança*

Passamos, então, por primeiro, neste capítulo, somente para alinhavar a exposição, a fazer brevíssima colocação dos pressupostos do mandado de segurança

Este texto constitucional ampliou a garantia do mandado de segurança também aos direitos coletivos, como já enfatizado no capítulo próprio.

Queremos crer que o texto constitucional abrigou na expressão "coletivos" não somente os direitos coletivos, mas tratou "coletivos" como gênero, dos quais seriam espécies os coletivos *stricto sensu*, bem como os difusos, como também já afirmamos.

Na verdade, como pressuposto do mandado de segurança, deve haver, em primeiro lugar, *ato de autoridade, ilegal ou abusivo.*

Ato de autoridade — portanto, de qualquer pessoa que exerça competência estatal que lhe dê a prerrogativa de constranger alguém à prática de alguma conduta. Esta constrição pode ser devida ou indevida. Se devida, nada acontece, ou, por outra, não é possível a impetração do mandado de segurança. Quando se tratar, todavia, de constrição indevida, eivada de ilegalidade ou abuso de poder, poderá ensejar a interposição do mandado de segurança.

E aqui fazemos também nova digressão. Abuso de poder, para nós, está ínsito no próprio conceito de ilegalidade. Todavia, a Constituição distinguiu-o, e, tendo distinguido, só podemos dizer que a diferença é a seguinte: atos ilegais serão os desconformes do ordenamento jurídico; de seu turno, atos com abuso de poder serão aqueles que, embora existente a competência, esta estaria sendo utilizada inadequadamente.

Portanto, estaríamos novamente na própria ilegalidade. Entretanto, o texto constitucional usa as duas expressões alternativamente.

7.3.1 Alargamento no texto constitucional do conceito de autoridade coatora

Neste texto constitucional houve alargamento da possibilidade de impetração do mandado de segurança, configurando-se como autoridades todos aqueles que a doutrina vinha repetindo, ao longo de anos, que poderiam ser coatores, tais sejam, todos que exercem atividade pública. A dicção do texto constitucional é incisiva nesse particular, prestigiando, como já afirmado, tudo que a doutrina vinha trabalhando em cima do texto anterior.[1]

1. V., a respeito, o Cap. 3 deste livro.

"Conceder-se-á mandado de segurança para proteger direito líquido e certo" — e, em seguida, vêm as únicas restrições — "não amparado por *habeas corpus* ou *habeas data*, quando o responsável pela ilegalidade ou abuso de poder for autoridade pública ou agente de pessoa jurídica no exercício de atribuições do Poder Público".

Devemos, pois, para desate do tema, verificar as funções estatais e a necessidade de exercício adequado das mesmas.

O mandado de segurança foi concebido inicialmente contra atos de autoridade do Poder Executivo. As funções estatais são exercidas pelo Legislativo, Executivo e Judiciário, e, na verdade, trata-se não de Poderes, mas de funções, cada uma com competências específicas.

Em outro falar, as funções estatais são exercidas por meio dos "Poderes" Executivo, Legislativo e Judiciário, e cada um deles tem suas competências estritamente demarcadas no texto constitucional.

Em grossas pinceladas, ao Executivo, a quem cabe a concreção da utilidade pública, precipuamente o exercício da função administrativa — e quem está no comando do Executivo é o Presidente da República, com o auxílio de seus Ministros —, não cabe inovar na ordem jurídica. Não vamos, aqui, nos referir — porque absolutamente impertinente ao tema — às medidas provisórias, que seriam inovação na ordem jurídica, como cabe ao Legislativo.

Também, de outra parte, não cabe ao Judiciário a inovação da ordem jurídica. Ao Judiciário compete, sim, dizer o direito no caso concreto, ou, então, por meio da argüição de inconstitucionalidade. Mas cabe-lhe dizer o direito.

Portanto, temos funções estatais, que devem ser exercidas nos termos da própria Constituição e, necessariamente, perseguidas.

Assim, quando houver competência — e competência é função —, há obrigação ou dever de exercitá-la. Fazemos esta afirmação porque chegaremos ao ponto da possibilidade de a pessoa de direito público impetrar mandado de segurança contra ato judicial.

Hugo de Brito Machado, em seu brilhante trabalho *Mandado de Segurança em Matéria Tributária*,[2] ao negar a possibilidade de a

2. Ob. cit., São Paulo, Ed. RT, e, também, no trabalho "Impetração de mandado de segurança pelo Estado", *RT* 706/42-48.

pessoa política interpor mandado de segurança, não o faz inteiramente. Não o faz inteiramente, a nosso ver, com toda razão, porque seria absolutamente incompreensível que um ente federado, ao ser-lhe suprimida sua competência — por exemplo, o Estado, se suprimida a competência estadual pelo ente central, União — não pudesse se opor a essa usurpação de competência, recorrendo ao Judiciário.

Portanto, deixamos claro, o juiz Hugo de Brito não faz restrição a que entes federados postulem pela via do mandado de segurança. Não admite, todavia, a impetração contra ato judicial.

7.4 O mandado de segurança contra ato judicial

O *punctum dolens* da questão é, pois, o mandado de segurança contra ato judicial, impetrado pelo ente público.

Primeiro, creio não ser preciso esforço grande aqui, porque já consagrada pela doutrina e pela jurisprudência — acho que até mais consagrada pela doutrina do que pela jurisprudência — a possibilidade de impetração de mandado de segurança contra ato judicial.

Deveras, o juiz é agente público de categoria diferente — não de categoria no sentido de qualidade diferente em termos de hierarquia — como também o é o Ministério Público, como também o são os Ministros dos Tribunais de Contas, o Presidente da República, os Ministros, os Governadores.

São categorias diferentes, com regimes próprios. O Ministério Público tem regime próprio. O Judiciário tem outro regime, pois, além da Constituição obviamente, seu regime está traçado pela Lei Orgânica da Magistratura. Os servidores, de maneira geral, têm regime próprio. Mas todos estão jungidos à obrigação maior de submissão à Constituição, primeiro, e depois à lei. Estão todos absolutamente submissos à Constituição e à lei.

Posto isso, parece claro, de evidência solar, que os atos judiciais podem constranger, e constrangem efetivamente. E diria mais: havendo atos que podem constranger mesmo, se não houvesse defesa possível do ente estatal, haveria terrível desamparo do ordenamento jurídico caso não houvesse possibilidade de sua "corrigenda" por meio de remédio hábil e célere.

7.5 *O mandado de segurança típico, como historicamente concebido*

Por força de toda a evolução do instituto, por força de toda a intervenção estatal, de todas as situações que se sucederam e, até mesmo, do próprio conceito de juiz, enquanto tal — ainda, portanto, na sua função típica de julgador —, exercitando, explicitando, sua função típica, que é a jurisdicional, percebeu-se, repitamos, que o juiz também poderia lesar interesses ou direitos, ou, então, ameaçar lesá-los.

Por isso, o caminho percorrido foi, como afirmado, o de o mandado de segurança poder também albergar os atos judiciais. Veja-se, a propósito, o Cap. 3 desta monografia, especialmente o tópico referente ao juiz como autoridade coatora.

7.6 *O mandado de segurança atípico contra ato judicial*

Chamamos o mandado de segurança contra ato judicial de atípico, porque sua finalidade é apenas a de suspender, temporariamente, a eficácia da decisão, provisória ou definitiva, da primeira instância ou, eventualmente, de um tribunal.

Mas, apenas, *suspender a eficácia da decisão*. E por que suspender a eficácia da decisão? Exatamente porque não se colocaria a possibilidade de mandado de segurança contra ato judicial se remédio houvesse impeditivo da executoriedade de que dispõe não apenas a liminar, mas, sobretudo, a sentença do mandado de segurança, desde logo executável.

Deveras, a apelação não tem efeito suspensivo. Somos dos que entendem que a apelação não pode mesmo ter efeito suspensivo, dado que, pela própria essência do mandado de segurança, por sua agilidade, teríamos necessariamente de ter execução imediata da decisão proferida no mandado de segurança. Remetemos, neste passo, o leitor ao capítulo seguinte deste livro (Cap. 8, *Efeitos da Sentença Proferida em Mandado de Segurança*).

7.6.1 Objetos diferentes do mandado de segurança típico e atípico

No mandado de segurança contra ato judicial não se visa à composição final da lide, visa-se a *temporariamente* obstaculizar que a decisão judicial hábil a atingir desde logo, a provocar lesão ou ameaça de lesão, quer seja provisória ou definitiva, venha a se perpetrar.[3]

Se os objetos são diferentes, como frisado, não vemos como impedir o Poder Público de impetrar mandado de segurança contra ato judicial, que se lhe afigure lesivo.

O Poder Público pela via do Executivo, que é outra função estatal — e fazemos questão de isso afirmar —, tem a obrigação de defender os direitos para os quais tem competência, tem deveres a implementar, nos termos do texto constitucional, competências a perseguir.

7.7 A União como impetrante

Achamos que, em Direito, temos de tentar neutralizar nossa ideologia e, tentando neutralizá-la, diríamos que não vejo impossibilidade de o Executivo, que exerce função estatal decorrente da Constituição e das leis, por meio de sua Advocacia-Geral ou da Fazenda Nacional, interpor mandado de segurança.

Enfim, se o Executivo é impetrado, por hipótese, e houver decisão concessiva do juiz para que execute, desde logo, alguma providência, e se esta execução o atingir de imediato, seja por meio de decisão liminar, como já dissemos, portanto, ainda em termos de liminar ou de alguma decisão interlocutória, seja por decisão de mérito, não vemos por que não possa impetrar mandado de segurança contra ato judicial.

É dizer, se a única via de que dispuser for a do mandado de segurança, poderá impetrá-lo.

7.8 A suspensão da liminar ou da sentença[4]

Na verdade, temos, no art. 4º da Lei 4.348/64, a possibilidade do pedido de suspensão da liminar ou da sentença proferida em

---

3. Consulte-se o capítulo deste livro *A Autoridade Coatora e o Sujeito Passivo no Mandado de Segurança.*

4. V., a respeito o capítulo deste livro *A Suspensão da Liminar e/ou da Sentença Proferida em Mandado de Segurança (Artigo 4º da Lei 4.348/64).*

mandado de segurança ao tribunal *ad quem* — portanto, ao tribunal que vai conhecer daquela questão posteriormente. Todavia, somente poder-se-á embasar o pedido na ocorrência dos seguintes pressupostos: grave lesão à saúde, à segurança e à economia públicas, como já versado.

Ora, muito embora estas palavras contenham conceitos indeterminados, como examinado nos capítulos próprios deste livro (*A Liminar no Mandado de Segurança* e *A Suspensão da Liminar e/ou da Sentença Proferida em Mandado de Segurança*), são determináveis no caso concreto. São conceitos absolutamente determináveis. Ao Poder Público não vai bastar alegar grave lesão. É preciso que prove o porquê da possibilidade de vir a acontecer grave lesão.

Imagine-se a seguinte hipótese: suponhamos que vá haver epidemia de graves proporções, ou que haja problema sério de segurança. Haveriam de ser demonstradas as provas fáticas. Não estamos a nos referir a um tipo de prova impossível de ser produzida no rito célere, como é o do pedido de suspensão. Queremos enfatizar, e temos enfatizado, quer em palestras, quer em estudos ou em votos, proferidos à época em que judicávamos no Tribunal Regional Federal da 3ª Região, não bastar a indicação do texto normativo. O pedido deve ser acompanhado da demonstração cabal da possibilidade de ocorrência da lesão a valores tão fundamentais.

Será necessária a motivação desse ato, motivação convincente, hábil a levar a autoridade competente para proceder ao exame, para suspender a liminar e até a sentença, a crer que efetivamente há tal ameaça.

Sensibilizou-nos, sobremaneira, o argumento utilizado nesse trabalho mais recente de Hugo de Brito Machado, que, a se admitir a interposição de mandado de segurança contra ato judicial para esse efeito, estar-se-ia ampliando possibilidade dada na mencionada Lei 4.384/64, lei, esta, descendente direta do período autoritário.

Em suas palavras:[5]

---

5. Hugo de Brito Machado, "Impetração de mandado de segurança pelo Estado", *RT* 706/42-48, agosto de 1994. Em edição mais recente de sua obra *Mandado de Segurança em Matéria Tributária*, o professor Hugo de Brito Machado mantém este mesmo entendimento (cf. Hugo de Brito Machado, *Mandado de Segurança em Matéria Tributária*, 5ª ed., p. 70).

"Quando o ato impugnado é um despacho que deferiu medida liminar em outro mandado de segurança, ou uma sentença que concede mandado de segurança, há mais uma razão para o descabimento da impetração de mandado de segurança por pessoa jurídica de direito público. É que o art. 4º da Lei n. 4.348, de 26 de junho de 1964, admite que, a requerimento de pessoa jurídica de direito público interessada e para evitar grave lesão à ordem, à saúde, à segurança e à economia públicas, o Presidente do Tribunal, ao qual couber o conhecimento do respectivo recurso, suspenda, em despacho fundamentado, a execução da liminar, ou da sentença.

"Tem-se, neste caso, um meio específico, que a ordem jurídica outorgou às pessoas jurídicas de direito público, para o exercício do poder de atacar os despachos de deferimento de liminar, e as sentenças que deferem mandados de segurança. Assim, havendo um meio específico, a impetração de mandado de segurança é incabível, porque 'onde os *meios* para exercício de um poder outorgado forem específicos todos os outros meios reputam-se excluídos'.[6]

"Inocorrente o pressuposto da suspensão da liminar, ou da sentença, vale dizer, inocorrente a probabilidade de grave lesão à ordem, à saúde, à segurança ou à economia públicas, não tem a pessoa jurídica de direito público outra alternativa senão a de suportar a execução da liminar, ou da sentença. Fruto do autoritarismo então dominante, o art. 4º da Lei 4.348/64 cuida de situação excepcionalíssima, e seu alcance de nenhum modo pode ser ampliado. Admitir mandado de segurança contra liminar, ou contra sentença que defere mandado de segurança, quando ausente o pressuposto previsto no art. 4º da Lei n. 4.384/64, significa viabilizar a cassação da liminar, ou da sentença, cuja execução não coloca em perigo a ordem, a saúde, a segurança nem a economia públicas, e isto seguramente subverte o sentido daquele dispositivo legal."

Ora, apesar de nos ter sensibilizado o argumento, nessa hipótese está-se a falar em atos legais que, apesar disso, estão produzindo lesão.

---

6. J. H. Meirelles Teixeira, *Curso de Direito Constitucional*, p. 277, citado por Hugo de Brito Machado.

Assim, *apesar de legais*, tais atos devem ser suprimidos. Doutra parte, na hipótese de possibilidade de impetração de mandado de segurança *o ato necessariamente deve ser ilegal ou abusivo e, além disso, com risco de se tornar a decisão final ineficaz.*

Por outro giro, não mais ser capaz de dar ao titular do direito o próprio bem pretendido.

7.9 A autoridade coatora e o sujeito passivo no mandado de segurança contra ato judicial

Devemos enfrentar o problema da autoridade coatora e do sujeito passivo, ponto nodal para embasar a possibilidade de impetração pela pessoa de direito público de mandado de segurança contra ato judicial.

No capítulo referente à autoridade coatora sustentamos que a coatora, na verdade, não é parte, no sentido da palavra, porque parte é a pessoa jurídica de direito público, e esta é a maior objeção que vemos à idéia de que se possa impetrar mandado de segurança contra ato judicial.

Figuremos, pois, a hipótese de a União estar impetrando mandado de segurança contra ato judicial.

Concordamos inteiramente com quem afirma que a autoridade coatora, parte, no sentido da palavra, não é. É quem deve informar o mandado de segurança. Pura e simplesmente, informar o mandado de segurança. Deve fundamentar seu ato, dar as razões que alicerçaram o ato considerado ilegal ou abusivo. Parte é a pessoa jurídica de direito público.

No mandado de segurança contra ato judicial, quem tem legítimo interesse para propô-lo é quem estaria sofrendo constrição, já agora não mais da autoridade administrativa, porém judicial.

Na primeira instância pode ocorrer que, proferida alguma decisão interlocutória, e se, por hipótese, tal decisão constranger a União, for-lhe prejudicial, e desde que não haja recurso adequado à suspensão do efeito, a pessoa política tem legitimidade para propor, na segunda instância, mandado de segurança contra o ato judicial.

A autoridade coatora é o juiz, *a parte passiva o beneficiário do ato*, que poderá ter de suportar a mudança da decisão pela instância superior, ao ser concedida a providência pedida pela impetrante, portanto o autor (impetrante) na primeira instância, porque para ele refluirão as conseqüência danosas da supressão do ato do juiz, se isso acontecer. Somente para ele irão refluir temporariamente, porque *não há composição final da lide, há apenas temporária*, como já assinalado.[7]

7.10 Conclusões

Considerando-se que há controvérsia quanto a esta matéria, resolvemos sumular as conclusões:

1ª. O mandado de segurança contra ato judicial é atípico, visa a afastar a executoriedade da decisão judicial, quer seja provisória, quer de mérito, caso não haja efeito suspensivo. Por isso estamos falando em decisão, para não ficarmos só na hipótese do mandado de segurança, porque também pode ocorrer em outro tipo de ação.

Frisamos que se visa a afastar a executoriedade da decisão, quer seja provisória, quer de mérito, proferida em mandado de segurança ou em outra ação. É comum o recebimento de mandados de segurança em execução fiscal, por exemplo.

2ª. A atribuição do bem de vida, consubstanciado na decisão de mérito, será sempre concretizada pela *decisão judicial definitiva*, resultante da relação jurídica travada no foro originariamente competente.

3ª. A controvérsia instaurada por força da impetração do mandado de segurança contra ato judicial terá sempre, mesmo que dela não se recorra, caráter de transitoriedade.

Aqui está o fulcro de tudo que pretendemos defender.

4ª. A Constituição não condicionou a interposição de mandado de segurança a que o ato seja teratológico. A Constituição, como bem salientava Seabra Fagundes, não diz mais ser necessária "manifesta ilegalidade". Não diz. Então, ou concluímos não caber mandado de segurança contra ato judicial ou, se couber, te-

7. A jurisprudência é forte no sentido de entender que, nessas hipóteses, deverá ser citado o beneficiário do ato contra qual se está invectivando.

mos de tentar enquadrar as situações, com o instrumental jurídico existente, ainda que possa ser alcançada solução ideologicamente diversa da que desejaríamos.

Sabemos que doutrinadores e, sobretudo, os julgadores, muita vez, têm de adotar não a solução que os agrade, mas a solução encontrada como mais coerente com a interpretação do contexto sistemático.

Na verdade, ou dizemos descaber mandado de segurança contra ato judicial, ou, se couber, também poderá ser impetrado pela União, e, neste caso, temos de verificar qual regime jurídico é aplicável.

8
Efeitos da Sentença Proferida em Mandado de Segurança

8.1 Tipos de sentenças proferidas em mandado de segurança. 8.2 Relações jurídicas continuativas. 8.3 Quando a sentença faz e quando não faz coisa julgada: 8.3.1 Quando a sentença não faz coisa julgada — 8.3.2 Quando a sentença faz coisa julgada. 8.4 Efeitos patrimoniais da sentença em relação aos atos anteriores à data de impetração. 8.5 O recurso da sentença proferida em mandado de segurança. 8.6 Efeito apenas devolutivo das sentenças proferidas em mandado de segurança: 8.6.1 O efeito devolutivo é o inerente à sentença proferida em mandado de segurança.

8.1 Tipos de sentenças proferidas em mandado de segurança

A sentença proferida no mandado de segurança pode ser constitutiva, condenatória e, até mesmo, declaratória, em casos especialíssimos. De qualquer forma, a declaratividade da certeza ou não do direito será o pressuposto necessário para a sentença constitutiva ou condenatória. Preferimos alinhar-nos àqueles — com a vênia devida ao ilustre Pontes de Miranda — que não vêem necessidade de acrescer o tipo mandamental.

Na verdade, o mandamento seria o objeto da própria sentença condenatória (a ordem emanada à autoridade administrativa).

Sérgio Ferraz, ao enfrentar, em seu *Mandado de Segurança,*[1] a questão da natureza da sentença, assim se manifestou:

"Controverte-se intensamente, em sede doutrinária, quanto à natureza da sentença em mandado de segurança. O tema não nos parece, entretanto, inçado de dificuldades insuperáveis. Tampouco divisamos a utilidade prática da própria controvérsia. Em rigor,

1. Ob. cit., pp. 305-306.

cabem todas as naturezas que a teoria agasalha, tudo na dependência do próprio conteúdo do pedido. O equívoco está em destacar, isoladamente, o problema da sentença, eis que esta não poderá apartar-se do próprio objeto da ação.

"Assim, a sentença poderá ser *condenatória* (como se depreende, por exemplo, do art. 5º da Lei 4.348, de 26.6.64), *constitutiva* (na maior parte das vezes) e, mesmo, *executória* (*v.g.*, § 3º do art. 1º da Lei 5.021, de 9.6.66). Em todos esses casos ela ainda será, em maior ou menor grau (mas nunca com exclusividade, à vista da própria dicção da previsão constitucional...), *declaratória*. Cumpre ponderar que não se trata, salvo as exceções já antes focalizadas, de uma carga declaratória aberta, de cunho normativo, invocável como regra regedora para situações administrativas análogas: a força declaratória dirige-se unicamente ao ato coator já praticado, *atingindo, no máximo, outros idênticos*, já em vias de consumação. (...). Nesses limites, a segurança poderá ter, a um só tempo, feição corretiva e preventiva" (grifos nossos).

Vistos os tipos de sentenças que podem existir em mandado de segurança, examinemos quando a sentença faz coisa julgada, bem como o que pode acontecer se houver relações jurídicas continuativas.

Entendemos nós que a sentença proferida em mandado de segurança poderá abrigar relações jurídicas continuativas. Nesse ponto, talvez, resida pequena divergência do pensamento de Sérgio Ferraz.

Deveras, nas relações jurídicas continuativas haverá carga maior de declaratividade, posto que, ao se renovar idêntica situação decorrente da mesma relação jurídica, a sentença acobertará a hipótese.

8.2 Relações jurídicas continuativas

Moacyr Amaral Santos, ao enfrentar a coisa julgada acerca das decisões referentes a relações jurídicas continuativas, averbou:

"A sentença nada mais faz do que aplicar a lei ao caso concreto. Acolhe ou rejeita, no todo ou em parte, a pretensão do autor. Mas a lei atuada pode ser daquelas *que regulem relação jurídica con-*

tinuativa, que se não esgota com o pronunciamento da sentença, mas prossegue, apesar desta, variando, todavia, quanto aos seus pressupostos de qualidade ou quantidade. São relações jurídicas reguladas por 'regras jurídicas que projetam no tempo os próprios pressupostos, admitindo variações dos elementos quantitativos e qualitativos. (...).

"A lei, decidida uma questão referente à relação jurídica continuativa, admite a *revisão* da sentença, embora transitada em julgado, *por haver-se modificado o estado de fato ou de direito* (art. 471, I – CPC). (...).

"Observe-se, entretanto, que as sentenças decidem *relações continuativas*, mutáveis no prolongamento do tempo, circunstâncias, essas, que a própria lei material atuada considera no momento da prolação das mesmas. (...).

"Quer dizer que a sentença traz implícita a cláusula *rebus sic stantibus*. Se, no desenvolvimento da relação no tempo, após a prolação da sentença, verificar-se a mutação do estado de fato ou de direito, a essa a sentença terá que se adaptar"[2] (grifos nossos).

Nós mesmos sustentamos, durante longo tempo, que a sentença que tem por objeto questões tributárias limitar-se-ia a resolver a relação jurídica imediata, posta *sub judice*. Portanto, não abrigávamos as relações continuativas.

É dizer: aquela relação jurídica consubstanciada em ato coator já realizado, ou a realizar-se no futuro próximo, previsivelmente, da forma mais cabal possível.

De certa forma, íamos, ainda, mais além da Súmula 239 da Suprema Corte, assim vazada: "Decisão que declara indevida a cobrança do imposto em determinado exercício não faz coisa julgada em relação aos posteriores".

Todavia, depois, ainda como juíza, tivemos de abordar especificamente o problema em matéria tributária, e, com maior reflexão, viemos a concluir diferentemente, como será examinado no próximo capítulo.

---

2. *Comentários ao Código do Processo Civil*, 7ª ed., pp. 446-448.

Como se verificará, a lume do trabalho citado, entendemos da mesma maneira que o ilustre Amaral Santos, tal seja, que as relações jurídicas continuativas ficam ao abrigo da sentença proferida *rebus sic stantibus*.

8.3 Quando a sentença faz e quando não faz coisa julgada

8.3.1 Quando a sentença não faz coisa julgada

Comecemos por verificar quando a sentença não pode fazer coisa julgada.

Cremos que devamos nos debruçar sobre a Súmula 304 da Suprema Corte, do seguinte teor: "Decisão denegatória de mandado de segurança, não fazendo coisa julgada contra o impetrante, não impede o uso da ação própria".

Celso Agrícola Barbi, ao se referir aos critérios para se determinar o tipo de sentença produzida, afirmava:

"Estes critérios, todavia, não são suficientes para se precisar, em cada caso, a natureza da sentença a ser proferida: é necessário o exame do pedido do impetrante. Se ele pretende uma prestação ou se deseja uma abstenção, a sentença será condenatória, seja qual for o fundamento invocado, como, por exemplo, se o impetrante, alegando a nulidade ou anulabilidade de sua demissão, pretende ser reintegrado no cargo.

"Mas, se o pedido se limitar à 'anulação' de um ato viciado, a sentença será 'constitutiva'. E, finalmente, se a inicial restringir-se a pedir o 'reconhecimento da nulidade' de um ato, como, *v.g.*, de uma promoção ou nomeação, sem nada mais pleitear, teremos sentença apenas 'declaratória'."[3]

Como conseqüência desta classificação, enfrentou a coisa julgada da seguinte forma: "Posteriormente, todavia, o Supremo Tribunal Federal vem interpretando a Súmula 304 exatamente no sentido por nós defendido, isto é, se houve certeza sobre os fatos mas o juiz reconheceu que a lei não dá ao autor o direito subjetivo que ele alega, isto é, se o mandado foi negado com exame de mérito, a sentença faz coisa julgada material. Logo, não pode haver

---

3. *Do Mandado de Segurança*, 7ª ed., p. 221.

renovação do pedido na mesma via ou em *qualquer outra*, devendo o autor usar da ação rescisória, se ocorrerem os pressupostos desta"[4] (grifamos).

Nós mesmos, enquanto judicávamos, já afirmamos, em declaração de voto proferida no processo 7.687 (reg. 89.03.30145-5), que a sentença, mesmo denegatória, se enfrentar o mérito, faz coisa julgada material. Dissemos na ocasião:[5]

> "Roberto Rosas, ilustre comentarista das Súmulas daquele Tribunal, afirma com propriedade que se há de entender a Súmula, inobstante sua redação, da seguinte forma: *se a decisão denegatória não fizer coisa julgada contra a impetrante*. (...).
>
> "A doutrina é torrencial impedindo ação própria quando a decisão denegatória apreciou o mérito da *questão e foi sua razão de denegação*" (grifamos).

Citem-se, a propósito, em abono da afirmativa, Castro Nunes, Buzaid, Hely Lopes Meirelles, Othon Sidou, Eduardo Arruda Alvim, Cleide Previtalli Cais e Cássio Scarpinella Bueno.

O cerne do problema é realmente se a decisão apreciou ou não o mérito. E, se o tiver feito, estaremos diante do empeço às vias ordinárias, porque a decisão deverá fazer coisa julgada material, não mais suscetível de recurso.

Denegada a segurança, consoante se nos afigura, a lide não poderia ser renovada ou novamente proposta, por não se configurarem quaisquer dos requisitos do art. 469 do Código de Processo Civil, ou dos arts. 15 e 16 da Lei específica do Mandado de Segurança (n. 1.533/51), ou, ainda, da Súmula 304.

A relação de direito material controvertida será o centro da discussão do mandado de segurança.

Claro está que, se a sentença não percute o mérito, somente poderá fazer coisa julgada formal.[6]

---

4. Idem, p. 227.

5. Roberto Rosas, *Direito Sumular*, 13ª ed., p. 131.

6. Impende, pois, que os juízes, quando entenderem "não haver *direito líquido* e certo", por necessidade de dilação probatória, não deneguem a segurança, porém extingam-na por carência dessa via processual. Com efeito, com a "denegação" supõe-se ter sido o mérito percutido.

8.3.2 Quando a sentença faz coisa julgada

Frisados os limites em que a sentença, no mandado de segurança, não faz coisa julgada material, exatamente por não ter sido o mérito examinado e/ou decidido, resta saber quais as características necessárias à existência da coisa julgada.

Diz Moacyr Amaral Santos:

"Mas o que em toda sentença permanece é a *declaração* e esta é que produz a *certeza* do direito. Assim, na sentença condenatória se divisam dois elementos: uma declaração de certeza de que o direito existia e um direito novo, a ordem de prestação. Aquele elemento — a declaração — é imutável, indiscutível; este — o direito novo, a ordem de prestação — poderá ser novamente discutido em nova ação, ou seja, na ação executória da sentença.

"Na parte declaratória da sentença reside a autoridade da coisa julgada. Esta se fundamenta na *eficácia de declaração de certeza*. (...)."[7]

"Não é que a sentença determinativa não produza coisa julgada. Ela apenas é suscetível de um 'processo de integração, decorrente da situação superveniente, a que deve o juiz atender, tendo em vista a natureza continuativa da relação jurídica decidida' (Frederico Marques). (...).

"A ação de *revisão* ou de *modificação* deverá ser manifestada em processo distinto do em que foi proferida a sentença revisionada, perante o juiz de primeiro grau que a proferiu, ainda que esta tenha sido objeto de recurso e por este afinal decidida."

E, acerca da coisa julgada: "Como decorrência do que exposto, pode-se afirmar, com tranqüilidade, que, numa acepção legal, o fenômeno da coisa julgada não apresenta, em princípio, aqui, peculiaridades de monta, ostentando, no ponto, sua dupla face (a coisa julgada formal e a material). Porém, em razão de expressa dicção legal, se o mérito do pedido não for apreciado (por exemplo, por considerar-se imune o tema ao procedimento do *writ*) ou for obstado pela só circunstância de não patenteada, no rito escolhido, sua liquidez e certeza (que exigiriam, para afirmação, dila-

---

7. *Comentários ao Código de Processo Civil*, 7ª ed., p. 429.

ção probatória), poderá ele ser renovado em ação própria (inclusive em novo mandado de segurança, se a denegação se der pelo segundo dos fundamentos trazidos como exemplo)".[8]

Castro Nunes, invocando Chiovenda, não vê diferença da coisa julgada, conforme o tipo de processo. E assinala:

"Como diz Chiovenda, não depende da natureza ou forma do processo a eficácia da coisa julgada, *quali fenomeno misterioso che per verificarsi richiedi il concorso di solennità speciali*; e sim de tríplice identidade, elemento informativo da noção (*Princ.*, p. 916).

"De modo que, salvo o exercício da *rescisória*, que é, digamos assim, de direito comum, não me parece admissível que a Fazenda possa provocar novo pronunciamento judicial, depois de esgotados os recursos na instância do mandado concedido."[9]

Anteriormente, já havia assinalado o ilustre autor: "Não preciso repetir aqui o que já ficou dito, e é que a questão que se resolve pelo mandado é restrita à relação de direito público que por ele se ajuíza. *O ato administrativo declarado ilegal como ofensivo de um direito que ficou assegurado*, terá de ser ilegal para todos os efeitos em qualquer demanda que se venha a travar entre as mesmas partes, com idêntico fundamento, para o mesmo fim"[10] (grifamos).

Ainda, Alfredo Buzaid, acerca da coisa julgada em mandado de segurança, grafa: "A sentença concessiva de mandado de segurança, reconhecendo o direito líquido e certo do impetrante e a ilegalidade ou abuso de poder da autoridade coatora, faz coisa julgada material, porque apreciou o mérito. O mandado de segurança pode ser denegado, apreciando a decisão o mérito da causa. Neste caso, negando o direito invocado pelo impetrante, a decisão faz coisa julgada para o efeito de obstar à reprodução do mesmo pedido, quer em novo mandado de segurança, quer em outra ação em que pleiteie os seus direitos e os respectivos efeitos patrimoniais. Já não faz coisa julgada a decisão que indefere petição inicial por não ser caso de mandado de segurança (Lei n. 1.533/51, art. 8º), por não concorrerem os pressupostos processuais ou

---

8. Idem, p. 448.

9. *Do Mandado de Segurança e de Outros Meios de Defesa contra Atos do Poder Público*, 9ª ed., p. 334.

10. Idem.

as condições da ação (CPC, art. 267, IV e VI), casos em que o Juiz põe termo ao processo sem lhe resolver o mérito. *Donde se conclui que concedendo ou denegando a segurança, a sentença faz coisa julgada sempre que o órgão judiciário aprecia o mérito*"[11] (grifamos).

Hely Lopes Meirelles é do mesmo entender.[12]

Ada Grinover, ao se referir à coisa julgada, averba:

"(...) poder-se-ia concluir que todo e qualquer fundamento ficaria excluído da coisa julgada: até mesmo aquele tão precípuo, que, abstraindo-se dele, o juiz julgaria diversamente a lide. (...).

"Parece-nos, porém, que não seja este o espírito do art. 469, I. Se o fundamento é tão precípuo, como acima indicado, faz ele praticamente parte do dispositivo da sentença; não pode ser considerado 'motivo'.

"(...) como bem disse Liebman, a coisa julgada restringe-se à parte dispositiva, entendida, porém, a expressão em sentido *substancial, e não formalístico* (abrangendo, pois, não só a fase final da sentença, mas sim qualquer outro ponto que o juiz tenha provido sobre a pretensão e a resistência)"[13] (grifos nossos).

Todo esse escorço doutrinário teve por propósito fixar o seguinte tópico: quando faz a sentença proferida em mandado de segurança coisa julgada, quer seja denegatória ou concessiva.

E, na verdade, se não houver coisa julgada material, a propositura de ação pelo rito ordinário sequer precisará ser assegurada, se estivermos diante dos pressupostos necessários a permitir a subsunção ao art. 15 da Lei 1.533/51.

Eis o artigo mencionado: "A decisão do mandado de segurança não impedirá que o requerente, por ação própria, pleiteie os seus direitos e os respectivos efeitos patrimoniais".

Além disso, o art. 16 da Lei 1.533/51 dispõe: "O pedido de mandado de segurança poderá ser renovado se a decisão denegatória não lhe houver apreciado o mérito".

Portanto, acentue-se, não deve ser essa a hipótese se a decisão *percutiu inteiramente o mérito*.

---

11. *Do Mandado de Segurança*, pp. 252-253.
12. *Mandado de Segurança*, 31ª ed., pp. 113-116.
13. *Direito Processual Civil*, pp. 91-92.

Mesmo com o risco do alongamento tão indesejável, deveremos, ainda, insistir. No nosso entender, não será possível *denegar* a segurança sem exame dos atos administrativos contestados. Por outro lado, feito o exame, *denegada* a segurança, consoante se nos afigura, a lide não poderá ser renovada, por não se configurarem quaisquer dos requisitos do art. 469 do Código de Processo Civil, ou dos arts. 15 e 16 da Lei específica do Mandado de Segurança, ou, ainda, o pressuposto da Súmula 304.

Incide, a meu ver, o art. 468, cujo teor é o seguinte: "A sentença, que julgar total ou parcialmente a lide, tem força de lei nos limites da lide e das questões decididas".

E incide justamente na parte final, "tem força de lei nos limites da lide e das questões decididas".

Diz Thereza Alvim:

"Como já ficou suficientemente demonstrado, a *questão prejudicial* é aquela que influencia no teor de outra questão, que lhe está condicionada, podendo esta referir-se ao mérito, ou não, e será juridicamente relevante se o Juiz ao decidi-la, aplicar a lei ao caso concreto, como faz ao pronunciar a sentença.

"Se a lei se refere exclusivamente à declaratória incidental quando se está frente a uma questão prejudicial de mérito, *todas as outras questões prejudiciais* pareceriam estar incluídas nas 'questões decididas' do art. 468." [14]

E prejudicial, acompanhando ainda a linha da autora, é a questão que, *lógica e necessariamente*, deve ser decidida antes de outra, sendo que sua decisão influenciará o próprio teor da questão vinculada.

Trazemos a contexto as considerações feitas pelo ilustre e saudoso Hely Lopes Meirelles,[15] e também as afirmações de Celso Agrícola Barbi: "Posteriormente, todavia, o Supremo Tribunal Federal vem interpretando a *Súmula* 304 exatamente no sentido por nós defendido, isto é, se houve certeza sobre os fatos mas o juiz reconheceu que a lei não dá ao autor direito subjetivo que ele

---

14. *Questões Prévias e os Limites Objetivos da Coisa Julgada*, pp. 92-93.
15. Sobre a coisa julgada, em *Mandado de Segurança*, 31ª ed., pp. 113-116.

alega, isto é, se o mandado foi negado com exame de mérito, a sentença faz coisa julgada material. Logo, não pode haver renovação do pedido na mesma via ou em qualquer outra, devendo o autor usar da ação rescisória, se ocorrerem os pressupostos desta".[16]

Não foram outras as conclusões da Corte Suprema nos mandados de segurança inseridos nas *RTJ* 65/573, 65/505, 63/11, 58/736, 75/508, 75/633, 70/862, 55/692 e 52/345.

Aliás, os comentários de Roberto Rosas no seu *Direito Sumular* trazem a contexto as decisões da Suprema Corte e a exata intelecção da Súmula 304.

Portanto, bem diferente é a *denegação da segurança* da *carência da ação* por se entender que não há, por exemplo, liquidez e certeza do direito por se controverterem fatos. E, se assim for, a via do mandado de segurança apresentar-se-á como inadequada ao fim proposto. Na hipótese de denegação a situação é outra: o direito alegado inexiste.

De qualquer forma, acentue-se, somente nessa hipótese — não percussão do mérito — é possível a ressalva de outras vias judiciais. Isso é acentuado — e enfaticamente — porque, muita vez, o juiz percute inteiramente o mérito, ressalvando, todavia, a possibilidade de ajuizamento de nova ação pelo rito ordinário. Ou, então, diz estar denegando o mandado de segurança, quando, na verdade, não o está conhecendo (portanto, seria, nesse caso, hipótese de carência).

8.4 Efeitos patrimoniais da sentença em relação aos atos anteriores à data de impetração

Entre os anos de 1954 e 1963 o Supremo Tribunal Federal proferiu três importantes decisões sobre mandado de segurança e os efeitos patrimoniais de sua concessão em relação a períodos anteriores à data de impetração. Cuidou-se dos julgamentos do RE 48.567, do AI 26.672 e do RMS 6.747, que fundamentaram a edição da Súmula 271 do Supremo Tribunal Federal, cujo teor está assim redigido: "271. *Concessão de mandado de segurança não produz*

16. *Do Mandado de Segurança*, 4ª ed., p 258.

efeitos patrimoniais, em relação a período pretérito, os quais devem ser reclamados administrativamente ou pela via judicial própria" (grifos do original).

Posteriormente, em 9.6.66, foi publicada a Lei federal 5.021, que dispõe sobre o pagamento de vencimentos e vantagens pecuniárias asseguradas, em sentença concessiva de mandado de segurança, a servidor público civil.

Ocorre que o *caput* do art. 1º da referida lei positivou o entendimento pacificado da Suprema Corte; mas, todavia, da forma em que foi redigido, seu § 3º poderia fazer — e fez — surgir algumas dúvidas, valendo a pena, a título de esclarecimento, transcrever os respectivos conteúdos:

> "Art. 1º. O pagamento de vencimentos e vantagens pecuniárias asseguradas, em sentença concessiva de mandado de segurança, a servidor público federal, da Administração direta ou autárquica, e a servidor público estadual e municipal, somente será efetuado relativamente às prestações que se vencerem a contar da data do ajuizamento da inicial.
>
> "§ 1º. (Vetado).
>
> "§ 2º. Na falta de crédito, a autoridade coatora ou a repartição responsável pelo cumprimento da decisão encaminhará, de imediato, a quem de direito, o pedido de suprimento de recursos, de acordo com as normas em vigor.
>
> "*§ 3º. A sentença que implicar em pagamento de atrasados será objeto, nessa parte, de liquidação por cálculo (arts. 906 a 908 do Código de Processo Civil), procedendo-se, em seguida, de acordo com o art. 204 da Constituição Federal.*
>
> "(...)" (grifamos).

Naturalmente, foi suscitado perante a Suprema Corte o âmbito de aplicação do § 3º, não obstante o conteúdo induvidoso do *caput* do art. 1º. Foi assim que, em 12.5.70, o Supremo Tribunal Federal, no julgamento do RE 68.498-SP, decidiu que, nos termos da Lei federal 5.021/66, *não é permitido*, por qualquer forma, que "o pagamento de vencimentos e vantagens pecuniárias, asseguradas em sentença concessiva de mandado de segurança, se estenda a prestações vencidas antes do ajuizamento da petição inicial".[17]

---

17. RE 68.498-SP, de relatoria do Min. Luiz Gallotti.

E, quanto ao § 3º da citada lei, a ementa do acórdão diz, expressamente, o seguinte:

"(...).

"E o § 3º do mesmo artigo prevê liquidação, por cálculo, dos atrasados, excluídos, é claro, os não admitidos no *caput*.

"(...)."

Pois bem. Tal é o entendimento que vem sendo seguido, pacificamente, pelo Superior Tribunal de Justiça, como demonstram algumas de suas ementas:

• "(...). 1. A jurisprudência do Superior Tribunal de Justiça já assentou que o mandado de segurança não pode gerar efeitos patrimoniais em relação a períodos anteriores à sua impetração. (...)" (2ª T., AGA 365.286, rel. Min. Castro Meira, *DJU* 6.10.2003).

• "(...). O Superior Tribunal de Justiça tem decidido que o mandado de segurança não pode gerar efeitos patrimoniais em relação a períodos anteriores à sua impetração. (...)" (1ª T., EAERES 299.748, rel. Min. Humberto Gomes de Barros, *DJU* 16.6.2003).

• "(...). 1. Não há qualquer omissão a ser sanada, uma vez que o acórdão embargado, de forma clara e objetiva, apreciou a questão aplicando o entendimento desta egrégia Corte, pacificado no sentido de que o mandado de segurança não produz efeitos patrimoniais em relação a período anterior à data de sua impetração, a teor do que dispõem as Súmulas 269 e 271 do Supremo Tribunal Federal. (...)" (5ª T., EDROMS 12.674, rela. Min. Laurita Vaz, *DJU* 13.10.2003).

• "(...). Em se tratando de mandado de segurança, impossível a concessão da ordem com efeitos patrimoniais anteriores à impetração do 'writ' — Art. 1º da Lei 5.021/66. (...)" (REsp 184.396, rel. Min. José Arnaldo Fonseca, *DJU* 9.12.2003).

8.5 O recurso da sentença proferida em mandado segurança

O saudoso Hely Lopes Meirelles, monografista do tema, teve oportunidade de afirmar: "O *efeito dos recursos* em mandado de segurança é somente o *devolutivo*, porque o *suspensivo* seria contrário ao caráter urgente e auto-executório da decisão mandamental. A essa regra a Lei 4.348/64 abriu exceção, que se nos afigura inconstitucional, para os recursos contra decisões concessivas de reclassificação ou equiparação de servidores públicos, vencimentos e vantagens, casos em que impõe o efeito suspensivo (arts. 5º e 7º). A Lei 6.071, de 3.7.74, ao ensejo de adaptar as normas do mandado de segurança ao novo Código de Processo Civil, submeteu a sentença concessiva a recurso de ofício e declarou que pode ser executada provisoriamente (art. 12, parágrafo único, da Lei 1.533/51, com a redação dada pela Lei 6.071/74). *Essa 'execução provisória', em mandado de segurança, difere daquela referida pelo art. 588 do CPC* para as outras sentenças, como já demonstramos precedentemente (n. 16). É lamentável que o legislador atual venha confundindo *mandado de segurança* com os *procedimentos judiciais comuns*, esquecido de que sua destinação constitucional é o pronto amparo dos direitos individuais ou coletivos afrontados pelo abuso de autoridade, o que exige providências urgentes e de imediata execução. Contra a suspensão dos efeitos da sentença concessiva de segurança há o agravo regimental (art. 13)"[18] (grifamos em parte).

8.6 Efeito apenas devolutivo das sentenças proferidas em mandado de segurança

Há que se discutir, em face da Constituição de 1988, que atribui ao cidadão o direito subjetivo de se dirigir ao Judiciário quando houver *ameaça de lesão* e, em contrapartida, o *dever de o Judiciário acautelar dita lesão*, se a proibição a executoriedade das sentenças, proferidas em face de eventuais violações de direitos, coadunar-se-ia, estaria ao abrigo das disposições constitucionais, como, por exemplo, na hipótese de leis, como a Lei 8.076/90 ("Plano Collor"), procurarem atribuir efeito suspensivo às sentenças proferidas em mandado de segurança.[19]

---

18. *Mandado de Segurança*, 31ª ed., p. 111.

19. O Tribunal Regional Federal da 3ª Região, na ArgInconst em MS 37.658 (reg 90.03.37625-5), decidiu:

"I — *Medida provisória — Limites — Impossibilidade de dispor sobre Direito Tributário, Penal e Processual. (...).* III — *A Lei 8.076, de 23.9.90, é incompatível com a Constituição, pois, por via transversa, de forma oblíqua, atenta contra a garantia cons-*

Para isso, devemos, sem sombra de dúvida, verificar o teor da garantia constitucional que é o mandado de segurança, forte na proteção de direitos ameaçados ou lesados por ato de autoridade.

Com propriedade, afirma Seabra Fagundes:

"Há hipóteses em que o controle jurisdicional só ampara eficazmente o administrado se evita o ato ou lhe inibe qualquer conseqüência. Então, se fazem precisos remédios preventivos extraordinários, regidos por preceitos especiais e permitindo providências destinadas especialmente a atuar em face das condições peculiares do momento.

"O *habeas corpus* e o mandado de segurança preventivos existem com tal finalidade."[20]

Ainda é o mestre que assinala haver três características especiais a distinguir o mandado de segurança como remédio extraordinário, tais sejam: a) natureza das situações jurídicas a cujo amparo ele se destina; b) a maneira por que atua no sentido de realizar essa proteção; c) *a rapidez do rito processual.*

Daí por que admitiu o parágrafo único do art. 12 às sentenças concessivas de mandado de segurança, embora sujeitas ao duplo grau de jurisdição, a execução imediata.[21]

E, aliás, por não ter efeito suspensivo o recurso interposto de decisões concessivas, há a Lei 4.348 /64, que possibilita para hipóteses *excepcionais* a suspensão da liminar ou da sentença.

Ora, seria inadmissível ser possível à lei ordinária suprimir a eficácia de decisão do mandado de segurança ou de cautelares, como se pretendeu no "Plano Brasil Novo", ou "Plano Collor", com a Lei 8.076/90, já citada, ou a Lei 9.494, de 10.9.97.

---

titucional do mandado de segurança, com rito célere, ágil, hábil a afastar prontamente ilegalidade ou abuso de poder.

"A Constituição de 1988, ao permitir o amplo controle do Judiciário, até mesmo quando haja apenas ameaça de lesão a direito, faz com que as providências cautelares não possam ser proscritas por regras infraconstitucionais.

"Inconstitucionalidade proclamada do parágrafo único do art. 1º da Lei 8.076/90."

20. *O Controle dos Atos Administrativos pelo Poder Judiciário*, 5ª ed., p. 235.

21. A redação é da Lei 6.071, de 3.7.74, art. 1º, posterior ao Código de Processo Civil, que substitui o recurso *ex officio* pelo duplo grau.

Aliás, são constantes as tentativas de diminuir os efeitos benéficos do mandado de segurança, tentando-se, por meio das mais esdrúxulas medidas provisórias, contê-lo. Seria equivalente a se dizer que estaria suprimida a garantia fundamental do Estado de Direito, tal seja, a obtenção do bem de vida, ameaçado ou lesado, pela via ágil, que representou, certamente, conquista dos administrados. Poderia converter-se, destarte, o mandado de segurança em ação de rito ordinário ao invés de rito sumário, especialíssimo.

E, ainda, com *exigência*, para ser aceito pelo juiz, de *estar processualmente dotado de liquidez e certeza do direito, tal seja, inexistência de controvérsia factual.*

Exigir-se-iam circunstâncias anormais e peculiares para o mandado de segurança, sendo tratado, em determinados casos, como se fora ação reparatória, agredindo-se violentamente o princípio da igualdade na lei.

Ora, são da própria *ratio* do mandado de segurança a agilidade e presteza a amparar o cidadão contra atos praticados por autoridades que possam vir a se mostrar atentatórios do direito.

Se assim não fosse, suprimida estaria a garantia do art. 5º, XXXV, da Constituição Federal, possibilitadora de o Judiciário acautelar, desde logo, o direito ameaçado ou lesado.

Demais disso, é da essência da ação de mandado de segurança sua execução imediata. Tratadista do tema, o insigne Pontes de Miranda assim averbou: "1. *Ação e sentença* — A prestação jurisdicional, no mandado de segurança, é *mandamento*.[22] O juiz ou tribunal manda; o que ele manda já é conteúdo dessa prestação: manda que se tenha como existente, ou como não-existente, alguma relação jurídica, que a autoridade pública teve por inexistente, ou por existente, contra a Constituição, ou contra a lei; manda que se tenha como constituído, ou por desconstituído, algum ato jurídico, porque, contra a Constituição, ou contra a lei, a autoridade pública, ou o teve por inconstituível, ou como constituído; manda que se emposse, ou que se desemposse, ou que se reinte-

22. Já assinalamos nossa divergência no que toca ao tipo mandamental. Todavia, endossamos o autor na afirmação de que a decisão proferida em mandado de segurança tem execução imediata.

gre, ou que se destitua algum funcionário público, ou pessoa que foi ofendida, ou cujo atendimento pela autoridade pública, contra a Constituição ou contra a lei, ofenderia a outrem. (...)".[23]

E, ainda, às pp. 75-76:

"A regra jurídica que permite a ação de *habeas corpus* ou a de mandado de segurança é regra jurídica que considera nascida com a ameaça a pretensão à tutela jurídica e a pretensão por *ofensa provável*.

"A esse limpamento do mundo social, para que as esferas jurídicas das pessoas não fiquem expostas às incursões do Estado, assaz se prestam as sentenças mandamentais. A cautelaridade delas é útil, em muitos ensejos, tal como acontece com os arrestos, os seqüestros, as buscas e apreensões e outras medidas cautelares."

Somente essas palavras do Mestre seriam suficientes a proscrever o duplo efeito nas sentenças concessivas de mandados de segurança ou de cautelares.

Seria a supressão por lei do que a Constituição outorgou.

Othon Sidou, comentando os efeitos da sentença no mandado de segurança e o papel da jurisprudência, proclamou:

"Ela felizmente não faltou ao seu papel histórico, e, distorcendo embora todos os ensinamentos doutrinários, foi buscar argumentos ligados ao próprio sentido material da garantia, para acomodar a lei com o bom e necessário.

"Só a fértil e salvadora jurisprudência dos nossos pretórios, dando um sentido novo ao agravo de petição em mandado de segurança, acudiu-lhe com as muletas que o evitaram ser, sob a égide da Lei 1.533, um instituto deformado por paraplegia, sem deambular desimpedido e desafrontoso.

"Muito antes da lei vigente, já Seabra Fagundes, em 1947, entoava um alerta do seio do Tribunal de Justiça do Rio Grande do Norte — prevenindo que os recursos interpostos em mandado de segurança não têm efeito suspensivo, porque esse efeito entraria em contradição com a celeridade com que se deve expedir o mandado e tornaria inútil a sua faculdade restauradora provisó-

---

23. *Tratado das Ações — Ações Mandamentais*, t. VI, pp. 53-54.

ria. Referia-se à apelação, que, é ressabido, é bifronte nos seus efeitos.

"Esse brado do juiz-jurisconsulto foi o luzeiro que abriu caminho à resistente tese dos tribunais, desde que a lei impôs o recurso de efeito, não dúplice, como a apelação, mas taxativamente suspensivo, tal o agravo de petição. (...).

"Com a decisão tomada pelo Supremo Tribunal Federal, à unanimidade, na esteira da lição de Seabra Fagundes, segundo que a natureza do remédio é incompatível com o efeito suspensivo do recurso cabível, fez-se desse entendimento um pressuposto, capaz de afastar a mais resistente doutrina. (...)."[24]

Ada Grinover, ainda à luz da Constituição anterior, cita Seabra Fagundes no sentido de que devem ser repelidas "as intoleráveis vias oblíquas, de que se queira valer o Congresso para subtrair certas controvérsias à análise e dirimição judicial", e, ainda, "onde se possa identificar um expediente para impedir, ou adiar indefinidamente, a formulação da pretensão jurídica perante a Justiça, aí haverá não apenas um atentado ao espírito do regime, senão a violação frontal do preceito. (...)".[25]

Rogério Lauria Tucci e Rogério Cruz e Tucci afirmam:

"Por outras palavras, já agora em consonância com as de J. M. Othon Sidou, o *mandado de segurança* é instituto compreensivo de uma garantia individual, constitucionalmente estabelecida (atualmente no inciso LXIX do art. 5º da nossa Lei Maior) para a tutela de um dos direitos invioláveis do indivíduo, quais sejam, os respeitantes à vida, à liberdade, à igualdade, à segurança e à propriedade, em cujos ideais se encontra a 'síntese' de todos os direitos explicitados ou subentendidos a serem desfrutados pelo indivíduo a quem a Constituição jurisdiciona. (...)".[26]

8.6.1 O efeito devolutivo é o inerente à sentença proferida em mandado de segurança

Como se pode verificar, qualquer sentido há para que a sentença proferida em mandado de segurança tenha efeito suspensivo.

24. *Do Mandado de Segurança*, pp. 427-428.
25. *Os Princípios Constitucionais e o Código de Processo Civil*, pp. 17-18
26. *Constituição de 1988 e Processo*, p.137.

O efeito devolutivo é-lhe inerente. A lei não poderá, para situações peculiares, ao sabor das conveniências do momento, modificar o sentido da presteza da garantia constitucional.

Caso haja fundado receio de grave lesão à saúde, à segurança ou à ordem públicas, o remédio que se apresentará é a suspensão da sentença pelo presidente do tribunal *ad quem*, se presentes os pressupostos legais, como demoradamente já versamos no capítulo próprio.

9
Efeitos da Sentença em Matéria Tributária[1]

9.1 Introdução. 9.2 Conceitos de relação jurídica e relação jurídico-tributária. 9.3 Distinção das relações jurídicas tributárias. 9.4 Acórdãos da Suprema Corte. 9.5 Sumulando.

9.1 Introdução

A sentença proferida em mandado de segurança vai incidir sobre determinado ato estatal, visando afastá-lo.

A pergunta que se coloca é a atinente à possibilidade de, em mandado de segurança, a sentença poder abrigar fatos futuros, previsíveis, mas ainda não quantificados. Porém, de qualquer sorte, decorrentes da mesma relação jurídica.

Se esta Constituição abriga a abertura das portas do Judiciário à simples ameaça de lesão, há de se verificar que a tutela também há de ser preventiva.

Tem-se, pois, de enfrentar os seguintes tópicos para desate da questão: *1)* efeitos da sentença no mandado de segurança (quando decide, ou não, o mérito), o caráter também declaratório da sentença; *2)* as relações jurídicas entre o administrado e o Estado provocadoras de indevida constrição; *3)* mais especificamente, as relações tributárias continuativas; *4)* a coisa julgada no mandado de segurança, o exame e apreciação da Súmula 239 do Supremo Tribunal Federal.

Relativamente aos efeitos das sentenças proferidas em mandado de segurança, remetemos o leitor ao capítulo anterior.

---

1. Este capítulo já constava dos nossos *Estudos de Direito Tributário*, São Paulo, Malheiros Editores, 1996 (esgotado). Entretanto, por sua importância — que é

9.2 Conceitos de relação jurídica e relação jurídico-tributária

Passando ao segundo tópico, ainda que brevemente, às relações jurídicas em pauta, devemos dar, em simplíssimas palavras, o conceito de relação jurídica e de relação jurídico-tributária.

Relação jurídica, para Giorgio Lazzaro, da Universidade de Torino, é: "um liame simplesmente instaurado por uma norma, e não necessariamente recebido do costume social dos princípios éticos: é uma relação entre pessoas e sujeitos jurídicos e não entre pessoa e coisa, *assim, propriamente, exprime a simples correlação entre o que se possa chamar de situações jurídicas subjetivas: uma situação ou posição ativa ou favorável e uma situação ou posição passiva ou desfavorável*"[2] (tradução e grifos nossos).

Não vamos discutir, por desnecessário a este trabalho, as diversas críticas a esta definição de relação jurídica como concebidas por Kelsen ou outros conceituadíssimos autores.

Orlando Gomes, após haver estudado as várias correntes a respeito do tema, chega à caracterização da relação jurídica da seguinte forma:

"A relação jurídica tem como pressuposto um fato, que adquire significação jurídica se a lei o tem por idôneo à produção de determinados efeitos, estatuídos ou tutelados.

"Assim, todo o evento, já um acontecimento natural, já uma ação humana, converte-se em fato jurídico, se em condições de exercer essa função.

"Ao incorporar significação jurídica, o fato provoca uma relação jurídica concreta, que se individualiza com a de sujeitos determinados ou determináveis.

---

enorme, por força do número de mandados de segurança em matéria tributária — e, também, por estar esgotada a edição da obra citada, decidimos incluí-lo, ainda que parcialmente, nesta monografia.

2. *Novissimo Digesto Italiano*, v. XVII. No texto original: "Rapporto è un legame semplicemente instaurato da una norma, e non necessariamente recepito dal costume sociale o dai principi etici; è una relazione tra persone o soggetti giuridici e non tra persona e cosa, anzi, più propriamente, esprime la semplice correlazione tra ciò che possono essere chiamate situazioni giuridiche soggettive: una situazione o posizione attiva o favorevole e una situazione o posizione passiva o sfavorevole".

"Em cada relação jurídica os participantes ocupam posição definida. Há duas posições típicas. Não mais. A de sujeito ativo e a de sujeito passivo. A um deles atribuem-se determinados poderes e ao outro deveres, implicando, pois, tal relação jurídica a sujeição de uma parte à outra, se for, obviamente, relação humana.

"A intersubjetividade ou bilateralidade do direito traduz-se pela subordinação de um dos sujeitos ao outro, segundo a concepção clássica, ou pela colaboração recíproca, todos *sub jure*, de acordo com a doutrina normativista"[3] (grifos nossos).

As relações jurídicas sempre têm, no pólo ativo, o titular do direito, do poder, e, no passivo, aquele ou aqueles que têm deveres.

Daí por que a noção de direito subjetivo somente pode persistir quando se reconhece a alguém o poder de realização de seus direitos. O direito objetivo teria contraposto à faculdade de um o dever do outro.

As relações jurídicas podem ser públicas e privadas, dependendo, é lógico, do interesse tutelado.

"São relações públicas as constituídas para tutela de um interesse público, ou seja, essencial para o ordenamento jurídico, e privadas todas as demais."[4]

Ao examinar as vicissitudes da relação jurídica, ainda, Santoro Passarelli diz que para haver uma modificação da relação jurídica bastará a modificação de qualquer elemento.[5]

De seu turno, a extinção da relação jurídica dar-se-á sempre que o sujeito ativo perde o direito ou outro poder, se tal perda não corresponder a uma aquisição de outro sujeito.[6] Ainda, o objeto das relações jurídicas pode ser modificado pela vontade das partes (nas hipóteses de relações jurídicas privadas) ou da lei, na hipótese de relações jurídicas públicas.[7]

De seu turno, a extinção da relação jurídica acontece ou pela conjunta realização do interesse tutelado — extinção satisfativa

3. *Introdução ao Direito Civil*, pp. 115-128.
4. Santoro Passarelli, *Doctrinas Generales del Derecho Civil*, p. 78.
5. Idem, p. 92.
6. Idem, p. 93.
7. Idem, p. 102.

— ou na hipótese de desaparecimento de um dos elementos, subjetivo ou objetivo, da relação.[8]

Todas estas digressões acerca da relação jurídica servem a embasar o desenvolvimento de nosso tema principal a enfrentar, tal seja, as relações jurídicas tributárias, que podem ser, em certas circunstâncias, continuativas.

9.3 Distinção das relações jurídicas tributárias

Hugo de Brito Machado distingue as relações jurídicas tributárias em instantâneas e continuativas, da maneira como segue:

"A relação jurídica tributária pode ser *instantânea*, como acontece no caso de venda eventual de um imóvel, por exemplo, ou *continuativa*, como acontece com o contribuinte do ICMS, por exemplo No primeiro caso, *o fato tributável é autônomo, isto é nele residem todos os elementos de que se necessita para determinar o valor do tributo a ser pago*, e o pagamento extingue não apenas o crédito tributário respectivo, mas a própria relação obrigacional Fisco-contribuinte. *No segundo caso, o fato tributável não é autônomo, no sentido de que, embora produza, isoladamente, o efeito de criar a obrigação tributária, ele se insere em um conjunto de outros fatos relevantes para a composição da relação jurídica Fisco-contribuinte.* (...).

"*A relação jurídica tributária instantânea é peculiar aos tributos relacionados com ocorrências eventuais.* Por isto mesmo não existe, nem se faz necessário, um cadastro de contribuintes, sujeitos passivos dessa relação. (...).

"*A relação jurídica tributária continuativa é peculiar aos tributos relacionados a ocorrências que se repetem formando uma atividade mais ou menos duradoura.* (...).

"*Na relação jurídica continuativa, ou continuada, muita vez até a determinação do valor a ser pago pelo contribuinte depende não apenas de um fato tributável, mas do encadeamento dos fatos que a integram, como acontece no Imposto sobre Produtos Industrializados — IPI.* (...).

"*O reconhecimento da existência de uma relação tributária de natureza continuativa impõe uma reflexão, a propósito dos limites objetivos da coisa julgada nas questões tributárias*"[9] (grifamos).

---

8. Idem, p. 104.

9. "Efeito normativo da sentença no mandado de segurança", *Repertório IOB de Jurisprudência* 9/88, pp. 131-132.

Exatamente este o fulcro das nossas preocupações, as relações jurídicas tributárias continuativas, sobretudo no que se refere às isenções, imunidades e inconstitucionalidades. Depois, devemos enfrentar a Súmula 239 da egrégia Suprema Corte.

Celso Bastos, ao refletir se é possível emprestar força "normativa" — propositadamente utilizada entre aspas — às decisões proferidas em mandado de segurança, averba:

"Aqui, então, se põe o problema. Pode-se emprestar força 'normativa' à decisão proferida com relação a um certo ato de autoridade para que ela passe a valer ante atos futuros da mesma natureza?

"A resposta, quer-nos parecer, pelas razões que a seguir aduziremos, não pode ser senão afirmativa. É dizer: a segurança faz coisa julgada a ser respeitada nas múltiplas hipóteses que venham a se enquadrar nos limites da decisão revestida de tal força. Não nos parece que se trate de conferir, ao assim proceder, *força normativa ao mandado de segurança. É óbvio que a função de editar normas não é própria do Judiciário, mas sim do Legislativo. O que ocorre é que é da natureza da própria decisão judicial o julgar com força impositiva não só para o caso trazido aos autos, mas para todos aqueles inseridos no âmbito da 'coisa julgada'. Noutro dizer: há repetições de comportamentos materiais que não são senão a concreção de um mesmo direito abstratamente considerado.*

"Alguém, por exemplo, que obtenha a declaração judicial permitindo entrar sem gravata em dado recinto, no qual estivesse ela sendo exigida, estará em condições de exercer tal direito não só na hipótese concreta em que foi barrado, mas todas as vezes que de futuro pretender ingressar no mesmo recinto. A muito pouco ficaria reduzido o Poder Judiciário se ele não pudesse proferir decisões válidas senão para um único caso. É crucial que não havendo nenhum elemento discriminador juridicamente relevante, a decisão proferida numa hipótese é extensível às demais a ela idênticas. Este discrímen pode repousar tanto no aspecto normativo do direito subjetivo (por exemplo, mudou-se a lei que fundava a decisão anterior), ou na situação fática (subordinação à cláusula *rebus sic stantibus*)"[10] (grifos nossos).

---

10. *Estudos e Pareceres de Direito Público*, p. 70.

E, ao comentar especificamente a Súmula 239 da Suprema Corte, diz que o restringir a aplicação ao exercício financeiro não teria qualquer alicerce jurídico.

Cremos, todavia, que se possa dar, até mesmo pela tendência da própria Suprema Corte, entendimento consentâneo com a realidade das coisas.

A decisão sobre determinada relação jurídica somente se pode dar *rebus sic stantibus*. Destarte, a prudência poderia fazer limitar a incidência da coisa julgada às isenções, imunidades e inconstitucionalidades, sem prejuízo da análise de outras situações.

9.4 Acórdãos da Suprema Corte

Em trabalho de doutoramento realizado na Faculdade de Direito de São Paulo, Walter Piva Rodrigues estuda vários acórdãos da Suprema Corte em face da Súmula 239.

Cita o Min. Rafael Mayer, que deu à Súmula o seguinte entendimento:

"Se a decisão se coloca no plano da relação do Direito Tributário material para dizer inexistente a pretensão fiscal do sujeito ativo, por inexistência de fonte legal da relação jurídica que obrigou o sujeito passivo, então não é possível renovar a cada exercício o lançamento e a cobrança do tributo, pois não há a precedente vinculação substancial.

"A coisa julgada, que daí decorre, é inatingível e novas relações jurídico-tributárias só poderiam advir da mudança dos termos da relação pelo advento de uma norma jurídica nova com as suas novas condicionantes."[11]

Traz o autor, ainda, à colação Rubens Gomes de Sousa.

O eminente e saudoso Rubens Gomes de Sousa estrema três hipóteses sobre as quais recairia a eficácia da coisa julgada: a isenção, a inconstitucionalidade e a imunidade.

Do mesmo modo, Antônio Sampaio Dória chega à seguinte conclusão: "A coisa julgada tributária, assente na identidade de parte, objeto e causa de pedir, impede que seja reaberta, perante o

---

11. *RTJ* 99/419.

Judiciário, a discussão relativa ao imposto previamente julgado indevido, ainda que a nova cobrança concirna a exercício diverso, porque este não interfere em nada com a essência da obrigação tributária já objeto da deliberação judicial".[12]

A conclusão do autor, Walter Piva Rodrigues, todavia, é que, nas ações declaratórias, "a conseqüência é que o juiz do processo futuro estará vinculado à declaração precedente, devendo tomá-la como premissa de sua decisão, a tanto servindo, indiscutivelmente, a coisa julgada produzida em ação meramente declaratória".

Vênia devida ao autor, que trabalhou com afinco no tema, parece-nos que a solução, à qual não paira dúvida, pode ser retirada das colocações de Rubens Gomes de Sousa, portanto, não se cingindo apenas às ações declaratórias, até porque é inconteste a *declaratividade necessária nas decisões proferidas em mandado de segurança*.

Vejamos, pois.

Quanto à imunidade: se o pedido é o de não pagar o tributo, posto que a situação do autor da ação obstaculiza a competência impositiva, não pode haver dúvida de que a decisão deverá fazer coisa julgada não apenas para aquele exercício, mas enquanto permanecerem a lei e a situação por ela gerada (*rebus sic stantibus*).

De outra parte, no tocante à *isenção*, o mesmo ocorreria.

Se o pedido é para afastar a incidência da norma em decorrência da situação isentiva, o provimento jurisdicional somente poderia ser nesse sentido.

Quanto à inconstitucionalidade a coisa ainda se coloca de maneira mais séria.

Se o devedor, pólo passivo da relação jurídica, não deve pagar o tributo, uma vez que o mesmo é desconforme da Constituição, isso implica a prestação judicial negar a relação jurídica instaurada por força de lei inconstitucional.

Embora a declaração de inconstitucionalidade, feita pela via de exceção, seja apenas *incidenter tantum*, atinge ela a relação jurídica instaurada entre o Fisco e contribuinte, ou contribuintes, que se encontrarem no pólo passivo.

---

12. "Coisa julgada, limites objetivos em matéria fiscal", *RT* 363/58.

Não seria crível que a ordem judicial fosse limitada a um mês, ou mesmo a um exercício. Isso seria retirar toda a força da garantia constitucional e possibilitar ao mesmo agente público a renovação da constrição. Inclusive com desrespeito à coisa julgada.

Deveras, o mandado de segurança tem por objetivo afastar constrições indevidas. Seu limite: o direito não pode ser controverso factualmente, pois, se o for, deverá a parte lançar mão de outra garantia.

Assim, para concluir, *não se afina com a garantia constitucional da coisa julgada obrigatória repetição de demanda entre as mesmas partes, com o mesmo objeto e causa de pedir.*

Isso seria, na verdade, limitar a utilização do mandado de segurança a situações que se exaurem apenas com o cumprimento, *una tantum*, da ordem judicial.

Se assim fosse, as relações jurídicas continuativas, portanto não exauridas em uma única prestação, não comportariam a utilização do mandado de segurança.

Bem a propósito e nessa esteira, cumpre transcrever ementa de acórdão do Superior Tribunal de Justiça, da lavra do eminente Min. Américo Luz:

• *"Tributário — PIS — Decretos-leis 2.445 e 449/88 — Mandado de segurança preventivo — Concessão da ordem, restrita porém ao recolhimento da contribuição ao mês de janeiro de 1989 — Recurso especial visando à concessão da ordem aos meses subseqüentes — Não conhecimento — Embargos de declaração — Efeito modificativo.*

"Recebimento dos embargos a fim de que a recorrente possa proceder ao recolhimento da contribuição em tela à luz da legislação anterior, sem necessidade de se sujeitar a impetrações mensais para o resguardo do seu direito, por isso que 'Exigir-se deva o interessado impetrar tantas seguranças quantas as parcelas questionadas, valendo-se dos mesmos fundamentos e visando à mesma pretensão, é fazer *tábua rasa* do princípio da economia processual e submeter a dúvidas a decisão judicial, vez que, então, as soluções dadas às várias parcelas de um mesmo crédito poderiam ser contraditórias, com o conseqüente desprestígio da Justiça. Recurso provido."[13]

---

13. Relator dos EDecl no REsp 40.724-9-SP, publ. em 15.8.94 no *DJU*, Seção I, p. 20.324, *verbis*.

Essa não é a posição da Suprema Corte, que admite (Súmula 239) *vigore a decisão para o mesmo exercício.*

Todavia, tal entendimento vem se modificando, como pudemos verificar do voto do Min. Raphael Mayer ao tempo em que judicava naquela Corte Suprema.

Também o Tribunal Pleno, no RE 109.073-SP, em que foi o relator o Min. Carlos Madeira, limitou o alcance da Súmula 239, da maneira que segue:

> • *"Coisa julgada fiscal — Alcance da Súmula 239. Só ocorre impedimento de novo lançamento do mesmo tributo, ainda que em outro exercício, quando a decisão versa relação de Direito Tributário material, reconhecendo inexistente a pretensão do Fisco por inexistência de fonte legal da relação jurídica que obrigue o sujeito passivo.*
>
> "Não se tratando, porém, de inconstitucionalidade do tributo, nem de isenção ou de imunidade tributária, a sentença proferida em execução fiscal em favor do contribuinte, relativamente ao tributo cobrado num exercício, não faz coisa julgada em relação a lançamentos e cobranças em exercícios anteriores."[14]

9.5 Sumulando

1. A sentença concessiva, no mandado de segurança, faz coisa julgada material.

Todavia, se denegatória, pode fazer ou não. Este o entendimento da Súmula 304 da Suprema Corte.

É dizer: se a sentença denegatória percute o mérito, ter-se-á coisa julgada material.

Se, entretanto, deixar de fazê-lo, por circunstâncias especiais, teremos, apenas, a coisa julgada formal.

2. As relações jurídicas, que consistem singelamente em um entrelaçamento entre aquele que tem direito a uma coisa ou prestação e o que deve, nos termos do direito objetivo, quando tributárias, podem se revestir de algumas peculiaridades.

Inicialmente, diga-se que são relações jurídicas públicas, de um lado, tendo-se o Estado, no pólo ativo ou passivo, e, do outro, o particular, que também pode estar no pólo ativo ou passivo.

---

14. *RTJ* 123/153 e ss., julgado proferido em 1.4.87.

2.1 Quando temos relações jurídicas tributárias, podem estas ser instantâneas ou continuativas. As instantâneas, como o próprio nome está a indicar, exaurem-se de uma vez, quando cumprida a prestação ou a determinação judicial.

De outra parte, as continuativas protraem-se no tempo e, se acobertadas pela coisa julgada material, enquanto durar o estado de fato e de direito (*rebus sic stantibus*), resolvem-se como determinado na sentença.

3. Nada pode ser diferente — *ou há qualquer razão jurídica para ser diferente* — caso estejamos diante de sentença proferida em mandado de segurança ou em outras ações.

Deveras, diverge o mandado de segurança de outras ações pelo rito, pela necessidade de prova pré-constituída, ausência de controvérsia factual e ato de autoridade.

Sobejam, pois, razões para que, sobretudo nas hipóteses de isenção, imunidade e inconstitucionalidade, não se restrinja a sentença a decidir um único fato, para um mês, ou um exercício.

4. À Súmula 239 da egrégia Suprema Corte já foram acrescentadas temperamentos. O limite trazido pela Súmula poderá ter razão de ser quando não se tratar de questionamento acerca de imunidade tributária, isenção ou inconstitucionalidade.

Se estivermos diante, por exemplo, da inconstitucionalidade, o esteio jurídico da exação não existe. A ordem judicial não pode se limitar a um único ato, ou a um exercício, se a situação irá persistir.

Por essas razões, a conclusão é que, transitada em julgado a sentença, formada a coisa julgada material, há empeço para o particular ou o Fisco impetrarem outra ação visando as mesmas situações.

Bibliografia

LIVROS

ALCÂNTARA, Maria Emília Mendes. *Responsabilidade do Estado por Atos Legislativos e Judiciais*. São Paulo: Ed. RT, 1988.

ALESSI, Renato. *Principi di Diritto Amministrativo*. v. 1. Milano: Giuffrè, 1971.

ANDRADE, José Robin de. *A Revogação dos Atos Administrativos*. Coimbra: Biblioteca Jurídica Atlântida, 1969.

ARRUDA ALVIM, Eduardo Pellegrini. *Mandado de Segurança no Direito Tributário*. São Paulo: Ed. RT, 1998.

ARRUDA ALVIM, José Manoel de. *Manual de Direito Processual Civil*. 4ª ed., v. I. São Paulo: Ed. RT, 1992.

ARRUDA ALVIM (WAMBIER), Teresa Celina. *Mandado de Segurança Contra Ato Judicial*. São Paulo: Ed. RT, 1989.

——. *Medida Cautelar - Mandado de Segurança e Ato Judicial*. São Paulo: Malheiros Editores, 1992.

——. *O Novo Regime do Agravo*. 2ª ed. São Paulo: Ed. RT, 1993.

——. *Os Agravos no CPC Brasileiro*. 3ª ed. São Paulo: Ed. RT, 2000.

—— (coord.). *Aspectos Polêmicos da Antecipação da Tutela*. São Paulo: Ed. RT, 1997.

—— (coord.). *Liminares*. São Paulo: Ed. RT, 1995.

—— (coord.). *Repertório de Jurisprudência e Doutrina sobre Processo Tributário*. São Paulo: Ed. RT, 1994.

ARRUDA ALVIM, Thereza. *Questões Prévias e os Limites Objetivos da Coisa Julgada*. São Paulo: Ed. RT, 1977.

ATALIBA, Geraldo. *República e Constituição*. São Paulo, Ed. RT, 1985; 2ª ed., revista por Rosoléa Folgosi, 4ª tir. São Paulo: Malheiros Editores, 2007.

BACHOFF, Otto. *Jueces y Constitución*. Madrid: Editorial Civitas, 1985.

BALEEIRO, Aliomar. *Direito Tributário Brasileiro*. 11ª ed., atualizada por Misabel Abreu Machado Derzi. Rio de Janeiro: Forense, 1999.

BANDEIRA DE MELLO, Celso Antônio. *Ato Administrativo e Direito dos Administrados*. São Paulo: Ed. RT, 1981.

_____. *Curso de Direito Administrativo*. 25ª ed., 2ª tir. São Paulo: Malheiros Editores, 2008.

_____. *Discricionariedade e Controle Jurisdicional*. 2ª ed., 9ª tir. São Paulo: Malheiros Editores, 2008.

_____. *O Conteúdo Jurídico do Princípio da Igualdade*. 3ª ed., 16ª tir. São Paulo: Malheiros Editores, 2008.

_____. *Regime dos Servidores da Administração Direta e Indireta*. 3ª ed. São Paulo: Malheiros Editores, 1995.

_____ (coord.). *Curso de Direito Administrativo*. São Paulo: Ed. RT, 1986.

_____ (coord.). *Curso de Mandado de Segurança*. São Paulo: Ed. RT, 1986.

_____ (coord.). *Direito Administrativo na Constituição de 1988*. São Paulo: Ed. RT, 1991.

BANDEIRA DE MELLO, Oswaldo Aranha. *Princípios Gerais de Direito Administrativo*. 3ª ed., v. I. São Paulo: Malheiros Editores, 2007.

BARBI, Celso Agrícola. *Do Mandado de Segurança*. 7ª ed. Rio de Janeiro: Forense, 1993; 11ª ed., revista e atualizada por Bernardo Pimentel Souza. Rio de Janeiro: Forense, 2008.

BARROS, Hamílton de Moraes e. *As Liminares no Mandado de Segurança*. Rio de Janeiro, 1963.

BASTOS, Celso Ribeiro. *Estudos e Pareceres de Direito Público*. 1984.

BENVENUTI, Luigi. *La Discrezionalità Amministrativa*. Padova: Casa Editrice Dott. Antonio Milani (CEDAM), 1986.

BEZNOS, Clóvis. *Ação Popular e Ação Civil Pública*. Coleção "Constituição de 1988 — Primeira Leitura". São Paulo: Ed. RT, 1989.

BOBBIO, Norberto. *Studi per una Teoria Generale del Diritto*. Torino: G. Giappichelli, 1970.

BREWER-CARÍAS, Allan Randolph. *Principios del Procedimiento Administrativo*. Madrid: Civitas, 1990.

BUENO, Cássio Scarpinella. *Liminar em Mandado de Segurança. Um Tema com Variações*. 2ª ed. São Paulo: Ed. RT, 1999.

———. *Mandado de Segurança*. 2ª ed. revista e atualizada. São Paulo: Saraiva, 2004.

_____. *O Poder Público em Juízo*. São Paulo: Max Limonad, 2000. (esgotado)

BULOS, Uadi Lamêgo. *Mandado de Segurança Coletivo (e Outros Estudos)*. Salvador: Ed. e Dist. de Livros Salvador, 1994.

BUZAID, Alfredo. *Do Mandado de Segurança*. São Paulo: Saraiva, 1989.

_____. *Do Mandado de Segurança Individual*. v. 1.

CAIS, Cleide Previtalli. *O Processo Tributário*. 4ª ed. São Paulo: Ed. RT, 2004.

CALMON DE PASSOS, J. Joaquim. *Mandado de Segurança Coletivo, Mandado de Injunção, "Habeas Data"*. Rio de Janeiro: Forense, 1989.

CAMMAROSANO, Márcio. *Provimento de Cargos Públicos no Direito Brasileiro*. São Paulo: Ed. RT, 1984.

CANOTILHO, José Joaquim Gomes. *Constituição Dirigente e Vinculação do Legislador*. Coimbra: 1982.

_____. *Direito Constitucional*. 5ª e 6ª eds. ed. Coimbra: Livraria Almedina, 1991 e 1993.

_____. *O Problema da Responsabilidade por Atos Lícitos*. Coimbra: Livraria Almedina, 1974.

CAPASCIOLI, Enzo. *Manuale di Diritto Amministrativo*. v. I. Padova: CEDAM, 1980.

CAPELLA, Juan Ramón. *El Derecho como Lenguaje*. Barcelona: Ariel, 1968.

CARRAZZA, Roque Antônio. *Curso de Direito Constitucional Tributário*. 24ª ed. São Paulo: Malheiros Editores, 2008.

CARRIÓ, Genaro R. *Derecho y Lenguaje*. Buenos Aires: Abeledo-Perrot, 1973.

CASTRO, Carlos Roberto Siqueira. *O Devido Processo Legal e a Razoabilidade das Leis na Constituição de 1988*. Rio de Janeiro: Forense, 1988.

CASTRO NUNES, Castro. *Do Mandado de Segurança e de Outros Meios de Defesa Contra Atos do Poder Público*. 8ª e 9ª eds. Rio de Janeiro: Forense, 1987 e 1990.

CAVALCANTI, Amaro. *Responsabilidade Civil do Estado*. Rio de Janeiro: Borsói, 1957.

CHIOVENDA, Giuseppe. *Principios de Derecho Procesal Civil*. t. I. Madrid: Reus, 1977.

CRETELLA JR., J. *Comentários à Lei de Mandado de Segurança*. Rio de Janeiro: Forense, 1989.

DALLARI, Adílson Abreu. *Regime Constitucional dos Servidores Públicos*. 2ª ed. São Paulo: Ed. RT, 1990.

DANTAS, San Thiago. *Problemas de Direito Positivo*. Rio de Janeiro: Forense, 1953.

DI PIETRO, Maria Sylvia Zanella. *Direito Administrativo*. 5ª e 17ª eds. São Paulo, Atlas, 1994 e 2004.

_____. *Discricionariedade Administrativa na Constituição de 1988*. São Paulo: Atlas, 1991.

DIAS, Aguiar. *Responsabilidade Civil*. 6ª ed., vs. 1 e 2. Belo Horizonte, 1975.

DINIZ, Maria Helena. *As Lacunas no Direito*. São Paulo: Saraiva, 1989; 7ª ed. São Paulo, Saraiva, 2002.

_____. *Conflito de Normas*. São Paulo: Saraiva, 1987; 5ª ed. São Paulo: Saraiva, 2003.

_____. *Norma Constitucional e seus Efeitos*. São Paulo: Saraiva, 1992; 6ª ed. São Paulo: Saraiva, 2003.

DUTRA DE ARAÚJO, Florisvaldo. *Motivação e Controle do Ato Administrativo*. Belo Horizonte: Del Rey, 1992.

ENGISCH, Karl, *Introdução ao Pensamento Jurídico*. 6ª ed., trad. de J. Baptista Machado. Lisboa: Fundação Calouste Gulbenkian, 1988.

ENTERRÍA, Eduardo García de. *La Constitución como Norma y el Tribunal Constitucional*. Madrid: Civitas, 1985.

_____. *La Lucha Contra las Imunidades del Poder*. 3ª ed. Madrid: Civitas, 1983.

_____. *Reflexiones sobre la Ley y los Principios Generales del Derecho*. Madrid: Civitas, 1984.

_____, e FERNANDEZ, Tomás-Ramón. *Curso de Derecho Administrativo*. 5ª ed., v. 2, e 8ª ed., v. 1. Madrid: Civitas, 1998.

FERNANDEZ, Luiz A. Carvalho. *Teoria Geral do Direito Civil*. v. I, t. I. Lisboa: Associação Acadêmica da Faculdade de Direito de Lisboa, 1983.

FERRAZ, Sérgio. *Mandado de Segurança*. São Paulo: Malheiros Editores, 2006.

_____ (coord.). *Curso de Mandado de Segurança*. Porto Alegre: Sérgio Antônio Fabris Editor, 1986.

FERRAZ JR., Tércio Sampaio. *Conceito de Sistema no Direito*. São Paulo: Ed. RT, 1976.

_____. *Teoria da Norma Jurídica*. Rio de Janeiro: Forense, 1978; 4ª ed., 3ª tir. Rio de Janeiro: Forense, 2003.

FIGUEIREDO, Lucia Valle. *A Autoridade Coatora e o Sujeito Passivo do Mandado de Segurança*. São Paulo: Ed. RT, 1991.

_____. *Controle da Administração Pública*. Coleção "Constituição de 1988 — Primeira Leitura". São Paulo: Ed. RT, 1991.

_____. *Curso de Direito Administrativo*. 9ª ed. São Paulo: Malheiros Editores, 2008.

_____. *Direitos Difusos e Coletivos*. São Paulo: Ed. RT, 1989.

_____. *Direitos Difusos na Constituição de 1988*. Coleção "Constituição de 1988 — Primeira Leitura". São Paulo: Ed. RT, 1989.

_____. *Estudos de Direito Tributário*. São Paulo: Malheiros Editores, 1996. (esgotado)

_____. *Extinção dos Contratos Administrativos*. 3ª ed. São Paulo: Malheiros Editores, 2002.

_____. *Perfil do Mandado de Segurança Coletivo*. Coleção "Constituição de 1988 — Primeira Leitura". São Paulo: Ed. RT, 1989.

FLAKS, Mílton. *Mandado de Segurança — Pressupostos da Impetração*. Rio de Janeiro: Forense, 1980.

GIANNINI, Massimo. *Il Potere Discrezionale della Pubblica Amministrazione*. Milano: Giuffrè, 1939.

GOMES, Orlando. *Introdução ao Direito Civil*. 18ª ed., 3ª tir. Rio de Janeiro: Forense, 2003.

GONÇALVES, Aroldo Plínio (coord.). *Mandado de Segurança*. Belo Horizonte: Del Rey, 1996.

GONZALEZ PEREZ, Jesús. *El Principio General de la Buena Fe en el Derecho Administrativo*. Madrid: Real Academía de Jurisprudencia y Legislación, 1983.

_____. *La Dignidad de la Persona*. Madrid: Real Academía de Jurisprudencia y Legislación, 1986.

GORDILLO, Agustín A. *La Administración Paralela*. Madrid: Cuadernos Civitas, 1982.

_____. *Problemas del Control de la Administración Pública en América Latina*. Madrid: Civitas, 1981.

_____. *Tratado de Derecho Administrativo*. 4ª ed., t. III ("El Acto Administrativo"). Buenos Aires: Fundación de Derecho Administrativo, 1999.

_____. *Tratado de Derecho Administrativo*. 5ª ed., t. I ("Parte General"). Buenos Aires:1998.

GRAU, Eros. *Direito, Conceitos e Normas Jurídicas*. São Paulo: Ed. RT, 1988.

GRINOVER, Ada Pellegrini. *Direito Processual Civil*. São Paulo: José Bushatsky Editor, 1974.

_____. *Os Princípios Constitucionais e o Código de Processo Civi*l. São Paulo: José Bushatsky Editor, 1975.

_____, *et al. Novas Tendências do Direito Processual*. Rio de Janeiro: Forense, 1990.

KELSEN, Hans. *Teoria Geral das Normas*. Porto Alegre: Sérgio Antônio Fabris Editor, 1986.

_____. *Teoria Pura do Direito*. 2ª ed., vs. 1 e 2. Coimbra.

LABETOULLE, Daniel. *Le Pouvoir Discrétionnaire et le Juge Administratif*. Colloque du 5 Mars, 1977. Paris: Librairie Générale de Droit et de Jurisprudence (LGDJ), 1980.

LACERDA, Galeno. *Comentários ao Código de Processo Civil*. v. VIII, t. I. 1980.

LARA, Betina Rizzato. *Liminares no Processo Civil*. 2ª ed. 1994.

LARENZ, Karl. *Metodologia da Ciência do Direito*. 5ª ed. Lisboa: Fundação Calouste Gulbenkian, 1983.

LAZZARO, Giorgio. *Novissimo Digesto Italiano*. v. XVII. Torino: Unione Tipografico-Editrice Torinese (UTET), 1982.

LINARES, Juan Francisco. *Los Sistemas Dogmáticos en el Derecho Administrativo*. Buenos Aires: Fundación de Derecho Administrativo, 1984.

_____. *Poder Discrecional Administrativo*. Buenos Aires: Abeledo-Perrot, 1958.

MACHADO, Hugo de Brito. *Mandado de Segurança em Matéria Tributária*. Série "Acadêmicos Brasileiros". 2ª ed., v. 1. São Paulo: Ed. RT, 1995; 5ª ed. São Paulo: Dialética, 2003.

MACHADO, J. Baptista (trad.). *Introdução ao Pensamento Jurídico*, de Karl Engisch. Lisboa: Fundação Calouste Gulbenkian, 1988.

MACIEL, Adhemar Ferreira, *et al*. *Mandados de Segurança e de Injunção*. São Paulo: Saraiva, 1990.

MADDALENA, Paolo. *Responsabilità Amministrativa e Tutela dell'Ambiente*. Rimini: Maggioli, 1986.

MANCUSO, Rodolfo de Camargo, *Interesses Difusos — Conceito e Legitimação Para Agir*. São Paulo: Ed. RT, 1988; 5ª ed. São Paulo: Ed. RT, 2000.

———. *Mandado de Segurança de Acordo com as Novas Súmulas do Supremo Tribunal Federal*. São Paulo: Editora Jurídica Brasileira, 2004.

MEIRELLES, Hely Lopes. *Direito Administrativo Brasileiro*. 34ª ed. São Paulo: Malheiros Editores, 2008.

_____. *Mandado de Segurança*. 31ª ed., atualizada por Arnoldo Wald e Gilmar Ferreira Mendes. São Paulo: Malheiros Editores, 2008.

MICHELI, Gian Antonio. *Corso di Dirito Tributario*. Torino: UTET, 1972.

MIRANDA, Jorge. *Manual de Direito Constitucional*. t. IV. Coimbra: Coimbra Editora, 1993.

MOREIRA, José Carlos Barbosa. *Comentários ao Código de Processo Civil*. v. V.

_____. *Temas de Direito Processual*. 2ª e 11ª eds. São Paulo: Saraiva, 1988 e 2003.

MOREIRA NETO, Diogo de Figueiredo. *Legitimidade e Discricionariedade*. Rio de Janeiro: Forense, 1989; 4ª ed., 2ª tir. Rio de Janeiro: Forense, 2003.

MOTA PINTO, Carlos Alberto da. *Teoria Geral de Direito Civil*. Coimbra, 1989.

NERY, Nélson, e NERY, Rosa. *Código de Processo Civil Comentado*. 7ª ed. São Paulo: Ed. RT, 2003.

NÍLSON, Jurandyr. *Nova Jurisprudência de Processo Civil*. 1ª ed., 3ª tir., v. II. 1977.

OLIVECRONA, Karl. *Lenguaje Jurídico y Realidad*. Buenos Aires: Centro Editor de América Latina, 1968.

PARÁ FILHO, Tomás. *A Execução no Mandado de Segurança*. São Paulo: EGRT.

PASSARELLI, F. Santoro. *Doctrinas Generales del Derecho Civil*. Madrid: Editorial Revista de Derecho Privado, 1964.

PAULA, Alexandre de. *Código de Processo Civil Anotado*. São Paulo: Ed. RT, 1986.

PINTO FERREIRA. *Teoria e Prática do Mandado de Segurança*. São Paulo: Saraiva, 1987.

PONTES DE MIRANDA, F. C. *Comentários à Constituição de 1967 com a Emenda n. 1 de 1969*. 3ª ed., t. V.

_____. *Comentários ao Código de Processo Civil*. t. V. Rio de Janeiro: Forense, 1974; 3ª ed., 3ª tir., t. V. Rio de Janeiro: Forense, 2002.

_____. *O Mandado de Segurança, Estudos de Direito Público*. São Paulo, 1985-1986.

_____. *Tratado das Ações*. t. VI ("Ações Mandamentais"). São Paulo: Ed. RT, 1976.

RAMÓN REAL. Alberto. *Responsabilidad del Estado*. Universidad del Norte Santo Tomás Aquino, 1982.

ROCCO, Ugo. *Tratado de Derecho Procesal Civil*. v. II ("Parte General"). Buenos Aires: Temis/Depalma, 1983.

ROCHA, Cármen Lúcia (coord.). *Perspectivas do Direito Público (Estudos em Homenagem a Seabra Fagundes)*. Belo Horizonte: Del Rey, 1995.

RODRIGUES, Alves Piva. *Sobre os Limites Objetivos da Coisa Julgada em Matéria Tributária* (Tese de Doutoramento). São Paulo: 1989.

RODRIGUES, Marcelo Abelha. *Suspensão de Segurança*. São Paulo: Ed. RT, 2000.

ROSAS, Roberto. *Direito Sumular*. 13ª ed. São Paulo: Malheiros Editores, 2006.

SAINZ MORENO, Fernando. *Conceptos Jurídicos, Interpretación y Discrecionalidad Administrativa*. Madrid: Civitas, 1976.

SANTOS, Moacyr Amaral. *Comentários ao Código de Processo Civil*. 7ª ed. Rio de Janeiro: Forense, 1994.

SATTA, Philippo. *Introduzione ad un Corso di Diritto Amministrativo*. Padova: CEDAM, 1980.

SEABRA FAGUNDES, Miguel. *O Controle dos Atos Administrativos pelo Judiciário*. 6ª ed. Rio de Janeiro: Forense, 1984.

SIDOU, J. M. Othon. *"Habeas corpus", Mandado de Segurança, Mandado de Injunção, "Habeas Data", Ação Popular*. 5ª e 6ª eds. Rio de Janeiro: Forense, 1998 e 2002.

SILVA, José Afonso da. *Curso de Direito Constitucional Positivo*. 31ª ed. São Paulo: Malheiros Editores, 2008.

SOUSA, Rubens Gomes de. *A Coisa Julgada no Direito Tributário*. São Paulo: Saraiva, 1950.

STASSINOPOULOS, Michel. *Traité de Droit Administratif*. Atenas: LGDJ, 1973.

SUNDFELD, Carlos Ari. *Ato Administrativo Inválido*. Biblioteca de Estudos de Direito Administrativo. v. 18. São Paulo: Ed. RT, 1990.

TÁCITO, Caio. *Direito Administrativo*. São Paulo: Saraiva, 1975.

TEIXEIRA, J. H. Meirelles. *Curso de Direito Constitucional*. 1ª ed., atualizada pela professora Maria Garcia. Rio de Janeiro: Forense Universitária, 1991.

TEIXEIRA, Sálvio de Figueiredo (coord.). *Mandados de Segurança e de Injunção*. 2ª Parte. São Paulo: Saraiva, 1990.

_____. (coord.). *Do Mandado de Segurança e Institutos Afins na Constituição*. São Paulo: Saraiva, 1990.

_____. (coord.). *Estudos em Memória de Ronaldo Cunha Campos*. São Paulo: Saraiva, 1990.

TERÁN, Juan Manoel. *Filosofía del Derecho*. México: Editorial Porrúa, 1952.

TUCCI, José Rogério Cruz e. *"Class Action" e Mandado de Segurança Coletivo*. São Paulo: Saraiva, 1990.

TUCCI, Rogério Lauria, e TUCCI, José Rogério Cruz e. *Constituição de 1988 e Processo*. São Paulo: Saraiva, 1988.

VELARDE, De La Vallina. *La Motivación del Acto Administrativo*. Madrid: Escuela Nacional de Administración Pública, 1967.

VELLOSO, Carlos Mário. *Temas de Direito Público*. Belo Horizonte: Del Rey, 1994.

VIDIGAL, Luís Eulálio. *Do Mandado de Segurança*. São Paulo, 1953.

WAMBIER, Teresa Celina Arruda Alvim. v. ARRUDA ALVIM (WAMBIER), Teresa Celina.

XAVIER, Alberto. *Do Lançamento. Teoria Geral do Ato, do Procedimento e do Processo Tributário*. 2ª ed. Rio de Janeiro: Forense, 1997.

ZANCANER, Weida. *Da Convalidação e da Invalidação dos Atos Administrativos*. 3ª ed. São Paulo: Malheiros Editores, 2008.

_____. *Responsabilidade Extracontratual da Administração Pública*. São Paulo: Ed. RT, 1981.

ESTUDOS E PARECERES

AMARAL NETO, Francisco dos Santos. In: *Enciclopédia Saraiva de Direito*. v. 64. São Paulo: Saraiva (pp. 407- 413).

ARAGÃO, E. D. Moniz de. "Garantias fundamentais na nova Constituição". *RDA* 184.

ARRUDA ALVIM, José Manoel de. "Tutela antecipatória — Algumas noções contrastes e coincidências em relação às medidas cautelares satisfativas". In: ARRUDA ALVIM (WAMBIER), Teresa Celina (coord.). *Liminares*. São Paulo: Ed. RT, 1995.

BANDEIRA DE MELLO, Celso Antônio. "Mandado de segurança contra concessão ou denegação de liminar". *RDP* 92. São Paulo: Ed. RT.

_____. "O ato coator". In: BANDEIRA DE MELLO, Celso Antônio (coord.). *Curso de Mandado de Segurança*. São Paulo: Ed. RT, 1986.

BARBI, Celso Agrícola. "Mandado de segurança contra ato judicial". *RePro* 36. São Paulo: Ed. RT.

_____. "Mandado de segurança na Constituição de 1988". *RePro* 57. São Paulo: Ed. RT.

_____. "O recurso ordinário em mandado de segurança no Superior Tribunal de Justiça". *RT* 655. São Paulo: Ed. RT

BARROSO, Luís Roberto. "Princípios constitucionais brasileiros". *RTDP* 1. São Paulo: Malheiros Editores, 1993.

BEZNOS, Clóvis. "A liminar em mandado de segurança". *RDP* 65. São Paulo: Ed. RT.

CALMON DE PASSOS, J. Joaquim. "O mandado de segurança contra atos judiciais". *RePro* 13. São Paulo, Ed. RT.

CARLINI, Haydée Antunes. "Invalidade dos atos administrativos". *RDP* 34/24. São Paulo: Ed. RT.

COELHO, Luiz Fernando. In: *Enciclopédia Saraiva de Direito*. v. 64. São Paulo: Saraiva (pp. 404-407).

COELHO, Sacha Calmon Navarro. "Responsabilidade tributária". *Caderno de Pesquisas Tributárias* 5. 1980.

DALLARI, Adílson Abreu. "A autoridade coatora". In: BANDEIRA DE MELLO, Celso Antônio (coord.). *Curso de Mandado de Segurança*. São Paulo: Ed. RT, 1986 (pp. 38-68).

DÓRIA, Antônio Roberto Sampaio. "Coisa julgada. Limites objetivos em matéria fiscal". *RT* 363. São Paulo: Ed. RT.

FALCÃO, Amílcar de Araújo. "Isenção tributária — Impostos e taxas — Conceitos de ônus fiscais — Coisa julgada".

FERRAZ, Sérgio. "Aspectos processuais do mandado de segurança". In: FERRAZ, Sérgio (coord.). *Curso de Mandado de Segurança*. Porto Alegre: Sérgio Antônio Fabris Editor, 1986.

_____. "Processo administrativo e Constituição de 1988". *RTDP* 1. São Paulo: Malheiros Editores, 1993.

FIGUEIREDO, Lucia Valle. "A liminar no mandado de segurança". *RDP* 74. São Paulo: Ed. RT, 1985.

_____. "Compensações no Direito Tributário e as Súmulas 212 e 213 do Superior Tribunal Federal". *Revista do TRF da 3ª Região* 39. 1999.

_____. "Devido processo legal e fundamentação das decisões". *RDT* 63. São Paulo: Malheiros Editores, 1993.

_____. "Discricionariedade: poder ou dever?". In: BANDEIRA DE MELLO, Celso Antônio (coord.). *Curso de Direito Administrativo*. São Paulo: Ed. RT, 1986.

_____. "Estado de Direito e devido processo legal". *Revista do TRF da 3ª Região* 32. 1997.

_____. "Os partidos políticos e o mandado de segurança coletivo". *Revista da Procuradoria-Geral do Estado de São Paulo* 34. São Paulo, 1990.

_____. "Planejamento, Direito Tributário e segurança jurídica". *RTDP* 12. São Paulo: Malheiros Editores, 1995.

_____. "Princípios constitucionais do processo". *RTDP* 1. São Paulo: Malheiros Editores, 1993.

_____. "Princípios de proteção ao contribuinte: princípio da segurança pública". *RDT* 47. São Paulo: Ed. RT, 1989.

FREIRE, Aderbal. "Mandado de segurança contra ato judicial". *RF* 130. Rio de Janeiro: Forense.

GRECO FILHO, Vicente. "A denunciação da lide: sua obrigatoriedade e extensão". *Justitia* 94. 1976.

GRINOVER, Ada Pellegrini. "Mandado de segurança coletivo: legitimação, objeto e coisa julgada". *RePro* 58. São Paulo: Ed. RT.

_____. "Mandado de segurança coletivo: legitimação e objeto". *RePro* 57. São Paulo: Ed. RT.

GROTTI, Dinorá Adelaide Musetti. "Devido processo legal e o procedimento administrativo". *RTDP* 18. São Paulo: Malheiros Editores, 1997.

MACHADO, Hugo de Brito. "Da Coisa julgada em matéria tributária". *Repertório IOB de Jurisprudência* 53/99. São Paulo: IOB.

_____. "Efeito normativo da sentença no mandado de segurança". *Repertório IOB de Jurisprudência* 9/88. São Paulo: IOB.

_____. "Impetração de mandado de segurança pelo Estado". RT 706/42-48. Ano 83. São Paulo: Ed. RT, agosto de 1994.

MACIEL, Adhemar Ferreira. "Observações sobre a liminar no mandado de segurança". *RT* 547. São Paulo: Ed. RT.

_____. "Observações sobre autoridade coatora no mandado de segurança". *RePro* 49. São Paulo: Ed. RT.

MESQUITA, José Inácio Botelho de. "Da propositura do mandado de segurança". *RT* 418. São Paulo: Ed. RT.

NEVES, Celso. In: *RDP* 29. São Paulo: Ed. RT.

NOVELLI, Flávio Bauer. "A eficácia do ato administrativo". *RDA* 60 e 61.

PALAZZOLO, Salvatore. *Enciclopedia del Diritto.* v. XXXIV. Milano: Giuffrè, 1990.

QUEIRÓ, Afonso Rodrigues. "A teoria do desvio do poder em Direito Administrativo". *RDA* 6 e 7/77.

RAMÓN REAL. Alberto. "Fundamentación del acto administrativo". *RDP* 62. São Paulo: Ed. RT.

_____. "Procedimiento administrativo comparado". Separata da *Revista Uruguaya de Estudios Administrativos* 2. Montevideo, 1980.

SILVA, Almiro do Couto e. "Princípio da legalidade da Administração Pública e da segurança jurídica no Estado de Direito contemporâneo". *RDP* 84/46. São Paulo: Ed. RT.

_____. "Responsabilidade do Estado e problemas jurídicos resultantes". *RDP* 63/28. São Paulo: Ed. RT.

SUNDFELD, Carlos Ari. "A importância do procedimento administrativo". *RDP* 84. São Paulo: Ed. RT.

_____. "Mandado de segurança coletivo na Constituição de 1988". *RDP* 89. São Paulo: Ed. RT.

TÁCITO, Caio. "Mandado de segurança preventivo". *RDA* 61.

_____. "O desvio de poder no controle dos atos administrativos, legislativos e jurisprudenciais". *RF* 320. Rio de Janeiro: Forense.

TUCCI, Rogério Lauria. "Aspectos processuais no mandado de segurança". Aula proferida na Escola de Magistrados do Tribunal Regional Federal da 3ª Região no dia 25.11.92.

VELLOSO, Carlos Mário. "Conceito de direito líquido e certo". In: BANDEIRA DE MELLO, Celso Antônio (coord.). *Curso de Mandado de Segurança*. São Paulo: Ed. RT, 1986.

Índice Remissivo

Índice Onomástico

Relatores da Jurisprudência citada

00462

GRÁFICA PAYM
Tel. (011) 4392-3344
paym@terra.com.br